Usi e costumi abruzzesi; descritti da Antonio de Nino Volume v. 5-6 – Primary Source Edition

Antonio De Nino

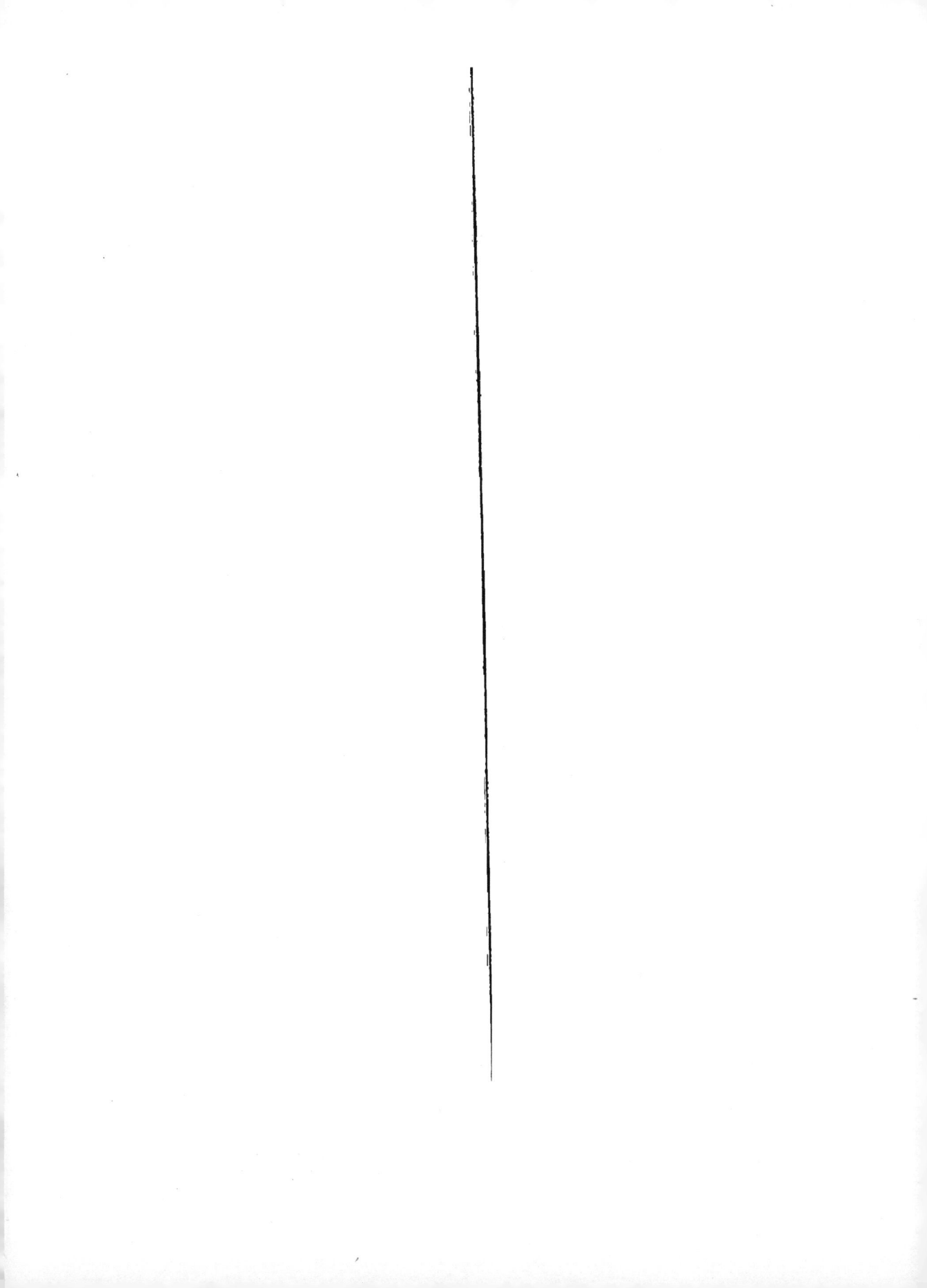

USI E COSTUMI

ABRUZZESI

DESCRITTI

DA

ANTONIO DE NINO.

VOLUME QUINTO

MALATTIE E RIMEDII.

FIRENZE,

TIPOGRAFIA DI G. BARBÈRA.

1891.

Proprietà letteraria.

A

GIUSTINO FORTUNATO.

Quando mi credo reietto dagli amici,
io subito ripenso a Te; e mi ritorna
gagliarda la fede nell' amicizia.

AL LETTORE.

—◇—

Questo volume continua a mettere in evidenza la vita intima del popolo, cui io mi vanto di appartenere; e sarà, perciò, non solo un altro contributo alla storia generale d'Italia, ma anche alla storia della medicina e, in ispecie, della terapeutica.

Nè si creda che sempre i rimedii empirici sono una disgrazia. Sempre, no: il più delle volte, anzi, giovano potentemente; perchè, in realtà, si fondano sopra le esperienze di secoli e secoli. E poi, come farebbe la povera gente sparsa nella campagna, e come farebbero le popolazioni dei piccoli paesi, dove è raro che si veda il medico, o si vede quando il malato sarebbe finito, se non si fosse ricorso alla medicina tradizionale?

C' è anche il caso che i rimedii sono innocui. E allora la malattia fa il corso suo; e, se il malato deve guarire, guarirà: senza dire della influenza benefica che quei rimedii avranno esercitato sulla immaginazione dell' infermo.

Insomma, io ho creduto, anche questa volta, di non fare opera inutile. Mah!

Sulmona, maggio 1891.

LA CAUSA DI TUTTE LE MALATTIE
ED IL RIMEDIO GENERALE.

La causa di tutte le malattie, e anche di ogni altra disgrazia, è sempre *l'occhio cattivo* o, come si dice più generalmente, il *malocchio*.

— Ma l'occhio, sublime rivelatore dell'animo, come mai può esser causa di tutte le malattie? — Eppure è così. L'animo che vuol nuocere diventa malanno. Il malanno si affaccia agli occhi, e dagli occhi poi schizza un veleno: dove cade il veleno, ivi germoglia il fior del male. —

Voi vi accorgerete della imminenza del malocchio, anche se vi lodano o se lodano qualcuno che vi appartiene: per esempio, un bambino. Quella lode viene accompagnata dal malocchio. Se, però, chi loda, ad esempio, il vostro bambino, e aggiunge questa formola *Che Dio ve lo benedica* — vivete nella sicurezza che il malocchio non coglie. (¹)

_____

(¹) *Borbona, Posta, Sigillo*

A ogni modo, qual semplice preservativo, nel caso delle lodi senza la formula su riferita, giova subito aprire l'indice e il mignolo della mano, e mostrare così la mano contro chi credete che vi possa fare il malocchio. E poi, sempre come preservativo, bisogna portare sopra la persona, a forma di ciondolo, una mano di osso o di corallo o di argento o di oro, s'intende anche qui col mignolo e l'indice aperti e le altre dita chiuse. Anche a ciondolo sono utilissimi i cornetti di corallo rosso o di osso bianco, un dente di lupo ucciso a primavera, un fascetto di peli di tasso e un pesciolino d'oro, a saltaleone. Un pendaglio speciale è il fiore d'argento, che consiste in un alberetto di cinque rami a ventaglio, due dei quali terminano a mano chiusa, uno a fiore, uno a tenagliuola e uno a testa di serpente. Questo pendaglio è un gran preservativo. (¹)

Quando poi il malocchio ti ha colto, chiama subito la medichessa. Io vidi all'opera una delle tante medichesse Ella versò un mezzo bicchier d'acqua in un bacino, e sull'acqua fece cadere tre gocce d'olio di lucerna. Quindi sulle tre gocce posò tre acini di grano di una spiga di montagna, colta da tre anni almeno; e, sulle tre gocce di *olio gra-*

___

(¹) *Montesilvano, Moscufo, Spoltore*

nato, disse sottovoce — Amica grazia di Dio, fammi sapere chi ha fatto l'occhio cattío. — Ciò detto, coprì il bacino collo staccio e sullo staccio posò una padella rovescia. Come la padella diede un segno, il malocchio scomparve. Ma già la medichessa, sollevando pian piano lo staccio, aveva riconosciuto la fisonomia di chi fece il malocchio, dacché l'olio ne disegnò i lineamenti, a guisa di fotografia. (*)

Io vidi operare, ma con una certa varietà, un'altra medichessa, la quale prese nove acini di grano, e li gittò in una catinella piena d'acqua. Gli acini andarono tutti a fondo. Ciò significava che il malocchio non c'era. Rifacendo poi la stessa operazione per un secondo malato, gli acini rimasero galleggianti *co'jiu balluncielle a lla ponta* (¹) la qual cosa voleva dire che il malocchio c'era stato e se n'era ito.

Il malocchio si scaccia altresì con la fascia e le nove croci. Si prende una lunga fascia di panno e dall'un dei capi vi si posa una collana formata con acini di qualunque materia. Poi la fascia si avvolge da quella parte, dove sta la collana. E con essa, così avvolta, si tocca il petto e la schiena del malato, due volte; tre volte si tocca il capo;

(*) *Borbona, Leonessa, Posta, Sigillo.*
(¹) Col palloncino alla punta, cioè con una bollicina

una volta lo stomaco e una volta i piedi: in tutto,
nove toccature, facendo ogni volta il segno della
croce. Quando, poi, si svolge la fascia, se la collana si ritrova dalla parte interna, vuol dire che
il malocchio non ci stava, ma se si trova al di
fuori, il malocchio ci stava e fu scongiurato. (ª)

Il malocchio se ne va anche senza le medichesse.
Se di venerdì a sera, appena si accendono i lumi,
entra nella tua casa un gatto nero, acchiappalo,
tiengli ferme le due zampine anteriori e fallo mia-
golare sette volte: al settimo miagolío, il malocchio
scomparisce. (ᵇ)

Ecco poi il rimedio generale non solo pel malocchio, ma anche per ogni malattia. Una donna
della più stretta parentela del malato, o madre o
sorella o moglie o zia, deve coprirsi d'un manto
nero Sul levar del sole, prende in mano un tizzo
acceso, e lo va a spegnere nel più vicino ruscello
o fiume, senza rivolgere il discorso a nessuno, lungo
la via. E ripete il rito per tre volte, tornando sempre alla casa del parente malato. Dopo la terza
volta, il malato guarisce di sicuro. (ᶜ)

Ed ora comincia la lunga serie dei rimedii par-

(ª) *Valle Peligna.*
(ᵇ) Anche *Posta e Sigillo.*
(ᶜ) *Introdacqua* e contado di *Chieti.*

ticolari per le singole malattie. Perciò i medici che ci stanno a fare? Vadano in pace! in pace anche i farmacisti e gl'igienisti. Di malattia non si muore più: quanto mai, si muore di vecchiaia.

MALATTIE INFETTIVE.

I.

FEBBRE!

Ahime! Demone e Dea: Dea pei Romani che l'adoravano in tre tempii, di cui il principale s'ergeva sul Palatino, accanto al Velabro. Per me è demone. Ella fu che chiuse per sempre gli occhi affascinanti della mia povera nipote, Fiammetta!

Beati i popolani che sanno combattere la febbre, senza ricorrere al medico! La febbre a freddo essi la combattono benissimo Colgono dai crepacci dei vecchi muri una pianta detta *jervariccia*, una specie di *sugamele*,(¹) e la fanno bollire col vino, fino a che il liquido si riduca alla metà; quindi la filtrano per una pezza di tela, e ogni mattina ne dànno a bere al malato una mezza tazza In pochi giorni la febbre scomparisce: ma dev'essere la febbre *de llu scallate e arraffreddate.*(²)

(¹) Pianta che somiglia all'ortica o meglio alla cedronella, con fiori violacei screziati in bianco o rosso
(²) Febbre che viene per sudore riconcentrato

La febbre si guarisce pure col posare le palme della mano sulla fronte del febbricitante, dicendo:

Sante Taddè e San Giuseppe
Ceu llu 'mmantatore fu mmantate,
Lla Matonna fu purtate,
Mmonte Calevarie fu pusate,
Labbra stu cristiane scallate e raffieddate. (¹)

La giaculatoria si ripete nove volte. Ma nel tempo stesso il malato deve ammantarsi, o in qualsiasi modo, coprirsi di nove stoffe diverse. (²)

La febbre terzana si guarisce con *le tele di ragno*, cioè con le ragnatele. Il popolano prende delle ragnatele e le spolvera, battendole tra le palme della mano; poi le impasta col miele, e ne fa pillole della grandezza di un cece. Come la febbre sta per cessare, si prendono tre di quelle pillole, con l'intervallo di un'ora da una pillola all'altra, e sempre di notte. Tanto basta per troncare la febbre terzana. Se ritorna, si prendono altre tre pillole col solito intervallo di un'ora. (³)

Anche gli stessi ragni sono buoni contro la feb-

(¹) San Taddeo e San Giuseppe
Col manto fu ammantato,
Alla Madonna fu portato,
A monte Calvario fu posato,
Libera questo Cristiano (*dallo*) scaldato e raffreddato.

(²) *Francavilla a mare.*

(³) *Casteldisangro.*

bre. Bisogna ghermirne parecchi, pestarli e farne
pallottoline che si avvolgono nell'ostia bianca, e si
inghiottiscono, bevendo, subito dopo, un dito di
vino generoso. (¹)

Per la febbre quartana si deve far uso dell'erba
detta *la pastorella*,(¹) colta da chi la vide, senza
andarne in cerca. Prima che la febbre ritorni, si
devono legare le foglie dell'erba medesima ai polsi
del malato. Ma il rimedio non gioverebbe, se le
foglie non fossero legate ai polsi con l'*accia vergine*, vale a dire filata da giovanette nubili (ᵇ)

Ma insomma, per qualunque specie di febbre,
i rimedii non finiscono mai. C'è l'infuso della radica *d'antimonio*;(¹)(¹) e c'è l'infuso della radica
di *sterlondia*, ( ) la quale somiglia a una patata.
Questa pianta caccia un tanno simile al fagiuolo,
con foglie come se fossero del pisello e con fiori
di color solferino. (ᵈ) C'è inoltre l'infuso d'assen-
zio(¹) e, meglio di tutti, quello di genziana che in
parecchi luoghi dell'Abruzzo nasce spontanea. (¹) La
genzianella del Monte Velino è la migliore, come

(¹) *Pentima e Vittorito.*
(¹) Non ho potuto averne un esemplare per descriverli
(ᵇ) *Ortona a mare.* (¹) Idem.
( ) *Sulmona* (¹) Idem
(ᵈ) *Fara San Martino.* (¹) *Ripattone.*
(¹) *Introdacqua, Pacentro, Pettorano, Sulmona.*

pure la radice di *colombo* che si ha da una pianta
silvestre, somigliante alla pastinaca. In mancanza
dell'una e dell'altra, si fanno bollire nel vino generoso le *sajittelle*.(¹)(²) Lo stesso effetto produce
il sugo dei *cascigni*, pestati;(³)(⁴) e la decozione di
cacabardasce(⁵) colti alla luna mancante di agosto.(⁶)
Si suole anche adoperare il tabacco da naso, impastato con aceto forte il quale impasto si distende
sopra due strisce di tela, che poi si legano ai polsi.(ᵈ)

A proposito d'impiastri, non deve lasciarsi indietro quello composto di sette capi di roba: assenzio, salvia, spicchio d'aglio, spigonardo, erba san-
tamaria, tuorlo d'uovo e aceto il tutto ben pesto
e applicato sotto le ascelle.(ᶜ) Leva anche la febbre una pizza di genere singolarissimo Bisogna
trovare parecchie cimici, e si debbono abbrustolire
dentro una paletta di ferro. Abbrustolite che sono,
si tritano e s'impastano con farina e uova sbattute.
La focaccia si cuoce sotto la bracia, e si mangia.
Gran Dio, che mangiare!(ᶠ)

(¹) Peperoncini rossi, a punta di cono, simili alle saette.

(²) *Avezzano, Massa d'Albe, Rosciolo, Tagliacozzo.*

(³) *Cascigno,* specie di cicoria campestre, perché si condisce
cacio ed uova?   (⁴) *Ortona a mare*

(⁵) Sono i calici delle rose selvatiche, quando cade la co-
rolla e si maturano in rosso scarlatto.

( ) *Valle Peligna.*   (⁶) Anche *Valle Peligna*

(⁷) *Pratola Peligna, Prezza, Raiano*   (ᶠ) *Rosciolo.*

Se mai la febbre si ostina, non ci dobbiamo
sgomentare. Il marito della inferma o la moglie del-
l'infermo o il padre o la madre se si tratta di nubili o celibi, compra quattro soldi di spirito e vi
bagna una pezzuola di canapa o di lino; e all'improvviso l'applica sulle parti basse del malato o
della malata. (ᵃ)

E le supposte? Altro se giovano! e si fanno o
con un cannellino di sapone o di sale o di fiele o
di lardo di porco maschio ravvolto ai *carri* (¹) (ᵇ)

Chi ha, poi, fede viva, si serve di uno scapolare, con dentro la *jerva de cinche fronne.* (ᶜ) Lo
scapolare si porta appeso al collo per sette giorni;
per altri sette giorni si appende alla catena del
camino e al quindicesimo giorno si brucia. Come si
consuma lo scapolare, così va via la febbre: eccetto
il caso che il malato se ne sia andato via prima (ᵈ)

Se il malato può camminare, faccia una visita
a una pianta di sambuco, e dica.

> Sammuche mie, sammuche,
> Sta febbre a te la lasse.
> Neu me la rida fin che nce repasse ( )

(ᵃ) *Bugnara.*   (¹) Ciocche di capelli. Latino *cirrus*
(ᵇ) *Bugnara.*   (ᶜ) L'erba delle cinque fronde
( ) *Canzano Pretuzio, Castellalto, Notaresco, Teramo.*
(ᵈ)   Sambuco mio, sambuco,
        Questa febbre a te la lascio
        Non me la ridai, finche non ci ripasso.

Il malato, pero, non deve più rivedere il sambuco:
se no, si ripiglia la febbre che gli aveva lasciato. (ª)

Anche il tamerice è buono pei pastori, i quali
l'usano infuso nell'acqua o nel vino. (ᵇ) Forse questo rimedio si userà anche fuori dell'Abruzzo; forse
in Sicilia. Il Rapisardi nel *Giobbe:*

> Ecco . . . . il tamerice,
> A cui flessili e folti a par di crini
> Piovono i rami dall'amaro tronco,
> Che le febbri cocenti in fuga volge

(ª) *Pretoriansieri, Roccacaso, Kurisondoli.*
(ᵇ) *Bussi, Capestrano, Ofena.*

II.

LE FIAMME.

Quando escono le *fiamme* o le *vruscelette* ([a]) o i *moscalabicca*, ([b]) cioè il morbillo o la rosolia, ci vuole un rimedio semplicissimo. Si manda ad attingere acqua corrente (resta dunque esclusa l'acqua dei pozzi e delle cisterne) e quella si spruzza in faccia al malato, mentre si dice:

Lupe lupatte
Della rotta 'sciste
Acqua corrente,
Arrammante lu fuoche ardente ([1])

La formula non fa effetto, se, chi l'adopera, non la recita ogni anno in chiesa, la notte di natale. ([2])

([a]) *Ortona a mare*
([b]) Si dice così nella *Valle di Palma*
([1])   Lupo lupetto,
             Dalla grotta uscisti
             Acqua corrente
             Smorza il fuoco ardente

( ) *Ortona a mare.*

III.

LA RESIPOLA

Vuoi guarirla? facci i bagnuoli di fronde e fiori di sambuco, spargendovi poi un tantino di friscello. (¹) Altri preferisce l'applicazione delle pezze bagnate nel latte. (²) E io poi conosco alcuni che hanno una gran fiducia ai bagnuoli di acqua di cicoria campestre, ovvero all'applicazione di una pastarella formata di polvere di carbone e latte (³) Sono buone le stropicciature con l'erba sempreviva, seguite da bagnuoli con amido di grano, molto stemperato.(⁴)

La medichessa prepara per tempo la medicatura della resipola: ci pensa fin dalla notte di Natale. Allora piglia in mano il crocifisso che pende dal rosario e con esso tocca le carni di una persona qualunque, dicendo — Ji' te segno ncu ju nome de Ghesù. (Poi prende un pezzo d'argento, o moneta o medaglia, e fa una croce sulla mano o sul braccio o sul viso della stessa persona, continuando a dire:) Te

---

(¹) *Introdacqua*   (²) *Scanola.*   (³) *Salmona*
(⁴) *Roscrolo,* e anche *Castellalto, Castelli, Castella del Pronto, Crognaleto, Giulianova, Isola, Pietracamela, Tossicia.*

preghe Marije Santissema: 'mmavanzè' cchiéue.(¹) —
Seguono tre Avemarie, recitate sottovoce. Ma la funzione e l'orazione si deve ripetere più volte, in numero dispari: per esempio tre, cinque, sette, ec. La
medichessa che si è così preparata la notte di Natale, può guarire le resipole in ogni tempo dell'anno,
ripetendo le cose medesime.(²)

La resipola si guarisce pure ungendola d'olio
con una penna di gallina nera, mentre si dice:

Quanne la resibbele jeva pe' mmare,
'Nehe Giesù Criste se rencuntrajie.
— O resibbele maldetta, andò' vajie? —
— Me ne vajie a spezzà' la carn'mmane. —
— Pigliétele, spezzétele,
E buttétele a mmare. —
— Nnè mme pigliete,
Nnè mme spezzete,
Nnè mme jettete a mmare;
'Nu bielle secrete ve vuoghe dà':
Pigliete la penne de lla caglina náire,
La saléive, l'ariénte véive
Chà la risibbele se ne va cunnejie.
'N mmome de Giesù Criste,
De lla Santissema Ternetà;
Sante Cesiddie e Sante Enoche
Sante Siste, Miédeche de Criste;
Sante Necole, Miédeche de prove;
Sante Cusemate, Miédeche appruvate.

_____

(¹) Io ti segno col nome di Giesù. Ti prego (in nome di)
Maria Santissima: non avanzare, cioè non crescer più.

Madonna magia de Tierme,
Chi passe 'n mmezze a mmare,
Chi sei' patrone de 99 malatepe,
Cerche la rezie a llu Terne Patre,
Che lleve le male a stu serve (o a sta serve) de Depe.([1])([2])

Questa orazione è generale ; ma quasi sempre
variata. Ecco alcune varianti.

([1]) Quando la resipola iva per mare,
con Gesù Cristo s'incontro
— O resipola maledetta.
dove te ne vai? —
— Me ne vado a spezzare la carne umana -
— Pighiatela, spezzatela
e buttatela a mare. —
— Non mi pighiate,
non mi spezzate.
non mi gettate a mare
un bel secreto vi voglio dare
Pighiate la penna della gallina nera
la saliva l'argento vivo;
che la resipola se ne va con Dio
In nome di Gesù Cristo,
della Santissima Trinità,
(di) San Cesidio,
San Rocco,
San Sisto
medico di Cristo:
San Nicola
medico di prova,
San Cosimo
medico approvato.
Madonna mia di Tremiti,
che passi in mezzo a mare
che sei padrona di 99 malattie,
cerca la grazia all'Eterno Padre,
che levi il male a questo servo (o a questa serva) di Dio.
([2]) *Pratola Peligna*

Con la penna della gallina nera si unisce una fronda d'ulivo e tutte e due s'intingono all'olio, con cui si unge la resipola; e poi:

> Quande Giesù Criste jieva pe llo monne,
> La resibbola je va 'ncontre.
> — Resibbola, andove vajie? —
> — Vajie all'osse de llu cristiéne
> Pe fall' abbajà' com' a 'mmu chene. —
>   Pietre, ammazze choste.... —
> — Maestre, mnè m'ammazzà',
> 'Na bella cose te voglie 'mparà':
> La fromma de lla live,
> La penne de lla calline.
> La resibbola se ne va vije.   (¹) (²)

Ovvero:

> . . . .
>   — Vattene, resibbela maldetta;
> Vatt' a jettà' 'mmezz' a mmare. —
> — Nmezz' a mmare 'nce pozze ji'.

(¹)   Quando Gesù Cristo iva pel mondo,
       la resipola gli va incontro.
          Resipola, dove vai?
          Vado alle ossa del cristiano (*dell' uomo*),
       per farlo baiare come un cane.
          Pietro (*San Pietro*), ammazza questa....
          Maestro, non m'ammazzare,
       una bella cosa ti voglio imparare (*insegnare*):
       La fronda dell'ulivo,
       la penna della nera gallina.

Chà ci sta 'na mena sante,
Patre, Fighe e Spirde Sante. — (¹) (²)

Ancora altre varianti. Invece della penna della gallina nera o della fronda d'ulivo, si adopera un fiocco di lana intinto all'olio. E si recita l'orazione così:

Sant'Anna va pe llu monne,
E scuntra Cente resibbole.
— Ndonna va', Cente resibbole? —
— Sopra a 'nn' osse de llu cristiène,
Lu facce abbajà' com'a mm chene. —
- Curre, pastore, 'nen 'nnu grosse pasture.
Pija la lana de lla pecurine,
L'oghe de lla verde 'liva.
A mnome de Dije e della Vergine Marie,
Chesta resibbele se ne va vie - - (²)

_____

(¹)   – Vattene, resipola maledetta,
vatti a gettare in mezzo a mare. –
        In mezzo a mare non ci posso ire,
che ci sta una mano santa,
Padre, Figlio e Spirito Santo —

(²) *Ortona a mare.*

(³)   Sant'Anna va pel mondo,
e incontra Cento resipole.
        Dove vai (*andate*), Cento resipole? —
—Sopra un osso del cristiano,
lo faccio abbaiare come un cane —
— Corri, pastore, con un grosso pastorale,
piglia la lana della pecorina,
l'olio della verde uliva.
In nome di Dio e della Vergine Maria,
questa resipola se ne va via. —

S'intende che le dette orazioni si debbono antecedentemente recitare in chiesa per tre volte, ogni anno, sempre la notte di Natale: anzi, non sono valevoli, se poi non si recitano anche per tre giorni di séguito, due volte al giorno, cioè prima del sorgere del sole e dopo il tramonto.(¹)

La chiusura dell'orazione medesima varia tuttavia:

Non me buttà' abball' a mmare (*a valle, giù*).
Mo te 'mpare 'n bel secrete;
Piglia l' oglio de 'liv' amare (*di oliva amara*),
La penna de lla caglina nera
E tre volte ugnéte (*ungete*).(²)

C'è guarigione più pronta se la resipola si bagna

Latte femmenè, faucighe a mitità':
Preme Dije, ec. ec. (¹) (ª)

Vogliono essere ricordati anche i segni cabalistici. Con un oggetto di oro o di argento, che non abbia però smalto o legature di pietre, si fanno sopra la resipola quattro segni verticali e paralleli: quindi si getta per terra lo stesso oggetto. Poi si raccoglie l'oggetto, e si ripete due altre volte la segnatura e, per conchiudere, vi si fanno due segni orizzontali alle due estremità delle linee verticali. Questa specie di cancellatura scancella la resipola. (ᵇ)

— — — —

(¹) Gesù Cristo e San Giovanni per la strada giva
trecento sessantasei resipole incontro
— Dove vai, resipola? —
— A dare addosso, ec. —
- Àlzati, pastore,
con mazze e con torturi, ec.;(ˣ)
mettiamola sotto terra. —
— Non m'ammazzate ec. ec.
Latte femminino e falcidia da mietere
preghiamo Dio, ec. ec.

(ª) *Francavilla a mare.*

(ᵇ) *Pentima, Prezza, Raiano*

(ˣ) Pali che, attorcendoli, servono a stringere le legature con tutti

DOLORI REUMATICI.

TORCICOLLO E STANCHEZZA.

I DOLORI reumatici si guariscono con le frizion
di un unguento, composto d'incenso maschio fatto
bollire a fuoco lento, nell'olio di oliva.(¹) Le frizioni si fanno anche con acqua di camomilla e olio
sbattuto. Quindi si avvolge, con panno caldo di lana,
la parte reumatizzata.(²)

Il torcicollo poi, il quale deriva appunto da cause
reumatiche, si guarisce col semplice strofinare al
collo una pezza di lana rossa, molto calda.(³)

E se una donna, per gravi fatiche, si stanca, e
le si rapprende il sudore; se, cioè, si sente *repráise*
o ha la *repreunetura*, deve distendersi bocconi per
terra, e una bambina le deve camminar sul corpo.

II.

RAFFREDDORE E CATARRO.

Chi ha il raffreddore, si metta a letto col *monaco* (¹) e sparga sulla braciera o incenso o zucchero (ª) o rosmarino (ᵇ) o anche *smola*. (²)(ᶜ) Tenga, però, il capo sotto le lenzuola, e ai piedi un mattone o un coperchio di creta, ben caldo e ravvolto a un panno di lana. Dopo il suffumigio, deve prendersi una decozione di *cocche mandónie* (ᵈ) con miele o zucchero. (ᵈ) — I fiori delle *mandónie* vogliono esser colti prima che sboccino: quindi si fanno seccare e si serbano. (ᵉ)

Altri usa una bevanda di semi di mellone, pesti insieme con nòccioli di pèsche o di mandorle amare. (ᶠ)

Fa effetto anche l'unzione con un grasso preparato nel seguente modo. S'infilano allo spiedo cinque o sette o nove o undici fronde di lauro (sem-

---

(¹) Il prete, cioè quell'arnese intelaiato con dentro scaldino o braciera, a fine di scaldare il letto.

(ª) *Casteldisangro.*   (ᵇ) *Introdacqua*

(²) *Crusca*   (ᶜ) *Bugnara, Magliano de' Marsi*

(ᵈ) *Rosolacci.*   (ᵈ) *Casteldisangro*

( ) *Roscicolo.*   (ᵉ) *Fara San Martino*

pre numero dispari), alternate con altrettanti pezzi
di lardo di maiale maschio, si cuociono sulla brace,
e il grasso si fa colare in un piatto. Quello è il
grasso che deve servire per ungere tutte le giunture del malato di raffreddore. (*)

Ancora un'altra utile decozione Si mettono a
bruciare tre ossi di pesche. Quando ardono, s'im-
mergono in un bicchier di vino generoso, e si copre
il bicchiere, perchè non isvapori; e, poco dopo, si
beve. Questa bevanda si ripete tre volte al giorno
a eguali intervalli e per più giorni.(¹)

È poi generale l'uso della decozione di fiori di
sambuco, di camomilla e di malva, presa quando si
va a letto.(²) Ma i fiori di sambuco vogliono esser
colti nella festa di San Giovanni Battista (³)

Se col raffreddore uno si arrochisce,(⁴) bisogna
che beva vino e zucchero bollito, ma il vino, nel
bollire, da un litro deve ridursi a metà ( )

Ai bambini che, per forte raffreddore soffrono
asma, si fanno pediluvii col vino, e poi si ungono
i piedi di olio o mele, misto con sale.(⁵)

E perchè no l'uso di una specie di frittura? Si

(¹) Bugnara   (b) Castellalto, Montepagano
(²) Abruzzo.   (c) Francavilla a mare.
(³) Perde la voce in parte o anche e preso da atona.
(⁴) Pentima, Raiano.
(⁵) Introdacqua.

fa friggere in un tegamino olio e fiori di camomilla, e con quell'olio si ungono le sopracciglia e le *fro-sce*(¹) e le tempie e lo stomaco e la parte del cuore, se il malato è donna; ma, se è uomo, si ungono anche le parti sotto l'ombellico. L'operazione va accompagnata con la recita di questi versi:

Sante Biasce, ncumpagnieje
Nche lla Vergene Maréje;
Stu male se ne va cunneje (') (')

Dimenticavo il rimedio per l'espettorazione. Se volete espettorare, bevete una decozione di radiche d'ortica.(ᵇ)

— — — —

(¹) Frogi. narici

(')   San Biagio, in compagnia
          Con la Vergine Maria,
          Questo male se ne vada con Dio
               o se ne vada via

(') *Sulmona.*   (ᵇ) *Palena*

·€ ʊ ℨ·

III.

LOMBAGGINE.

Per la lombaggine, o mialgia dei muscoli lom
bari, giova l'unzione di olio ferrato; o l'applica
zione del sale, fatto prima scaldare in un calda
e poi messo in un sacchetto.(*) V'è chi adoper
la crusca scaldata in una padella, a lento fuoco.(

Altri espedienti. Al malato che ha *lla tomme* (
si fa un rimedio simile a quello del *repriise*, n
con qualche varietà. Il malato si distende pr
terra, boccone; e una donna che ha partorito dr
figli maschi, gli passa sopra, e gli dà una pedat
ai lombi, mentre dice: *Perchè tommòste?*(*)
Il malato risponde: *E tu perchè capplòste?*(*)
Questo dialogo laconico si ripete nove volte.(*)

— Ma che cosa vuole quell'uomo che, lì, dietr
la chiesa, si è denudate le spalle e i lombi? E per
chè poi va strisciando le parti denudate intorn

intorno ai muri della chiesa, facendone il giro per tre volte? —

Che cosa vuole? vuole guarirsi dalla lombaggine. E affinchè la strisciata abbia maggiore efficacia, recita fervorosamente questa orazioncina:

> Chiesa, chiesa che stai ben piantata,
> Lévame sti lombi, cha so selombate (¹) (ⁿ)

(¹) Levami questi lombi o, meglio, questi lombaggine, che sono slombato

(ⁿ) San Valentino

MALATTIE NERVOSE.

I.

DOLOR DI CAPO

Una fanciulla, *rieppiù del tiglio flessuosa*, girava pel paese, domandando: — Chi ha una gallina nera? — Io no. — Io neanche. — Io l'aveva, e mi morì.... Oh, a proposito: sai chi ne ha una? *Ze' Loreta* (¹) che abita nel castello del Duca. —

La fanciulla corre su, su; trova la casa di Ze' Loreta ed entra. Ze' Loreta in quel mentre aveva raccolto l'uovo dal nido della gallina nera; e: — Lo vedi come e grosso?... Ma tu, perchè sei così affamata? — La fanciulla risponde: Mi serve la gallina nera, perchè la povera mamma non ne può più! — E Ze' Loreta: — Ah! me la vuoi far morire la povera *feruccia?* (²) Se si muore, te la pago. — Ebbè', le forbici stanno lì.... e poi, ai malati

non si deve negar nulla.... O se servisse a me? Ma
io, però, non voglio nè vedere, nè sentire.... me
n'esco qui, fuori l'uscio di strada.... —

La fanciulla chiude la porta dell'uscio; chiude
l'impannata della finestra, e va dietro alla gallina
per acchiapparla. La gallina si nasconde sotto il
letto. Quando la fanciulla corre di qua, la gallina
corre di là: e questo giuoco va piuttosto per le
lunghe. Ma ecco che in un attimo la gallina spa-
risce. Nè la furibonda cercatrice sa capacitarsene.
Ella resta accoccolata a guardare ancora sotto il
letto; e quasi comincia a pensare ai maghi, alle
fate, ai *mazzamurrelli*, o folletti.... — E dove si è
cacciata quella bubbona? — Apre la impannata per
meglio vedere, mentre Ze' Loreta grida: — Hai
fatto? — E no. — Oh che guaio! —

La fanciulla si riaccoccola, spalanca tanto di
occhi; e niente ancora. Finalmente da un sudicio
vaso conico che stava dietro uno scanno, vede
spuntare un becco.... La povera gallina, nello svo-
lazzare, era caduta lì dentro e, per paura, si stava
zitta. Allora la furibonda *flessuosa*: — Lì stai?
adesso ti acconcio io! — Copre il vaso col grembiale, ficca la mano sotto, afferra la gallina, se la
stringe tra le gambe, brandisce le forbici con la
mano destra, con la sinistra tiene stretta la cresta,

e zaccht! la cresta rosea, sanguinante, è staccata. L'avvolge subito in una pezzuola; spalanca l'uscio e via, a precipizio. Ze' Loreta rientra melanconica, compassionevole. La gallina fa: — Coh, coh! Coh, coh! — La padrona non può tener le lacrime, e accoglie nel suo grembo la mutilata *feruccia*, e ne medica la ferita, cospargendovi aceto e sale.

Intanto la fanciulla è rientrata in casa sua, e ha già detto alla mamma: — Coraggio! l'ho trovata alla fine! — La madre si toglie una densa fascia dal capo. La figlia tira fuori la cresta sanguinosa della gallina nera, e la strofina sulla fronte e sulle tempia della inferma. Non dubitare, mamma: fra poco il dolor di capo svanirà; anzi, non ne avrai più a soffrire. (¹)

Questo fece l'amorosa figlia. Ma io ho sentito dire che fanno lo stesso effetto due gallucci neri, spaccati vivi vivi e applicati uno sul capo e uno alle piante dei piedi, recitando, per tre volte:

> Sante Cosme e Damiane,
> I' te segne e Die te sane (¹)

E per tre volte si fa il segno della croce. In

(¹) *Bugnara* — Nella valle di *Palena*, invece della gallina si adopera il gallo.

(¹)   San Cosimo e Damiano.
     io ti segno e Dio ti sana

ultimo si fa l'atto di prendere la malattia dal capo, e si butta per terra: anche per tre volte. (ᵃ)

Non trovandosi nè gallina nè gallucci, si ricorre ai bagnuoli di acqua e aceto (ᵇ) o alla chiarata con la stoppa. (ᶜ) Fa miracoli poi una crocetta legata sulla fronte del malato; ma dev' esser fatta co' je petròse. (ᵈ)

Al dolor di capo fanno anche bene le orazioni. Col pollice della mano destra, si segnano tre croci sulla fronte, e si dice:

> Chi t'ha 'ducchiete? —
> Tre sente t'ha 'ntete. —
> Chi è li tre sente? —
> Patre, Fijole e Spride Sente. (ᵉ)

Quindi si strofina la mano sulla fronte per nove volte. (ᵈ) Dopo l'invocazione della Trinità, si suole aggiungere:

> Sant' Avangeliste,
> Médeche de Criste

(ᵃ) Anche *Bugnara*

(b) *Introdacqua, Magliano de' Marsi*

(ᶜ) *Rosciolo*

(ᵈ) È una pianta campestre con stelo legnoso che mette fioretti gialli stellati.

(²)   Chi t'ha adocchiato? —
         Tre santi ti hanno aiutato —
         Chi e (sono) i tre santi?
         Padre, Figlio e Spirito Santo

(ᵉ) *Francavilla a mare, Pescara.*

Sante Salevestre,
I' nchi lla mene e tu nchi lla teste (¹)

In quest'ultimo caso, sulla fronte si striscia soltanto il pollice della mano destra. (²) C'è pure un rimedio, il più semplice di tutti: la comare deve calzare le scarpe della malata e andare al molino.(³)

Se cresce il dolor di capo e diventa *chiodo solare*, l'orazione varia così.

Sole solate!
Stelle stellate!
Sante Salevestre,
Médeche de teste.
Prime evi vescuve.
E mo scì pape.
Neu llu nome de Ddì'
E de Santa Marì'
Stu dulore vadа vì' (⁴)

(¹)   Santo Evangelista,
        medico di Cristo:
        San Silvestro,
        io con la mano e tu con li testa

(²) *Ortona a mare*   (³) *Posta.*

(⁴)   Sole solate!
            Stelle stellate!
            San Silvestro,
            medico di teste
            prima eri vescovo
            e mo sei papa:
            col nome di Dio
            e di Santa Maria,
            questo dolore vada via

( ) *Francavilla a mare*

La chiusa varia ancora:

> O Sante Faviane,
> Che vva pe'rrive de mare,
> Salve setu cristiane (¹) (²)

Oltre le orazioni fanno giovamento gl'impiastri. Il migliore si prepara con sempreviva pesta. (³) Ho detto migliore, secondo alcuni; ma secondo altri è migliore l'impiastro di lumachelle di siepe, ben pestate e spalmate sulla stoppa. Per questo ultimo rimedio, bisogna badare all'applicazione che deve aver luogo la mattina tre quarti d'ora prima che spunti il sole e tre quarti prima che tramonti. Poi si applica la sola mattina che immediatamente segue, e basta. (⁴)

Fanno anche pro le decozioni: sopra a tutte quella di genzianella (⁵) Fa utile la cenere calda avvolta a un fazzoletto e applicata sulla fronte Fa utile medesimamente l'applicazione di due fette di limone sulle tempie o un limone intero tagliato a rotelle e queste rotelle messe in fila sulla fronte, come diadema. (⁶)

(¹)   O San Flaviano,
che vai per riva di mare,
salva questo cristiano.

(²) *Roccaraso*

(³) *Fara San Martino, Lama dei Peligni, Palena, Taranta Peligna*

( ) *Marsica.*   (⁵) *Posta.*   (⁶) *Sulmona.*

In certi luoghi, si ha gran fiducia al rimedio della *cottòra*. (¹) Prima del levarsi del sole, la malata si mette sul capo una *cottòra* a rovescio, come fosse un cappello, e con essa fa un giro pel paese. Se in casa propria non c'è la *cottòra*, entra in una casa estranea; e, senza chieder permesso, ne spicca una, e se la rovescia sul capo. Fatto il giro pel paese, la riporta alla padrona. (²)

(¹) Caldaia
(²) *Castel di sangro*

II.

INFANTIGLIOLE.

Quelle convulsioni che soffrono i bambini, per cui rimangono come morti, e che i medici chiamano *eclampsia*, i popolani le dicono *'nfantigliole*. (¹) Per rimuoverle, si spruzza sul volto del piccolo malato un po' d'acqua e aceto (²) o si applica ai piedi un impiastro di seme di lino e *ciammajichelle* (³) peste e sbattute con aceto forte (⁴) o si mettono sulla pancia pezze bagnate all'aceto (⁵) o si prende una decozione di malva con poche gocce di landano (⁶)

Se la malattia si ostina, deve ricorersi a un rimedio drammatico: si apre la *mesa*, ossia *lu spraj-alle*; (⁷) si corica sulle proprie mani il bambino e, per nove volte, si fa l'atto di volervelo posare, dicendo sempre: « Asséttete, asséttete, 'ntrinne; chà quest'è l'arca de llu prusébbie. (⁸)(⁹) »

(¹) Da *infantilia*.

(²) Piccole lumache.

( ) Scanno

(³) *Magliano dei Marsi*

(⁵) *Ortona a mare*.

(⁶) *Sulmona* (⁷) Madia

(⁸) Assettati (o sedati) internà(?), che questa è l'arca del presepio, la culla di Gesù Bambino

(⁹) *Ortona a mare*.

Un simile rimedio si adopera pei bambini che dimagrano; ma con un po' di varietà. La varietà consiste in questo: la madre del bambino si mette da capo alla madia e la comare da piedi; e il bambino si fa passare per tre volte sotto la madia: una lo dà e l'altra lo riceve e lo riconsegna, dicendo la madre: « Cummare, che tiè 'mmane? » — E la comare risponde: « Vitièlle macre. » E la madre soggiunge: « Ju figlie mi' se' ngrasse. (¹) (²) »

(¹) Comare, che tieni in mano? Vitello magro. Il figlio mio s'ingrassi.
(²) *Taranta Peligna.*

III

MALE DI SAN DONATO

—

Il *male di San Donato* è lo stesso che il mal-caduco; perchè San Donato è il protettore quasi esclusivo degli epilettici. Dico quasi, porchè in al-cuni paesi si chiama anche *male di San Francesco.* (*) Notino queste particolarità i biografi dei due Santi. C'è poi chi chiama quel male la *filipia.* (¹) (²)

Rimedio comune: niente E solo negli strizzoni epilettici si mette in bocca al malato una chiave, affinchè non si trinci la lingua coi denti (³) Dicono che possono giovare soltanto le *sanguette* (³) appli-cate dietro alle orecchie. (⁴)

Alla dietetica si dà grande importanza: l'epi-lettico deve mangiare spesso uova fresche e bere vino generoso. (⁵)

Se il malato è ancora bambino, gli si *foca* la

( ) *Rosciolo.*
(¹) Strana metatesi di epilessia?
(ᵇ) *Magliano dei Marsi*
(ᶜ) *Scanno e Valle Peligna.*
(³) Sanguisughe o mignatte
(ᵈ) *Bugnara.*   (ᶜ) *Rosciolo.*

nuca con un ditale di ferro arroventato. Ma non ci vuole un ditale qualunque: ce ne vuole uno, invece, che sia stato adoperato allo spuntare del sole da una donna che compia il cinquantesimo anno. (*)

Una medichessa consigliava agli epilettici di recitare un *pater noster* la prima volta che rivedevano la luna, dopo il novilunio. (*)

IV.

ISTRICISMO

—

Le malattie dell' utero, che vanno sotto il nome
d'isterismo, nell' Abruzzo si chiamano generalmente
o l' *istricismo* o l' *àtric*. Nell' uomo, poi, il catarro
gastrico, accompagnato da fenomeni isterici, si dice
matrone o *mastrone* o *môstre*. L' uno e l' altro male
si guariscono con lo stropicciamento della mano dal
petto all' umbellico e anche ai reni. Ma, nell' uomo,
le strofinazioni si fanno a carne nuda; e, nella
donna, sulla camicia. E nell' atto delle strofinazioni,
si dice

> I' te scongiure matre de matrone.
> Nuvantanove vócchere che avete,
> Fredde com' a neve,
> Pingeche com' a spine,
> La vocche com' a 'nu serpente,
> La hôle com' a 'nna jumente.
> Nu' affenne' a 'sta serve de Deje:
> T' arracummanne a lla Vergene Marepe
> San Grihôre 'ncumpagneje. [1] [2]

[1]   Io ti scongiuro, madre di matrone
          novantanove bocche avete.
          fredde come neve,
          punge come spine,
          la bocca come un serpente,
          la gola come una giumenta:
          non offendere questa serva di Dio:
          ti raccomando alla Vergine Maria,
          San Gregorio in compagnia.

[2] *Valle Peligna*

Questo rimedio, però, non fa il suo effetto se chi recita la preghiera, non sia prima andato in pellegrinaggio alla chiesa di San Gregorio, nel paese dello stesso nome, a poca distanza da Aquila.

C'è chi guarisce l'*istericismo* con la decozione di camomilla, (¹) o di sette foglie di salvia con anici o anche di fronde di arancio. (²)

Alle isteriche si suole introdurre, nella sede della malattia, un pezzetto di lardo. È ritenuto anche

MALATTIE SCROFOLOSE.

SCROFOLE.

ALCUNI chiamano *cráscele cicche*(¹) le scrofole, e le guariscono con le stropicciature di un unguento composto di mezza *foglietta*(²) di olio dolce, di ulivo, fatto bollire con un pezzo di cera vergine. — S'intende che l'unzione bisognerà ripeterla più volte e a brevi intervalli, senza pretermettere il segno della croce sulla parte malata. La croce si fa col pollice soltanto, tenendo chiuse le altre dita.

Una identica unzione giova anche ai foruncoli.(³)

(¹) Accennano al *bruciore* e pure il tedesco *bruchen*

(²) La *caraffa*, vecchia misura delle provincie meridionali, corrispondeva presso a poco a un litro La *foglietta* era la mezza caraffa.

(³) Ortona a mare, San Vito Chietino, Tollo, Vasto.

MALATTIE CUTANEE.

I.

I CALLI.

Non più calli! – Fa' gocciolare sul callo il latte di fico, e vedrai mirabilia. Ma però, se il callo è tagliato e dà sangue, facci subito una buona unzione con sugna salata o con sugo di limone sbattuto col sale.(ª) E se *accoglie*, cioè se si gonfia e marcisce, mettici un impiastro di sugna vecchia di maiale, mescolata con un po' di zucchero. Puoi applicarvi anche le fronde di sambuco.(ᵇ) Se no, adopera la frizione con *'nu cinciarelle 'mbusse all'oglie petroglie*,(¹) due o tre volte al giorno per una settimana, circa. Se il petrolio ti nausea, prendi un tocco di sale, gittalo sulla brace e scappa: scappa in gran fretta e lontano lontano, sicchè tu non senta lo scoppio. Facendo questo per tre volte, ti libererai dai calli.(¹)

(ª) *Introdacqua.*   (ᵇ) *Bugnara*

(¹) *Un cinciarello bagnato al petrolio.*

(¹) *Bucchianico, Casalincontrada, Miglianico, Ortona a mare, Villarielli*

Puoi prendere 'na cnocchie de cepolle, (¹) mettici dentro tanti pezzettini di sapone, e posalo sulla viva brace. Il sapone si mischia con l'umore che trasuda dalla cipolla e fermenta. Raffreddato che si è un poco, si applica sul callo: il callo salta via. Salta via anche con la radica de llu funicille. (²) Questa radice si torce, se ne toglie il midollo, e la scorza si applica sul callo, facendovela stare fino a che il malato può resistere al bruciore: dopo di ciò, il callo si ammorbidisce e si può estirpare. (³) Dà pure un buon risultato lo strofinaccio del forno, quando è molto caldo, strisciandolo sul callo. (ᵇ)

Rimedio vulcanico. Prendi un fascetto di viti, tagliate di fresco; e mettile a bruciare dall'uno dei capi. Quando dall'altra parte cominciano a cigolare e a gemere, denuda il piede e fa che le gocce cadano sul callo. E, come vedi che il callo comincia a distaccarsi nella periferia, adopera le unghie e stradicalo. — Se non puoi avere le viti, applicaci la urra di llu 'mmaste. (⁷) (ᶜ)

Trovano efficace, inoltre, l'applicazione di una

(¹) Mezzo involucro polposo di cipolla

(²) Specie di pianta nota: ma che io non ho potuto osservare.

(ᵃ) *Sulmona*   (ᵇ) *Pratola Peligna.*

(³) La lanuggine del basto

(ᶜ) *Collalto, Pianella.*

fronda della sempreviva o *le frasce de fusaglie*, (¹) alquanto scorticate dalla parte che deve andare sul callo; o di una rotella di pece da calzolaio, riscaldata e impastata col sego.

Altro rimedio vulcanico. Si copre il callo con un pezzo di carta spalmata di colla di farina, ma la carta deve avere un buco, sicchè il callo esca da quel buco. Poi sul callo medesimo si fa cadere una goccia di zolfo ardente o di lardello( ) o di olio anche bollente. (²) Se la goccia ardente non cadesse sul callo, ma su la carta, bisognerebbe ripetere l'operazione.

Altri poi usa le *chiochie* o *croce*, (³) invece delle scarpe, e cammina molto sulla neve. Allora il callo si ammollisce, e si *scoppa*( ) facilmente. (⁴)

C'è, ancora, il rimedio del lumacone. Si strofina sul callo un lumacone, molte volte e fino a che non muore. Quando è morto, s'infila in uno zipolo acuminato, e si fa seccare. Il callo scomparisce, a mano a mano che il lumacone si secca (⁴)

(¹) Le foglie della pianta del lupino.

(²) *Magliano dei Marsi, Orindoli, Tagliacozzo*

(ᵇ) *Fara San Martino, Gessa Palena, Luma dei Peligni, Palombaro*

(³) Donde *chiochiari* o *crociari* chi le porta. Calzari simili al *calceus, caliga* latino.

(⁴) *Scoppare* quasi *levar la coppa*, cioè la parte convessa del callo.   ( ) Anche a *Fara San Martino*

(ᵈ) *Pentima, Pratola Peligna.*

Si secca il callo più certamente col bagnarlo dei beneficii della vergine fanciulla, la quale, se si chiama Maria, tanto meglio. (ª) E si secca, senza medicine recondite, applicandovi una patata cotta. (ᵇ)

Tutti buoni buonissimi questi rimedii. Ma io, disgraziatamente, per non sentire il dolore dei calli, porto le scarpe così larghe, che un giorno o l'altro me le perderò per via

(ª) *Scanno*
(ᵇ) *Roscolo, Sante Marie, Scurcola*

II.

I PORRI.

Nelle notti serene, chi guarda alle stelle e dice:
— *Stella una, e purricule du'*; (¹) — è sicuro di levarsi la mattina con le mani piene di porri. (²) Ma
come facilmente nascono, così facilmente si tolgono,
bagnandoli con la propria saliva, quando si sta di-
giuni, o spargendoli con l'umore lattiginoso *de jiu
floregialle*. (³) Si possono, per altro, gettare in un
pozzo o in una cisterna tante fave per quanti sono

I porri si seccano pure con le strofinazioni della *tutumaglia*(¹) o del beneficio delle vergini, come si è detto pei calli, (²) o del latte di fico.(³)

Si crede da molti, che recitandosi il paternostro insieme col prete, mentre dice la messa, i porri scompariscono.(⁴) E scompariscono, se vi si applicano le *mazzocchette rosse delli gigli de gli preti.*(⁵)(⁶)

Ma sapete che volete fare? Andate in campagna, e cogliete un ramoscello d'albero, che sia verde. Poi col coltello fateci tante tacche, quanti sono i porri e gettatelo in un sito recondito, sicchè nessuno possa raccoglierlo. Si secca il ramo, e si seccano i porri.(⁷)

Torna utile, come pei calli, il lumacone. Oh che bella scena! Si trova un lumacone, e si tiene con due dita in una estremità, nascondendo la mano dietro la schiena. — Comare, fammi vedere la mano porrosa.... Ssss! quanti porri!... — In quel mentre caccia il lumacone *a lla ssacrese,*(⁸) e lo strofina sui porri. La donna porrosa sente quella cosa fredda,

---

(¹) Tittimaglio o tittimalo
( ) *Erba duca qua.*
(³) *Magliano dei Marsi*
( ) Anche ad Ortona a mare
(²) Gigliaccio selvatico di colore scarlatto.
(⁴) *Roseola.*
(⁵) *Pratola Peligna*
(⁷) All'improvviso, senza farsene accorgere

e grida spaventata, mentre la comare la rassicura, dicendo: — Non è niente, non è niente: ti voglio fare *squagliare* i porri. — Quindi lega il lumacone con un filo e lo appicca a un chiodo, sotto la cappa del camino, sempre nella sicurezza che, seccato il povero animale, si seccano i porri. (ᵃ)

(ᵃ) *Scanno.*

III.

I PEDIGNONI E I GELONI.

Il nostro popolo non conosce la distinzione dei due termini, e dice *gelone* tanto all'infiammazione nei calcagni e nelle dita dei piedi per cagion di freddo, quanto alla infiammazione nelle dita delle mani. Ma, con più proprietà, *gelone* è soltanto delle mani, e *pedignone*, dei piedi.

Anche per geloni c'e un mucchio di rimedii. Si guariscono coi suffumigi della crusca di grano[a] o con unzione di petrolio[b] o con impiastro di fiore di farina e mele[c] o con applicazione di un *cocchio*[1] di cipolla cotta[d] o con unzione di olio, cotto in una sfalda di cipolla,[e] o con applicare una *limpa* o *lempa*[2] di cipolla fresca[f] o *lempa* d'aglio bagnato di saliva[3] o polvere di tacco di scarpa, bruciato e pesto.[h]

---

[a] *Scanno.*   [b] *Ortona a mare.*   [c] *Scai cola.*
[1] Sfalda concava. Si dice anche *cocchio d'uovo e di noce.*
[d] *Rosciolo.*   [e] *Bagnara*
[2] Pellicola di cipolla o d'aglio.
[f] *Pentima*   [g] *Scanno*
[h] *Francavilla a mare, Pescara, Ripateatina.*

Oltre a ciò, si guariscono i geloni passando le mani e i piedi attraverso di una vampa, (ᵃ) o strofinando sui geloni medesimi *lu múnnele bullente de llu furne.* (¹) (ᵇ) Sarebbe meglio tuffare i geloni nell'acqua bollente; ma, se un tal rimedio non riesce o non si vuole, è vantaggioso ungerli con olio, in cui si siano fatte bollire le *sajiettelle.* (ᶜ) (ᵈ) E poi e poi ci sono le strofinazioni col fiele di maiale maschio (ᵉ) o con una pomatina, composta di olio caldo e canfora: ma quest'ultima frizione si usa, quando il gelone si rompe e sanguina. (ᶠ)

(ᵃ) *Pentima.*

(ᵇ) Lo strofinaccio.

(ᵇ) *Castellalto.*

(ᶜ) Si disse già, che sono i peperoncini rossi e forti, che hanno forma di saetta.

(ᵈ) *Sulmona.*

(ᵉ) *Aversa, Castrovalva, Cocullo, Introdacqua, Scanno.*

(ᶠ) *Scanno e Villalago.*

IV

LE CARPINELLE, LE PUTINE E LI SCHIÀFFENE

Le *carpinelle* o *pepòtele* o *pepíte* sono quei filamenti cutanei che si staccano, non so per qual cagione, dalla pelle vicina alle unghie della mano. Io ho detto che non ne so la cagione: ma il popolo la sa benissimo: sa che nascono quando si prende il sale con le mani bagnate, (ᵃ) o quando si tagliano le unghie nei giorni che hanno l'*r* o nel giorno di San Silvestro, (ᵇ) o quando si lavano le mani nell'acqua, dove hanno bevuto le galline. (ᶜ) Il rimedio è una cosa da nulla. Bagna le *carpinelle* con la saliva, a corpo digiuno. (ᵈ) Bada, però, che, se non giungi a guarirle, ti nascerà presto un patereccio.

Le *putine* o anche *petine* sono poi una specie di erpete tonsurante, la quale fa la pelle rasposa. Si guariscono medesimamente con l'*unguento bocchino*, cioè con la saliva, (ᵉ) o con lavande di ac

---

(ᵃ) *Pratola Peligna.*
(ᵇ) *Valle Peligna o Marsica.*
(ᶜ) *Sulmona*   (ᵈ) *Valle Peligna.*   (ᵉ) *Scanno.*

qua salata o con la guazza, maneggiando l'erba, prima dello spuntar del sole. (ª)

Le *petine* si dicono anche *li schiáffene* o le *schiazze*, vale a dire chiazze o macchie di orticaria. Somiglia a *lli schiáffene* anche la *passatura*, che è *uno sbollimento di sangue*, cagionato dalle esalazioni putride, mentre si *passa* dove si buttarono vasi da notte: da ciò *passatura*.

Molti guariscono la *passatura* con l'unzione di petrolio. (ᵇ) Ma, dopo la *passatura*, sarà meglio tornare a casa, spogliarsi e cavarsi anche la camicia e rimettersela subito alla rovescia. (ᶜ)

(ª) *Sulmona*
(ᵇ) *Giulianova, Mosciano, Palena, Teramo, Tortoreto*
( ) *Sulmona.*

V.

LE REGRETTE

Le crepature o screpolature alle mani, ai piedi e alle labbra, si dicono *regrette o crette* (*) o anche *sgrette*: (b) una specie di ragadi Si guariscono con unzione di oho o sego caldo (c) Sulle crette dei piedi si fa colare una candela accesa' (d) Le *crette* si possono anche spalmare di *oglio 'nzulfanate,* (e) (f) senza escludere, del resto, le bagnature con quel liquore caldo che esce dalla nostra vescica. (g)

(a) Così nella *Valle Peligna*
(b) *Iquila.*
(c) *Valle Peligna.*
(d) *Scanno.*
(e) Oho bollito con un pezzo di zolfo
(f) *Ortona a mare*
(g) *Ripattone*

VI.

TORNADITO, GIRADITO E PANARICIA.

Con questi tre nomi si chiama indistintamente il patereccio o panariccio, che nasce dalle *carpinelle* non medicate subito o da qualche puntura delle dita o quando il latte di fico s'intromette tra l'unghia e la carne. (¹) Ma c'è chi fa distinzione fra *giradito* o *tornadito* e *panaricia*: è *tornadito*, quando la punta del dito si fa *rosse*, rossa; la *panaricia*, invece, è nera.

Il *giradito* si medica, per lo più, tuffando il dito nell'acqua bollente (²) o nell'aceto bollente (³) o nella broda bollente dei fagioli. (⁴) Ma questo si fa, appena si comincia a sentire il dolore. Quando il male è avanzato, occorrono gl'impiastri che si preparano in varii modi: — Si mastica il pane, si mischia col latte, con un tantino di caglio e con la malva: si cuoce ogni cosa e si applica al dito. (⁵) — Si prende l'erba *zampagnara*, (⁶) si batte col

---

(¹) *Fara San Martino, Montenerodomo, Palena.*
(ᵇ) *Abruzzo.*   ( ) *Roscolo.*
(ᵈ) *Pentima, Raiano, Villotto.*   (⁵) *Sulmona*
(¹) Non mi è stato possibile osservarla.

coltello sopra una fettina di sugna vecchia, e si applica. (ª) — Si fa cuocere la malva e s'impasta con sugna ed escremento di piccione. (ᵇ) — Si prende una cipolla, vi si fa un buco nel mezzo, dalla parte superiore, si riempie di sapone tagliuzzato, si fa cuocere sulla bracia dalla parte delle barbe, si pesta e si applica. (ᶜ) — S'impasta la farina col latte di donna che abbia partorito un figlio maschio, e si avvolge al dito come un ditale: quando la pastarella sta per seccarsi, si distacca un po', e si rinumidisce col latte, ripetendo l'operazione fino a che il dito non si guarisca, la qual cosa avviene appena l'impiastro si stacca da sè. (ᵈ) —

Si usa inoltre l'applicazione delle foglie di rovo, spalmate di sugna, (ᵉ) o l'applicazione di un pezzo di pelle di agnelletto scorticato di fresco. (ᶠ)

Ma che dirò di voi sporcaccioni che volete guarirvi, col ficcare il dito nelle vostre calde fecce? (ᵍ)

Per guarire la *panaricia*, si debbono portar via le ossicine del dito guasto. (ʰ) Dunque, per *panaricia*, intendi cancrena !

(ª) *Francavilla a mare*　　　(ᵇ) *Scanno.*
( ) *Ortona a mare.*
(ᵈ) Anche *Ortona a mare.*　　(ᵉ) *Giulianova*
(ᶜ) *Magliano dei Marsi.*　　(ᶠ) *Badia Morronese.*
(ʰ) Ancora *Ortona a mare.*

VII.

LE POPPE MALATE.

—◇—

Le malattie delle *sese* o *sise* o *zenne* o *zinne* o *zizze* (¹) sono parecchie e varie. Se le *sese* si gonfiano per troppo latte che perciò esce a stento, allora si ha il *pilo a latte*, e, se il latte non esce per nulla, si ha il *pilo a secco.* (²) (³) Le screpolature, o le rágadi, al capezzolo, ma di forma circolare e concentrica, si chiamano *secarelle*: se sono trasversali, *bruschelli.* (³) (⁴)

Vi si applica un impiastro di fuliggine, sapone grattugiato, mele e sugna di maiale. Così *la tummedore* (⁴) viene a suppurazione. (ᵇ) Vi si applica anche una pezza di canapa, bagnata a vino annoso, fatto bollire con zucchero; ovvero *la scuorce* dello strutto: (⁵) o la *cogna della noce cognosa*, (⁶) (ᶜ) o la

---

(¹) I seni, le mammelle.

(²) *Pilo,* oppilamento?

(³) *Secarelle,* dalla forma della sega o come segate. *Bruschelli,* come la pelle che si abbrustolisce

(ᵃ) *Valle Peligna.*   (⁴) Tumore.   (ᵇ) *Postema.*

(⁵) La scorza, la vescica dove si è conservato lo strutto.

(⁶) Il mallo polputo della noce fresca.

( ) *Scanno.*

rizza d' agnello; (¹) o le foglie di cavolo, scaldate al fuoco e spalmate di strutto; (ª) o pappa di malva e latte; (ᵇ) o impiastro di lino e lattuga cotta o di riso, cotto con lo strutto. (ᶜ)

Inoltre, si può far uso delle semplici frizioni con distrutto o con olio di camomilla o con la midolla *de llu gangáre* annoso di porco maschio (²) (ª) E si può far uso di una specie di braciola, da prepararsi nel seguente modo: — Si prendono molte foglie di lampazzo e si pongono l'una sull'altra e, sopra a tutto, si mette uno strato di sugna; quindi si avvolgono, come se si volesse formare una braciola. Questa specie di braciola, poi, si caccia nella cenere rovente. Quando si crede cotta, si tira fuori, se ne tolgono le foglie bruciate, e il resto si applica sulle *zinne*. Come viene la suppurazione e le *zinne spurano*, (¹) si adopera un impiastro di olio e cera vergine. (ᶜ)

Credono alcuni che sopra la *zinna che s'annocchia*, (⁴) giovi applicare un pettine d'avorio. (ᶠ)

(¹) Quel grasso a cui sono avvolte le budella

(²) *Bugnara, Introdacqua.*

(ᵇ) *Orindoli, Massa d'Albe, Rosciolo.*

(·) *Introdacqua.*

(²) Mascella, detta così forse da *guanciale.*

(ª) *Bellante, Castellalto, Corropoli, Nereto, Torano, Sant'Omero.*

(¹) Si rompono e n esce il *pus*   (·) *Scanno.*

(⁴) Si annoda e indurisce   (·) *Giulianova, Salmona*

Se poi *glio pizzo* (¹) della mammella si ritira,
empi di acqua calda una bottiglia, indi versala, e
applica il boccaglio caldo di essa bottiglia sul capezzolo rattratto. Se no, prendi delle *foglie am-
molle*, (²) scaldale bene e sbattile tra le palme della
mano e ponile sul capezzolo. Pei *bruschitti*, adopera le strofinazioni di saliva. (³)

Qual medico ne saprebbe tante? Perciò, abbasso

VIII.

L'INCOTTO.

—◇—

Questa malattia, chiamata dai medici eritèma, non è che l'arrossimento della pelle nelle pieghe della carne, specie nell'inguine, a causa di sudore o di poca nettezza.

Si medica la parte affetta, aspergendola di farina *vionna* o *d'antrecchische*, (¹) ovvero di polvere di legno tarlato; (²) o lavandola con latte o acqua di lattuga. Dopo le lavande, bisogna, però, prosciugare le carni con biacca. (ᵇ)

Non sono escluse le lavande d'acqua di malva: ma queste vogliono essere accompagnate con le spalmature d'albume d'uovo sbattuto. (ᶜ)

È profittevole anche l'uso del burro stagionato (ᵈ) e della polvere della *terra dei vesponi,* (²) (ᵉ)

(¹) *Vionna,* bionda cioè la farina del granturco. *Randenie,* grano d'India; *rantrecchisce,* grano turchesco.

(²) *Pratola Peligna, Prezza, Roccacasa, Scanno, Salmona.*

(ᵇ) *Introdacqua, Pacentro, Pettorano*

(ᶜ) *Salmona*

(ᵈ) *Ortona a mare*

(²) La terra degli alveari delle vespe

(ᵉ) *Teramo e Torricellasicura.*

o del rosello bruciato alla paletta, pesto e passato a staccio. (*) — Vedete dunque che, anche per l'*incotto*, ce n'è abbastanza.

(¹) *Bugnara.*

IX

LA ROFFA

Si crede che la malattia della *roffa* (¹) nasca dal latte grasso, che la madre dà al bambino. È questa una delle malattie che non vuol rimedio. Perciò, quando si dice: — Che rimedio ci vuole alla roffa? — Si risponde: — Il rimedio degli occhi. — Si sa generalmente il proverbio che *mente è buono per gli occhi*. E, se s'insiste per un rimedio qualunque, lo dicono finalmente: *ci vogliono nove lune*. E con ciò si conchiude che la *roffa* se ne va via dopo nove mesi, forse quando spunta un altro figlio. (²)

(¹) Il lattime. Nel napolitano la *rora*
(²) *Abruzzo*

X.

LA ROGNA

Chi può aver paura della rogna, se vi sono undici rimedii per guarirla? Cominciate a contare:

RIMEDIO 1° — Unguento composto di polvere da sparo (quanto ne occorre per caricare un fucile), un po' di sale, sugo di limone, lamponi e sugna di maiale. Si fanno unzioni per parecchie sere. In ultimo lavanda di lisciva. (ª)

RIMEDIO 2° — Unguento radiche di *finocillo*, lardo, aceto, limone e tartaro: il tutto pesto in un mortaio di pietra. Unzione per tre sere. La mattina del terzo giorno, lavanda generale con broda di maccheroni. (ᵇ)

RIMEDIO 3° — Strofinazione di erba detta *scombiscracani*, (ᶜ) soffritta con lardo battuto. Dopo tre giorni, lavanda di acqua e sapone. (ᵈ)

RIMEDIO 4° — Fronde di oleandro, fritte con olio.

(ª) *Pentima*

(ᵇ) *Bugnara*.

(ᶜ) Non ho potuto studiarla, perchè ne smarrii un esemplare

) *San Benedetto in Perillis*.

Strofinazioni per più giorni e lavanda finale di lisciva. (ᵃ)

RIMEDIO 5° — Unguento composto di cinque soldi
di *sabatina*, (¹) un soldo di nitro, uno di sale comune e mezza libbra di olio. Unzioni per più giorni,
e la solita lavanda finale. (ᵇ)

RIMEDIO 6° — Unguento di solfo, salnitro e olio.
Il resto come sopra. (ᶜ)

RIMEDIO 7° — Vino bollito tre volte con elleboro
bianco, cioè riseccato per tre volte, riempiendo
sempre il recipiente. Se l'elleboro è delle nostre
montagne, deve cogliersi al sollione. Col detto vino
si fanno bagnature e strofinate. (ᵈ)

RIMEDIO 8° — Unguento, fatto con radiche di
funicillo, peste e mischiate a mezza libbra di sale
e mezza libbra di sugna vecchia di porco Si sof-
frigge, s'impasta e si usa, per lo più alle giunture,
per sette giorni. In ultimo lavanda con broda di
maccheroni (ᵉ)

RIMEDIO 9° — Altro unguento. Spremi in un bicchiere dieci limoni. Poi prendi la scorza della radica di *funicillo*, pestala e passala a staccio fino.

_____ __ __

(ᵃ) *Fara San Martino, Gamberale, Gissi, Liscia.*
(¹) *Sabadiglia*
(ᵇ) *Magliano dei Marsi.*
(ᶜ) Anche *Magliano dei Marsi.*
(ᵈ) *Pratola Peligna.*   (ᵉ) *Pratola Peligna*

Metti ogni cosa in una pentola con olio dolce di olive e una libbra di sugna di maiale, aggiungendovi una manata di elleboro bianco pestato e passato a staccio, e più, un pugno di sale. Sbatti di continuo e mischia, a lento fuoco. Ridotto a poltiglia, si leva. Per più sere, strofinazioni, seguite dalla finale lavanda. (ª)

RIMEDIO 10° — Bagnature di vino, in cui siansi fatte bollire le radici di *flammèttele*. (¹) (ᵇ)

RIMEDIO 11° — Unguento di olio e zolfo e *cinere de ficora bianche*. (²) Le strofinazioni vanno fatte con manipoli di piante di ceci. (ᶜ) — Ma, quando non si è nella stagione dei ceci? — Vattel' a pesca!

Questi rimedii non possono usarsi appena la scabbia si manifesta: bisogna farla prima sfogare (³)

(ª) *Sulmona*.
(¹) Erba a me ignota.
(ᵇ) *Introdacqua*
(²) La cenere di fico bianco.
(ᶜ) *Castellalto*.
(³) Pregiudizio generale

XI

LA TIGNA.

Il rimedio della tigna fa veder le stelle di
giorno! I capelli si svellono a uno a uno, e il cranio pelato si spalma d'unguento composto di cera
vergine e olio e rosmarino o di petrolio e fuliggine. Più generalmente si suole spalmare col liquore dei nostri canali interni.(a) Ma prima conviene intaccare la cotenna col rasoio.(b)

Innanzi di svellere i capelli tignosi, è bene applicare un impiastro di *posa d'oglio*(1) e di cenere
passata a staccio. Tolti i capelli, si copre il capo,
a foggia di papalina, con una mezza vessica di
maiale, dove sia stato tolto lo strutto.(c)

I tignosi che non hanno riavuto i capelli, non
si facciano vedere a capo scoperto: se no, dovranno

(a) *Bagnara, Introdacqua*

(b) *Bagnara*

(1) La morchia

(c) *Avezzano, Balzorano, Civitella roveto, Civita d'Antino, Magliano dei Marsi, Pescina, Trasacco, Villavallelonga.*

subire la sorte dei calvi, al cospetto dei quali, i fanciulli gridano:

Coccia pelata co'trenta capilli,
Tutta la notte ce canta lu rilli:

MALATTIA DELLE OSSA.

SPINAVENTOSA.

Per la carie delle ossa e specialmente delle ossa piccole o delle mani o dei piedi, il rimedio santo è la malva cotta e le foglie dell'*erba cura e sana*. (¹) (²) C'è chi preferisce anche l'applicazione delle foglie di rovo, spalmate di sugna di maiale. (³)

(¹) Me ne mostrarono un rametto colto nelle vicinanze di Teramo. Ignoro il nome botanico
(²) *Ripattone.*
(³) *Valle Peligna*

LESIONI VIOLENTE.

I.

LE SCHERZÚRE.

Le glandole, ingrossate o sotto le ascelle o nel collo o all'inguine, per conseguenza di lesioni nelle parti vicine, si chiamano *scherzure, scherzore, serezzúre, chertéure, nucelle. Chertéure* ricorda *erette* che fa meglio conoscerne la causa, che è appunto una lesione.

Comunemente si crede che tale ingrossarsi delle glandole derivi da soverchio peso che si porti sul capo o dall'avere, le donne, i capelli legati troppo stretti. [a]

Le *scherzure* si guariscono con le strofinazioni d'olio di lucerna, ma più col riposo. [b] Nell'unzione o strofinazione, invece dell'olio, è meglio adoperare quella specie di untume nero che si raschia al di

Il rimedio della *cutarella* (¹) è sorprendente. Bisogna strofinare la *cutarella* sulle glandole, mentre s'invoca Iddio e la Vergine e si dice:

> Cota menate,
> Scherzora levate (²) (ª)

In parecchi paesi, le *ruvelle* significano lo stesso che *scherzore*. E si curano con l'applicazione di un fiocco di lana nera intinta nell'olio. Ma il fiocco di lana non può prendersi con le dita. — Indovinate con che si prende? — Con le molli? — Signor no. — Con una palettina? — Signor no. Senza che almanacchiate oltre, chè tanto non indovinereste mai, l'operazione si fa con la punta di una falcidia: già, già, la falcidia. Con la punta della falcidia s'infila il fiocco di lana, si bagna nell'olio e e si posa sul tumore, dicendo:

> — Ndà vai tu, Ruvelle? —
> — Vade 'ddà 'ddusse a llu cristiane,
> Pe fall' abbajà' com'a nnu cane. —
> — 'Ndonna vai, Pasturella,
> 'Nchessa mazze, 'nchesse bastone? —
> — Vag' ammazzà' la Ruvella
> Che ddà 'ddusse a llu cristiane
> E llu fa' abbajà' comm'a nnu cane —

(¹) Cote.
(²)   Cote menata,
              Glandola tolta
(ª) *Pratola Peligna.*

— Punta de faucêglia e lana de cétela nera
(o de fellata neia),
Tajia sei cente mtra a ora. (¹) (⁎)

(¹)   — Dove vai tu, *iuvella?* —
— Vado a daie addosso al cristiano,
Per farlo baiare como un cane. —
— Dove vai tu, pastorella,
Con cotesta mazza e cotesto bastone? —
— Vado ad ammazzare la ruvella
Che dà addosso al cristiano
E lo fa abbaiare come un cane.
- Punta di falcidia e lana di pecora neia, che non
Taglia sei cento *mtra* (?) a ora.   (ancora si figlia,

(⁎) *Castellalto e Teramo*

II.

LE SCOTTATURE.

—-◇—

Non c'è madre che non sappia una gran quantità di rimedi per le scottature. Primeggia sopra tutti *la fràbbeche de lla cera*, squagliata e sbattuta con olio d'uliva. (¹) (ª) In mancanza di cera vergine, si unge la scottatura con olio e sale sbattuto (ᵇ) Se uno si scotta nel mese di marzo e c'è la neve, come spesso accade nei luoghi di montagna, alla cera vergine liquefatta si mischia la neve, sempre sbattuta, da formarne un unguentino. (ᶜ) Basta anche il solo olio sbattuto con un po' d'acqua o l'applicazione *de llu fanghe spuorche*. (²)(ᵈ) In molti paesi si usa la cipolla cotta sotto la bracia e poi pesta.(ᵉ) Vi si unisce talvolta il nostro liquore uretico.(ᶠ)

Tra le medicine entra, oltre a ciò, la patata, la calce e la farina di granturco. Quindi si ritiene

---

(¹) *Fabbrica*, lavo senza mele. È l'antico cerato di Galeno.
(ª) *Pratola Peligna*, ed anche *Antrodoco, Cantalice, Castel Sant'Angelo, Cittaducale, Fuamignano, Petrella Salto, Roccadicorno*.
(ᵇ) *Manoppello e San Valentino.* ( ) *Fara San Martino*.
(²) Il fango sporco, putrido, delle strade.
(ᵈ) *Ortona a mare*.
(ᵉ) *Magliano dei Marsi*, e anche *Castelfieri*
(ᶠ) *Cepagatti, Giulianova, Montesilvano, Penne, Pianella*

giovevolissimo un impiastro di patate raschiate o
pestate, miste a farina di granturco e olio dolce. (ª)
La patata si può grattugiare e mischiar con olio
e sale sbattuto. (ᵇ) Taluni raccomandano di preferenza il sugo della patata, dopo i bagnuoli di acqua e sapone, (ᶜ) o semplicemente pezze bagnate
ad acqua pura di calce con olio. (ᵈ)

Il preparare quest'acqua richiede molt'attenzione. Si mette in un vaso la calce spenta e un
po' d'acqua; si mischia e si fa posare, e poi il vaso
si decanta e l'acqua si butta. Si rifonde altr'acqua, si mischia e l'acqua si butta. La terza volta,
l'acqua si passa in un altro recipiente, e con essa
si bagna la scottatura, fino a che non guarisca. Ma,
state certi, guarirà, guarirà. (ᵉ)

Guarirà anche con l'applicazione della raschia-
tura delle scorze fresche di sambuco, (ᶠ) o con l'unzione di midolla della mascella di porco maschio. (ᵍ)

C'è però chi adopera *la fronna de lle cinche
nerve, ossia la fronna de llu cuotte.* (¹) (ʰ)

(ª) *Scanno*   (ᵇ) *Roscolo.*
(ᶜ) *Magliano dei Marsi.*   (ᵈ) *Sancola*
(ᵉ) *Campli.*   (ᶠ) *Scurcola.*   (ᵍ) *Castellalto*

(¹) La fronda dei cinque nervi, cioè la fronda delle scottature. È una pianta simile alla bietola con cinque costole trasversali.

(ʰ) *Campodigione, Colledimácine, Letto Palena, Palena*

III.

I NERVI INCAVALLATI E LA STORTA.

—◇—

Se c'è indolenzimento nei tendini, o alle braccia o alle cosce o ad altra parte del corpo, il popolo dice che *i nervi sono incavallati*. La *storta* poi è una sublussazione: la quale, se si verifica nel malleolo, si chiama dolore all'*osso pazzillo o pezzillo*; e, se nei polsi, i dolori si chiamano *gli strilli*. In tutti i casi, i rimedii sono quasi identici: o semplici strofinazioni; o strofinazioni con olio caldo [a] o con sugna di gallina [b] o con la midolla di osso di bufalo; ovvero applicazione della chiarata [c] o della *canigliata*. [1] [d]

A tali rimedii, si unisce non di rado lo scongiuro dei fusi. Si preparano nove fusi. Chi scongiura, ne piglia uno, lo passa attorno alla parte malata, e se lo getta dietro le spalle, dalla parte destra. Lo stesso fa col secondo fuso e così con gli

[a] *Arischia, Barisciano, Camarda, Casteldelmonte, Fagnano, Fontecchio, Fossa, Paganica, Pretuzo, Roccadicambio, Roccadimezzo, San Demetrio nei Vestini, Sassa, Scoppito, Tornimparte.*

[b] *Sulmona.*　　　　　[c] *Scanno.*

[1] La crusca bollita con aceto e sale　　[d] *Sulmona.*

altri, fino al nono. Questo scongiuro fa *scavallare* i nervi, ossia i tendini. (ª) In certi paesi, lo scongiuro si fa con due fusi soltanto. Il primo fuso si passa attorno alla parte indolenzita, e si getta per terra, a destra; il secondo si adopera nel modo medesimo, ma si getta a sinistra, dicendosi

> Nu' sême du' surelle,
> Che mamme a patre avemme:
> Stu nierve 'ncavalecate,
> Scavalecate lu vulemme (¹)

La rituale operazione si ripete due volte insieme con la recita degli stessi versi. (ᵇ)

Per la *storta* poi, c'è un rimedio di più; ma è sporco assai, giacchè si tratta di ravvolgere la parte malata tra le sporcizie del proprio ventre (ᶜ) — Gesù!

Anche *gli strilli* si medicano particolarmente, avvolgendo stretto ai polsi un nastro, (ᵈ) o facendo *scrocchiare* (ᵉ) i diti della mano, con stirarli ad uno ad uno. (ᶜ)

(ª) *Ortona a mare.*

(¹)   Noi siamo due sorelle,
> Che madre e padre abbiamo·
> Questo nervo incavalcato,
> Scavalcato lo vogliamo.

(ᵇ) *Pratola Peligna*   ( ) *Scanno*
(ᵈ) *Sulmona.*   (²) *Scricchiolare*
(ᶜ) *Magliano dei Marsi, Orindoli, Rosciolo.*

IV.

MORSICATURE DI SCARPE.

Le premiture delle scarpe strette producono delle
escoriazioni, che comunemente si dicono morsicature:
— *Mi ha morsicato la scarpa.* — Le piaghe che ne
derivano, si guariscono mercè la calce viva. (*) Si
guariscono anche applicandovi le *frusce secche* (¹)
degli agli, o gl'involucri carnosi della cipolla, dentro dei quali siasi fatto bollire olio d'uliva. (ᵇ)

Si sa pure che la piaguccia guarisce con la polvere di un tacco di scarpa, bruciato a perfezione (ᶜ)

(ᵃ) *Castellatto e Teramo.*
(¹) Gl'involucri secchi dell'aglio
(ᵇ) *Scanno.*
(ᶜ) *Casoli, Fara San Martino, Taranta Peligna, Palena*

V.

PUNTURA E MORSICATURA DI ANIMALI

—·/—

Nel primo di maggio, ogni famiglia, per lo più del ceto operaio, fa il *lessame* che consiste in un miscuglio di legumi lessi. Il *lessame* si mangia per divozione e come rimedio scongiurante le punture dei *crampani*. (¹) (²)

Per le punture di ape o di vespa, si fa uso di un ferro freddo· o chiave o punta di coltello (³) Alcuni vi applicano quella materia gialliccia che si forma negli orecchi, il cerume. (⁴)

Sulle punture di spine, quando specialmente viene la suppurazione, si spalma un po' di fiele di maiale maschio. Fa bene anche la panatella. (ᵈ)

Le punture, poi, degli scorpioni e delle *ragnetriste* (²) si sogliono guarire col sugo dei *cascigni* pestati. (⁴) (ᵉ)

—   —— ·

(¹) Zanzare   (ᵃ) Ortona a mare.

(ᵇ) Abruzzo   ( ) Fara San Martino.   (ᶜ) Roscioli.

(²) Le *ragnetriste*, sono specie di lucertole di colore cenerognolo

(⁴) Si è detto già, cicoria campestre

(ᵉ) Ortona a mare, Palena

Bisogna curare sollecitamente le morsicature dei cani. Se i cani non sono idrofobi, nella ferita si applica il pelo del cane stesso che ha morso. (ª) In alcuni paesi, questo pelo canino si frigge nell'olio, con cui poi si fanno unzioni alla ferita. (ʰ) Se i cani sono idrofobi, si applica il *ferretto* (¹) di San Domenico, (ᶜ) e si corre al santuario di Cocullo o San Vito. Le persone più accorte, senza trascurare punto le divozioni, per prima cosa, passano un ferro rovente sopra le ferite delle morsicature.

I più coraggiosi fanno sulle morsicature dei cani un giuoco pirotecnico: spargono sulla ferita alcune pizzicate di polvere da sparo, e vi dànno fuoco con un carboncello acceso.... Fuhh! Così il veleno della rabbia va in fumo e così si fanno le fiche a Pasteur!

(ª) *Abruzzo.*

(ʰ) *Castellalto*

(¹) È un piccolo oggetto di ferro che imita il ferro di cavallo, della grandezza approssimativa di un'unghia umana. A una estremità di quel ferro si alza un'astilla che finisce a punta acuta. Si vende a Cocullo per divozione di San Domenico

(ᶜ) *Rosciolo*

VI.

LE FERITE.

Ci troviamo alla casa di un povero ferito. — Quivi sospiri, pianti ed altri guai. — Sono accorse già le medichesse del vicinato. La più esperta sta innanzi a tutte e a tutti. Comincia dal fare tre croci sulla ferita e poi bagnuoli con acqua e aceto, e poi l'applicazione delle tele di ragno.

— Preparate *lu vine 'ncarmate*.(¹) E tu, ferito, sta attento a quello che dico io

> Fermete, sangue,
> 'Nn 'anda' cchiù 'nnante
> Sante Cusemate,
> Guarisce stu 'nnalate.
> Sangue, fatte forte,
> Come Gesù statte a lla morta
> Sangue, sta ferme,
> Come Gesù 'ntra le pene. — (²)

(¹) Vino *cuomato* non è che vino e olio sbattuti, da formare un unguentino.

(²)
> Fermati, sangue,
> Non andare più innanzi
> San Cosimo,
> Guarisci questo malato
> Sangue, fatti forte,
> Come Gesù stette alla morte
> Sangue, sta fermo,
> Come Gesù tra le pene.

Intanto si è preparato il vino 'ncarmato; si
distende sopra una pezzuola di canapa e si applica
alla ferita.

Dopo il vino ciurmato, altra orazione·

> 'N giorno jette ppi' 'na strate,
> E 'nenntriette dui ferite, dui ferate,
> Bene ferite e bene tajiate.
> — O bene ferite e bene tajiate,
> Andò' ve n'annate? —
> — Anname a coglie' l'erba pane:
> L'erba pane serv'a tti
> Ferite, menni'ammarci' (¹) (ª)

La folla cresce. Si scopre che il paziente ha delle
altre ferite. Le proposte di medicatura sono molte.
Una donnetta cava fuori le foglie d'*erba mora*; (²) (ᵇ)
un'altra le fronde di rovo. (ᶜ) — Applichiamole alle
altre ferite; chè così ristagna il sangue. —

Si suggeriscono nuove medicine: filacce con lo

(¹) Un giorno gu (*andai*) per una strada,
E incontrai due feriti e due frati (*fratelli*),
Ben feriti e ben taghati
— O ben feriti e ben taghati
Dove ve n andate?
— Andiamo a coghere l'erba pane.
L'erba pane serve a te.
Ferite, non marcite!

(ª) *Pratola Peligna.*
(²) Somiglia alle fronde di quercia, ma sono di pianta erbacea del color di lucertola

(ᵇ) *Rosciolo.*   (ᶜ) *Bugnara*

strutto di maiale, (*) unzioni d'olio di pesce, che si compra *dalli parsinèrele*; (¹) (ᵇ) le *finamore* pestate; (²) (ᶜ) il sugo di quei cardi selvatici che mettono un fiore, il quale poi diventa un palloncino stellato di lanuggine; (⁴) impiastro di fiore di farina e mele; (⁶) o *lu cinciazzo*. ( )(ᶠ) Ma la medichessa maggiore fa a testa sua. Da una lucerna, versa un po' d'olio sopra una pezza di tela; e ci fa cadere il nero fumo, raschiandolo dal fondo del caldaio. Quindi applica quella pezza ad un'altra ferita, dicendo:

> Unoghe de Jese Criste,
> Leve ogne dulore triste:
> Uoghe de llu léume,
> Ogne mmale cunséume (*) ( )

Per le altre ferite ricominciano i suggerimenti — Perchè non ci fate la chiarata? — No: quella si

---

(¹) *Sulmona*

(¹) Padroni delle barche pescherecce.

(ᵇ) *Ortona a mare*

(²) Forse la stella *erbamora*

(ᶜ) *Ripattone.*   (⁴) *Campli.*

(ᵉ) *Scurcola* o *Villavallelonga.*

(⁶) Uno straccio di tela bruciata e bagnata di olio.

(ᶠ) *Bugnara.*

(*)   Olio di Gesù Cristo,
                 Leva ogni dolore tristo
                 Olio del lume (*lucerna*),
                 Ogni male consuma.

(¹) *Pratola Peligna.*

fa alle ferite della testa. — Sarebbero buone anche
le foglie fresche di viole. Ma chi te le dà in questa
stagione? (ª) — A quella feritella piccola mettici *li
cappellitte de lli canne: seta' dentr' a lli canne 'gna
se spáccane.* (¹) (ᵇ) —

È accettato quest' ultimo rimedio per la ferita
più leggiera, come il più pronto, sebbene la medichessa maggiore avesse preferito l'*olio ferrato* (²) o
il tabacco da naso o la polvere della terra secca (ᶜ)
o le *loffe.* (³) (ᵈ)

Si prepara l' ultima medicatura. Risiamo all'olio
di lucerna su una pezza, dove, invece del nero del
caldaio, si mette il grassume nero di una padella
molto usata. — E non era buono anche *ju rasse de
ju cappielle?* (⁴) (ᵉ) — Risponde la prima medichessa·
— Sicuro: buona anche la semplice lanuggine del

(ª) *Civita etenga, Collepietro, Narelli, Pietranico, Torre dei
Passeri.*

(¹) I *cappelletti* delle canne· stanno dentro alle canne, come
si spaccano. Sono quelle pellicole rotonde e biancastre, tra nodo
e nodo di canna.

(ᵇ) *Ortona a mare,* e anche *Casalbordino, Castiglione Messer
Marino, Cupello, Dogliola, Gissi, Monteodorisio, Paglieta, Pollutri,
Sambuono, Sansalvo, Scerni, Vasto.*

(²) Olio di lucerna, dove siasi tuffato un ferro rovente.

(ᶜ) *Pentima.*

(³) Funghi secchi, che contengono una polvere nerastra

(ᵈ) *Scanno.*

(⁴) E l'untume che si forma dalla parte interna del cappello di lana, a causa del sudore.   (ᵉ) Anche *Scanno*

cappello, raschiata leggermente : buone le fave o i fagioli abbrustoliti e spaccati per metà.(*) —

Ma già l'impiastro sta al suo posto. La medichessa recita :

C'évene tre fratelle,
Ferite e ben tajate.
Se mèssere 'ncammine.
Truvorno Gesù, Giuseppe e Marie.
Ji dumandorne: — 'Ndov' annate ? —
— Jemme a ju Mont'Albane,
'Truvà' l'erba dilicate,
Pe' guarì' li nostri frate
Ne lla tenete celate,
Pahamente nen pijate:
Guarirete li vostre frate (¹)

E chiude con tre paternostri e col *Sanctus Deus, Sanctus fortis, Sanctus immortalis, orate pro nobis.*(ᵇ)

Dice un vecchio: — Se si fosse potuto avere

(¹) *Bugnara e Introdacqua.*

(¹)   C'erano tre fratelli
        Feriti e ben tagliati.
        Si messero in cammino
        Trovarono Gesù, Giuseppe e Maria
        Gli domandarono   Dove andate?
           Andiamo al Monte Albano,
        A trovare l'erba delicata,
        Per guarire i nostri fratelli.
        Non la tenete celata,
        Pagamento non pigliate·
        Guarirete i vostri fratelli

(ᵇ) *Roccaraso, ed anche Iteleta, Casteldisangro, Pescocostanzo, Petransieri, Rivisondoli, Roccacinquemiglia, Roccapia.*

l'arma, con cui fu ferito, sarebbe stato meglio. Io gliel' avrei strisciata sulle ferite, accompagnando l'atto con queste parole:

> Ferie, che da Menafre memste,
> A Montecalvario passiste,
> Da lli fochi fusti mosse
> E nche l'acque fuste tempiate·
> Sane la fiite che scì' taghate. (¹) (²)

Il ferito riposa, e la gente comincia ad andar via. La medichessa più saputa resta ancora. — Badate: dice: badate che le ferite non si richiudano troppo presto, facendo *borsa dentro*. Se succede quest'altra disgrazia, ci si deve riparare con una forte chiarata *Glio tomento* (³) vuol essere bene inzuppato negli albumi delle uova e applicato sulla enfiagione delle ferite rimarginate. Ci deve stare fino a che non si secca. Seccato che è, nello staccarsi la ferita si riapre, e se n'esce *guglio sanguaccio* (⁴) Le ferite allora si lavano con acqua, in cui abbiano bollite delle scorze di quercia. Con queste precauzioni, le ferite rimarginano più presto. (⁵)

(¹) Ferio, che da Venafro venisti,
      A Montecalvario passasti,
      Dai fuochi fosti mosso
      E con l'acqua fosti temprato:
      Sana la ferita che sei (*hui*) taghato.

(ⁱ) *Castellallo* e *Teramo.*   (²) Stoppa Dal latino *tomentum.*

(³) Quel sanguaccio.   (⁵) *Seu cola.*

MALATTIA DELLE DONNE.

I.

DOLORE AFFLITTIVO OGNI MESE.

Per questi dolori vi sono rimedii esterni, interni e misti.

Due sono gli esterni. Si fanno pediluvii, ma, nell'acqua molto calda, deve versarsi della bracia viva. (¹) Inoltre, si prendono parecchi fili di zafferano, si avvolgono in una carta che poi si applica *a lla funtanella de llu core* (¹) o alle piante dei piedi. (ᵇ)

I rimedii interni sono più del doppio. 1° Decozione di radici di prezzemolo con foglie di *spogne* ( ) e di malva e fiori di camomilla. Questa decozione deve prendersi per più mattine, a digiuno. (²) — 2° Decozione di dittamo, pianta odorosissima che ha

(¹) *Scanno.*
(¹) Alla fontanella del cuore o meglio dello stomaco.
(ᵇ) *Pratola Peligna.*
(²) Finocchio.
(¹) *Bugnara.*

foglie ovali e lanuginose e fiori a rosette con pe-
tali verdastri, tinti d'un rosco violacco nella punta. (ᵃ)
— 3° Decozione di antimonio e di erba *sabina* (¹)
con un po' di capelvenere. (ᵇ) — 4° Fa lo stesso effetto una pozione di broda di ceci lessi o fagiuoli
rossi (ᶜ) — 5° Decozione del *numero sette*, vale a
dire, di sette radici. di capelvenere, camomilla,
malva, lattuga, cicoria, sedano e finocchio. (ᵈ)

Ecco, in ultimo, i rimedii misti · decozione di
capelvenere, seguita da pediluvio di acqua caldis-
sima con cenere; (ᵉ) decozione di marrubbio e pediluvii di acqua bollente, due volte al giorno: la
mattina però vi si versa la crusca e la sera la cenere. (ᶠ)

Sic transit!

(ᵃ) *Ortona a mare*
(¹) Forse anche qui *sabadiglia*
(ᵇ) *Sulmona.*   (ᵉ) Anche *Sulmona*
(ᵈ) *Introdacqua.*   ( ) *Rosciolo.*
(ᶠ) *Ortona a mare*

II.

PARTO ANORMALE.

A prevenire l'aborto, si suole applicare *lu tac-chemacche* ai reni. Il *tacchemacche* si fa con aceto bollito, misto a cruschello e mostocotto, spalmata ogni cosa sopra una pezza di tela cruda.(¹) Ai primi indizii, quando si teme l'aborto, si applica anche ai reni una chiarata con un po' di farina di segala.(²) Alla chiarata si può aggiungere il vetro tri-

Nei cattivi parti, per vedere se la creatura è viva, le si soffia agli orecchi con un cannello. Appena dà segno di vita, si *aggravattejie,* (¹) dicendo, per esempio: — Antonio, io ti battezzo in nome del Padre, del Figlio e dello Spirito Santo — mentre si versa dell'acqua in croce sul neonato. Poi quell'acqua si va a buttare nel fonte battesimale. (ª)

Ad aiutare l'emissione della placenta, si dà alla puerpera acqua calda di malva e si fa sedere sopra un vaso; ovvero si obbliga a soffiare forte nel boccaglio di una bottiglia vuota. (ᵇ) Invece della bottiglia, si può far uso *de una cannelle che non po' reflatà*. (²) (ᶜ) Sarà ottimo se, insieme al soffiamento del cannello, si striscia un po' di sale allo stomaco, mettendo nel tempo stesso sul capo della puerpera un cappello da uomo. (ᵈ)

Al soffiare nei fiaschi o nei cannelli, sempre per aiutare l'uscita della *seconda,* altri aggiunge le bagnature di vino sul basso ventre e le bibite di vino bollito con cannella e zucchero. Non devono, però,

---

(¹) È il battesimo fatto dalla levatrice o da chi ne fa le veci, quando il neonato è in pericolo di vita.

(ª) *Scanno.*

(ᵇ) *Magliano dei Marsi.*

(²) Un cannello che non può rifiatare a causa dei nodi della canna.

(ᶜ) *Castellalto, Civitella del Tronto, Tortoreto.*

(ᵈ) *Ortona a mare.*

mancare le raccomandazioni a Dio e ai Santi. — Tre
paternostri a Sant'Anna; e poi:

Groliosa Sant'Anne,
Lévala da st'affanne;
Ceu jiù core e cen lla mente,
A jiù Signore la rappresente.
    Vérgene prima del pártere: *Ave Maria*, ec.
    Vérgene nel pártere: *Ave Maria*, ec.
    Vérgene dopo 'l pártere: *Ave Maria*, ec.
J'a te, Marie, recurre;
Ogne grazie ce succurre
Ju bielle nome de Marie:
Recetame tre 'Venmarie. (*)

Quindi un *Pater*, un *Ave* e un *Gloria* a Santa
Rita che è patrona dei *Casi disperati*. *Idem* a
San Leonardo. — *Idem* a San Nicola. — *Idem* a San-

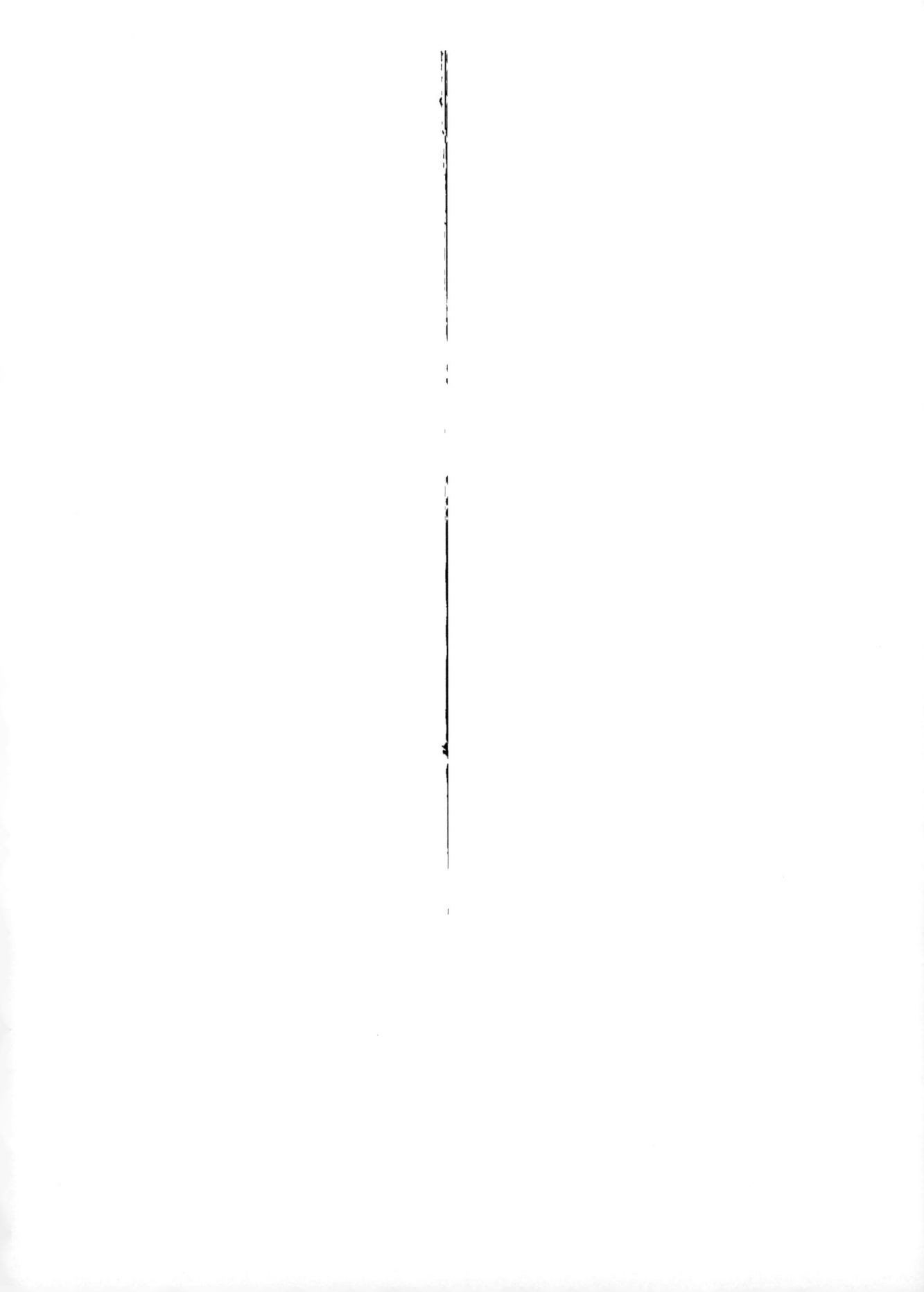

AVVELENAMENTI.

I.

FUNGHI

—

Chi sa come si devono cucinare i funghi, non ha paura di avvelenarsi. Nel lessarli, si fa bollire nell'acqua un pezzo di argento (per esempio un cucchiaio, una forchetta, una moneta), e chi non ha l'argento vi fa bollire uno spicchio d'aglio. Se il pezzo d'argento o l'aglio si annerisce, i funghi sono velenosi: se no, si mangiano con sicurezza [1] Ma, s'intende, non lessati soltanto conviene friggerli alla padella di ferro, con molt'olio e molti pezzettini d'aglio, per meglio assicurare lo stomaco [b]

[1] Accumoli, Iccumoli, Alfedena, Atelli, Ulino, Amatrice, Introdacqua, Balsorano, Barrea, Bisegna Bomba, Caramanico, Casoli, Castellafiume, Celano, Cerchio, Cittareale, Civitellalfedena, Collarmele, Goriano Alerno, Guardiagrele, Leonessa, Molina, Opi, Orsogna, Pescasseroli, Pizzoli, Villetta Barrea, ec

[b] Introdacqua, Bugnara

II.

CONTRO L'UBBRIACHEZZA

Chi vuole liberarsi dall'ubbriachezza, deve farsi le bagnature di acqua fresca sulla fronte; (*) o deve beversi circa un litro di aceto, (b) o, con più vantaggio, bagnarsi di acqua ghiacciata o con neve le parti che non è lecito nominare. (c)

Chi poi non si vuole più ubbriacare e, insomma, vuole disturbarsi del vino, ne beva un bicchiere con dentro un po' di sangue di capitone (d)

(*) *Rosciolo.*

(b) *Sulmona*

( ) *Ortona a mare, ed anche Cagnano Amiterno, Calascio, Carapelle Calvisio, Fagnano, Lucoli, Ocre, Prata Ansidonia, Rojo, Sant'Eusanio Forconese, San Pio delle Camere, Santo Stefano di Sessanio, Scontrone, Secinaro, Tione, Tornimparte.*

(d) *Valle Peligna*

TUMORI.

I.

CONTUSIONI E LIVIDURE

—

DALLE contusioni, dalle punture, dai tagli non rimarginati o altro simile, derivano lividure e tumori che nel dialetto prendono diversi nomi. Le lividure, in genere, si dicono *ammaccature o acciaccature*; quelle nei piedi, *premiture*; innanzi che apparisca il livido, *indoliture*. (ᵃ) Per queste malattie, si fanno strofinazioni di olio ferrato; unzioni di midolla rancida o di fiele di maiale; (ᵇ) lavande di acqua e aceto (ᶜ) o bagnuoli di malva cotta; (ᵈ) impiastro di erba murale, battuta e impastata con un po' di sale e aceto; (ᵉ) o impiastro di crusca e mostocotto o di ortica pesta e sparsa di sale triturato o di pane bollito, spalmato e cosparso anche di sale. (ᶠ) L'impiastro dell'erba murale talvolta si fa bollire col liquore escrementizio che esce dai reni. (ᵍ)

(ᵃ) *Valle Peligna.*   (ᵇ) *Borbona, l'ano, Posta.*
( ) *Rosciolo.*   (ᵈ) *Magliano dei Marsi.*
(ᶜ) *Ortona a mare.*   (ᶠ) *Scanno.*   (ᵍ) *Francavilla a mare.*

Alla parte contusa si applicano anche le filacce con l'albume dell'uovo sbattuto. E se la contusione sprizza sangue, ci si mettono i ragnateli o meglio di tutto *lu cinciazze*. (¹)

Quando il tumore si manifesta, la parte si dice *'ntummedéite;* e occorre che, all'impiastro di foglie di sambuco battute, si unisca la sugna vecchia di gallina o gallinaccio o di orso. È buona anche l'applicazione della cipolla cotta, la quale si prepara così: si prende un mezzo involucro di cipolla, si empie di carbone pesto e di olio, e si fa cuocere sulla bracia. Cotto che è, si fa un po' raffreddare e si applica, rovesciandolo, sul tumore. (ª) Ottimi, inoltre, i bagnuoli con latte di pecora, o l'unzione di lardo raschiato o la pedana della vesta (ᵇ) o un impiastro di malva cotta con pappina di latte di capra. (ᶜ)

(¹) Come si notò, è uno straccio di tela bruciato con olio, dentro una lucerna di ferro

(ª) Anche *Scanno*

(ᵇ) *Pratola Peligna, Prezza, Sulmona*

( ) *Posta* e *Sigillo.*

II.

FORUNCOLI, CARBONCHI E POSTEME.

◇—

I tumori che meritano di essere trattati a parte, sono *gli puricigli* o *cécoli* o *murzilli* o *li vrùsciuli* o *postema* o *la pura* semplice che non deve confondersi con *la pura nera* o antrace, nè coi *carcroni*, nè coi *bubbù*. (¹)

Jiù murzille si medica con la *fronda di cinche rene*. (²) *Jiù murzille cattive* si medica, però, con erba murale e *croste de velíte*, (³) peste e fritte con olio. (ᵃ) Si medica più semplicemente con l'apposizione di filacce e strutto lavato, soprapponendovi un cataplasma di seme di lino; (ᵇ) ovvero cataplasma di malva cotta o mollica e latte con sopra la sugna: la mollica del pane dev'essere masticata. (ᶜ) Qualche volta si medica con impiastro di

---

(¹) *Puricigli* o *puricilli* o *murzilli* sono pustoletto: *cécoli* o *pure semplici* sono foruncoli. postema e piccolo ascesso gengivale; l'antrace è pustola maligna che si dice altresì *pura nera*. I bubboni si manifestano sotto le ascelle *Carcroni*, lo stesso che carbonchi.

(²) Di questa pianta si disse altrove: metto una spica simile al panìco   (³) Croste di bietole

(ᵃ) *Pentìma.*   (ᵇ) *Sulmona*   ( ) *Introdacqua*

lampazzoli o ròmici pesti o di *frusciglu* (¹) e miele impastato. (ᵃ) Se si trovano i pomodori freschi, si spaccano di traverso, in due; si applicano e, ogni tanto, si cambiano coi nuovi. (ᵇ) *Li cécule* o *li vrù-scile* si curano anche con cerotto di pece dei calzolai o con impiastro di cipolla cotta e pesta o con la *vavaglia* della lumaca. (²) (ᶜ) Il foruncolo si può anche spalmare di strutto e triaca. (ᵈ) C'è un altro rimedio, ma è faticoso: si tratta di ridurre in polvere una pietra focaia. La polvere si mischia con sale pesto e con triaca e s'impasta con tuorlo d'uovo. Non diversamente si guarisce la *pura* o *lu pudicille*. (ᵉ) C'è, inoltre, un rimedio dolce: si applicano fichi secchi spaccati per metà o anche gli acini di uva passa di Catalogna. (ᶠ) Un impiastro di molt'effetto si usa in parecchi paesi: si fa arroventare una paletta di ferro, ci si mette calce in polvere e fuliggine, e vi si versa aceto. Mischia, e la bobba è fatta; e si applica. (ᵍ)

Sui carbonchi, *lli carevône,* si applicano le

(¹) O anche *friscillo*· non è il *friscello* della lingua classica, ma qualunque fior di farina.

(ᵃ) *Scurcola*   (ᵇ) *Magliano dei Marsi.*

(²) Qui è la bava, ma figuratamente in significato di umore glutinoso e talvolta lucido che lascia la lumaca nel suo lento cammino   (ᶜ) *Ortona a mare.*

(ᵈ) *Pratola Peligna.*   (ᵉ) *Sulmona.*

(ᶠ) *Scanno.*   (ᵍ) *Giulianova.*

fronde dell'*erbu cura e sana*. (ª) Non confondiamo
poi l'antrace con la postema. L'antrace comincia
con una bollicella; la postema è tumore grosso
come un uovo. L'antrace, prima della suppurazione,
vuole un impiastro di triaca, mele e strutto. Venuto a suppurazione, l'impiastro dev'essere di malva
o lattuga cotta e pesta e bene spremuta. (ᵇ) Anche
per la postema si usa l'impiastro di triaca; ma si
unisce lo sterco di piccione. (ᶜ) In ultimo, *jì bubbù*
sotto a ju titille, (ᵈ) reclamano un rimedio più mite:
reclamano un impiastro di riso cotto, a cui si mischia un po'di latte. Lo stesso rimedio si usa per
le glandole alla gola. (ᵈ)

MALATTIE DELLA BOCCA
E DELLA GOLA.

I.

MAL DI GOLA

FARINGITE, TONSILLITE, PROLASSO DELL'UGOLA, CRUP, DIFTERITE

—

Al semplice riscaldamento (*faringite*), si rimedia, ungendo d'olio la gola e applicandovi cenere calda avvolta o a carta sugante o a una pezza di lana, per lo più rossa. [a] Per fare l'unzione, alcuni, invece dell'olio, si servono del burro [b] o del grasso di gallina [c] La cenere calda può anche avvolgersi tra la stoppa, legata poi con un fazzoletto a più doppii. [d] Se la malattia è incipiente, bastano i soli gargarizzi con acqua e aceto o con aceto e sale. [e]

---

[a] *Aquila, Avezzano, Borgocollefegato, Borgo Velino, Cantalice, Castiglione a Casauria, Luguano di Villa Troiana, Morino, Ortona a' Marsi, Pereto, Pescasseroli, Pescorocchiano, Petrella Salto, San Vincenzo, Villa Sant'Angelo, Villavallelonga.*

   [b] *Rosciolo*   [c] *Pentima.*

   [d] *Ortona a mare*   [e] *Collalto*

Quando poi escono *gli viscicìni* o *gli orecchiìni* (ᵃ) o *gli cagliìni* (ᵇ) o *gli tufielli*, e s'ingrossano le tonsille (tonsillite), si suol ricorrere alle strofinazioni nei polsi: e quest'operazione si fa, quasi sempre, da una donna. La donna prende con la mano sinistra il polso del malato, e bagna nella *vava* (¹) (ᶜ) il pollice della mano destra, e comincia a strofinare su e giù lungo il polso. Il pollice, però, dev'essere spesso ribagnato nella *vava*. (ᵈ) Alle strofinazioni si può aggiungere questa giaculatoria:

Sante Biasce de nove fratiegli:
E de nove aremase a otte,
E de otte aremase a sette:
Sante Biasce, squaghe ste caglìune!
E de sei remase a cinche:
Sante Biasce *(come sopra)*!
E de cinche remase a quattre.
Sante Biasce, ec.

E si séguita fino a che si giunge al *rimase a une*; e allora si chiude, facendo il segno della croce sulle tonsille. (²) (ᵉ)

(ᵃ) *Salmona.*   (ᵇ) *Ortona a mare.*

(¹) E anche *raraglia* qui non è proprio la bava, ma la saliva.

(ᶜ) *Casteldisangro, Pratola Peligna, Scanno.*

(ᵈ) Anche *Scanno*

(²)   San Biagio di nove fratelli,
     E di nove rimasero a otto,
     E di otto rimasero a sette;
     San Biagio squaglia queste tonsille, ec.

(ᵉ) *Ortona a mare*

Altri, prima delle strofinazioni con la saliva, ungono d'olio i polsi; e, nel fare poi le strofinazioni salivari coi due pollici, dicono:

> Sante Péitre jeve a gliuorte,
> E zappeve e peteve
> Ghi vescecune se squaglieve (¹)(ª)

Alle *rescicole* fanno bene, altresì, le unzioni di olio sbattuto con acqua di camomilla. (ᵇ)

Anche *lu susulille calate*, cioè il prolasso dell'ugola, ha i suoi bravi rimedii. Si mette un po' di zucchero all'ugola con la punta del cucchiaio, si posa in cima al cranio (alla così detta *memoria*) un po' di polvere *de llu rasielle* (²) e ci si lega un fazzoletto. (ᶜ) — Questa malattia si chiama pure *ja campanielle calate*. (⁴)

È ottima, per togliere *lu susulille*, l'unzione dell'olio di due lucerne di ferro. Ma in queste lucerne vi si debbono buttare tre volte, per farle spegnere, due pallottole di stoppa accesa, dicendo ogni volta tre *Gloria patri*. (ᵉ)

(¹)   San Pietro iva all'orto,
       E zappava e potava.
       Le tonsille gli si squagliavano

(ª) *Pratola Peligna.*   (ᵇ) *Bugnara*

(²) E il rosellino non sbocciato, per lo più di rosa bianca selvatica   (ᶜ) *Sulmona.*

(⁴) *Pentima.*   (ᵉ) Anche *Sulmona*

II.

LA PANNECACCIA

———

A causa di riscaldamento, nascono nella bocca dei bambini alcune bollicelle bianche, dette la *panne-caccia*. (¹) Nasce la *pannecaccia* anche dal latte grasso e pesante. Questa malattia si cura col gatto. Il gatto si alliscia e si torna ad allisciare, finchè non dirizzi la coda e non la sfiocchi. Allora la madre, o la medichessa, prende leggermente quella coda sfioccata, e la introduce nella bocca malata, come se v'introducesse 'nu *susamielle*, (²) dicendo:

> Pannecacce, pannecacce,
> Nchi lla code de la hàtte jeie te scacce. (³)

L'introduzione della coda con le stesse parole si ripete tre volte. (⁴)

Altro rimedio. Si bagna nell'acqua santa una pezza di lana di colore scarlatto, e si strofina dentro la bocca: così se ne va la malattia che chia-

---

(¹) Il mughetto. Si dice *pannecacce,* forse perchè somiglia al *panico.*

(²) Un semello

(³) Mughetto o bolle come panico, con la coda della gatta io ti scaccio. (⁴) *Valle Peligna*

mano anche la *paniccióla*. ([a]) Lo stesso rimedio si usa altrove, senza bagnare la pezza all'acqua santa. ([b])

Le madri più serie dànno, per bocca al malato, olio di mandorle dolci con caffè o con acqua e zucchero; ([c]) oppure mele rosato e sciroppo di more. ([d])

([a]) *Magliano de' Marsi, Massa d' Albe e Scurcola.*

III.

DOLORI DI DENTI.

C'è un proverbio che dice:

> A uocchie e diente
> Non ce vole niente (¹) (²)

In quanto agli occhi, siamo d'accordo. Ma per i denti! Volete sentire una litania di rimedii? Armatevi di pazienza. Al buco del dente cariato si applica un acino di pepe o un chiodetto di garofano o un pezzettino di sale o di canfora o uno stoppaccetto di foglia di tabacco (ᵇ) o uno stoppaccetto di bambagia, bagnato ad acqua dove sia bollita foglia di tabacco, o bagnato ad acqua della scala, fatta bollire in una paletta di ferro insieme con qualche acino di sale. (ᶜ) Se no, apri la bocca, e favvi entrare il fumo di malva. Bada però che, con la radica della *ceraldonica*, (ᵈ) cessa il dolore, ma se ne cascano i denti. (ᵈ) Lo stesso accade con l'uso della *cera de lla 'liva* (⁵) (⁶) o con le bagna-

---

(¹) Ad occhio e dente non ci vuol niente.
(²) *Scanno e Villalago*   (ᵇ) *Abruzzo*   (ᶜ) *Bugnara.*
(ᵈ) Celidonia   (ᵈ) Anche *Bugnara, Pentima e Raiano.*
(⁵) La gomma od orichicco dell'ulivo.
(⁶) *Castellalto e Ripattone.*

ture di spirito, ossia dell'alcool. (ª) E niente è buono
jiù 'llume arze, (¹) avvolto in una pezzuola? E non
giova anche uno stoppaccetto di tela di canapa o
di lino, bagnato all'olio e riscaldato alla fiammella
di una lucerna? (ᵇ) E che miracoli non fanno i ghe-
rigli di noce, fumati a una pipa nuova di creta? (ᶜ)
E i suffumigi coi semi del tasso? e il latte di tittimaglio? e un ferro rovente introdotto nella carie (ᵈ) o pochi semi delle *cottorelle?* (ᵉ) (ᶠ)

Da altri si preferisce il mattone caldo o una
chiarata con la stoppa, anche ai piedi. (ᵍ) La chiarata, ma cosparsa di pepe trito, si suole applicare, altresì, sulla guancia, dalla parte dove duole
il dente. (ʰ)

Vi sono poi gli sciacquamenti: boccate di decozione di malva; boccate di vino caldo; boccate
d'infuso di scorze di quercia; (ⁱ) boccate di aceto
forte, dove siano stati immersi due o tre fondi ro-
venti di bicchieri di vetro. (ʲ) oppure due o tre pietre silicee arroventate. (ᵏ)

(ª) *Ortona a mare.*
(¹) *L'allume di rocca bruciato in una paletta rovente.*
(ᵇ) *Scanno.*   ( ) *Teramo.*
(ᶜ) *Borbona, Leonessa e Posta.*
(ᵈ) *Sono i papaveretti campestri.*
(ᵉ) *Magliano dei Marsi.*   (ᶠ) *Introdacqua.*

Di tutti questi rimedii, i divoti se ne impipano; e ricorrono a Dio e ai santi. Si fanno chiudere gli occhi alla persona cui dolgono i denti, mentre la medichessa recita:

> Sante Linarde ppe' mare jeve.
> La Vérgene Marije li riscuntieve.
> — Cchi fa Linarde, che vaji piangende? —
> — Vaji piangenne, cha mme dole lu dende. —
> — Se è llu dende, pozza cadì'!
> Se è llu verme, pozza murì'!
> Priéme Dr', la Vergene Marì',
> Setu dulore de dende se ne va vr'. (¹)

Poi non altro che tre croci. (ª)

Ancora i divoti toccano il dente guasto col *ferro benedetto da San Domenico di Cucullo.* (²) È un arnese piccolissimo, simile a ferro di cavallo con un'assicella verticale a un'estremità del ferretto medesimo. Si fa benedire dalla statua del Santo, e così può fare l'ufficio suo, quello, cioè, di gnaure i denti magagnati. Fortunato però chi andò alla chiesa

---

(¹) San Leonardo per mare giva,
　La Vergine Maria lo scontrava.
　— Che fa' Leonardo, che vai piangendo? —
　— Vado piangendo, chè mi duole il dente. —
　— Se e il dente, possa cadere'
　Se e il verme, possa morne!
　Preghiamo Dio e la Vergine Maria,
　Questo dolore di denti se ne va via.

(ª) *Ortona a mare.*

(³) Se n'e anche parlato altrove.

di San Domenico, e tirò coi denti la fune della campanella del Santo miracoloso! Colui non soffrirà mai dolori di denti. (¹)

L'ultimo è proprio la crema di tutti i rimedii. Quando il dolore dei denti è insoffribile, il marito si raccomanda alla moglie o la moglie al marito. Poniamo che la moglie si raccomandi al marito. La moglie grida: — Marito mio, aiutami! Non ne posso più! Mi sento scoppiare gli occhi! — Il marito si commuove, e accende il fuoco. Poi spicca da un chiodo una padella di ferro, e, così vuota, la mette sopra la viva fiamma. Mentre si arroventa, il marito dà delle istruzioni alla moglie: — Mettiti a sedere, e chiudi gli occhi. — La moglie siede con gli occhi chiusi. Il marito afferra la padella rovente e fa come se voglia metterla sul capo della moglie a guisa di cuffia, ma a una certa distanza dai capelli. La donna si fa rubiconda e strillazza. Il marito amorosamente la esorta a sopportare la cuffia quanto più può e, quando essa non può più resistere, il marito allora butta via la padella. — Ti duole più il dente? — No. — Sfido io! (ª)

_____

(¹) Vedi il mio articolo· *Le serpi di Cocullo e un nuovo quadro del Michetti*, nel giornale *Lettere e Arti*, anno 1°, n° 44.

(ª) Ancora *Scanno*.

MALATTIE DEL NASO.

SANGUE AL NASO

Esca pure il sangue dal naso, chè sgrava la testa. E tante volte, se non esce da sè, si fa uscire per forza, con l'erba *sanguarola*. (¹) Ed ecco come: si prende una foglia della sanguinella, si introduce in una narice, e poi si dà un colpo di mano sulla pinna del naso, dalla parte dove s'è introdotta l'erba. Nel tirar fuori l'erba, scaturisce sangue. Quindi si opera lo stesso nell'altra narice. (²) E, mentr'esce sangue, si recitano due versi:

> Sangue e sanguarola,
> Esce lo trôsto e lasce lo bône. (³) (ᵇ)

Quando poi il sangue esce naturalmente e si vuol fermare, c'è un rimedio sicuro: si getta acqua fresca alla *ciaffolla* (⁴) del paziente, senza prevenirlo. (⁵) Se siamo all'estate e l'acqua è calda,

---

(¹) Erba sanguinella.　　　　(³) Abruzzo

(²)　　Sangue e sanguinella,
　　　　Esce il (*sangue*) tristo e lascia il buono

(ᵇ) *Ripattone*　　　(⁴) Nuca.　　　(⁵) Abruzzo.

ci si mette della neve; e si getta sempre addietro
a llu cuzzette (¹) (ª) o alla cudella. (²) (ᵇ) Alla nuca
si può anche applicare la chiarata. (ᶜ)

Ad arrestare l'epistassi, si adopera un pezzo di
carta sugante, appiccicata dentro la bocca, nel pa-
lato superiormente; (ᵈ) o si prende per naso, come
fosse tabacco, la polvere di ceci abbrustoliti; (ᵉ)
ovvero la polvere degli escrementi umani! (ᶠ)

All'acqua fredda gettata alla nuca, si aggiunge
pure il solletico negli orecchi, introducendovi un
fil di paglia o uno stecchetto, scotendolo con molta
delicatezza. (ᵍ) Oltre a ciò, si crede rimedio infal-
libile la compressione delle pinne, verso la metà
del naso. (ʰ)

E poi e poi, ci resta sempre il colpo di grazia: a chi esce il sangue dal naso, si legano, con
refe bianco, nella seconda falange, i diti mignoli (ⁱ)
Ma se l'emorragia si verifica in una sola narice,
la legatura si fa soltanto nel dito mignolo che corrisponde alla narice sanguinante. (ʲ)

(¹) Nuca   (ª) Ortona a mare   (²) Nuca.
(ᵇ) Scanno   (ᶜ) Scurcola.   (ᵈ) Introdacqua
(ᵉ) Fraltura, Scanno, Villalago
(ᶠ) Anche Introdacqua.
(ᵍ) Fara San Martino
(ʰ) Rosciolo   (ⁱ) Scanno   (ʲ) San Valentino.

MALATTIE DEGLI OCCHI.

I.

L'ORZAIUOLO

L'ORZAIUOLO, la piccola ciste che si manifesta nell'occhio a somiglianza di un grano d'orzo, si chiama con diversi nomi. Per es.: *glio carcarojio;* e nasce quando non si soddisfano le voglie delle donne gravide; (ᵃ) o quando uno è estremamente avaro. (ᵇ) A Ortona a mare si chiama l'*agnuolo* e, se la malattia si svolge nell'interno della palpebra, può guarirsi, rovesciando la palpebra malata e soffiandovi forte forte, più volte di séguito. (ᶜ) Si guarisce anche col farlo toccare da chi è il settimo nato di madre. (ᵈ)

Io conobbi già una medichessa che guarì l'orzaiuolo in un modo semplicissimo. Ella infilò un ago col filo crudo, e lo strofinò sull'orzaiuolo, di so-

(ᵃ) *Roseiolo.*   (ᵇ) *Magliano dei Marsi*
(ᶜ) *Ortona a mare.*
(ᵈ) *Atri, Cellino, Cittasantangelo, Mutignano, Silvi.*

pra in sotto, come se lo avesse voluto cucire, mentre tra lei e la malata seguiva questo dialogo:

— Che cosce? —
— Lu vaivaróle. —
— Passa l'îche cha nni' ji dôle — [1] [*]

---

[1]   — Che cuci? —
       — L oizaiuolo. —
       Passa l ago che non gli duole —

[*] Alia, Matapuano, Rosburgo

II.

FLUSSIONE AGLI OCCHI.

Nella *flussione agli occhi*, cioè nella congiunti-vite catarrale, quando gli occhi s'injettano di san-gue e lacrimano, ognuno ripete il noto proverbio:

A uocchie e diente
Nen ce vo' niente.

Ma poi tutti s'impipano del proverbio, e sfilano i rimedii. Cominciano le bagnature d'acqua di lattuga o d'acqua tiepida di malva. (*) Si bagnano gli occhi con le gocce della vite tagliata o con l'acqua dove hanno bevuto i cavalli. (*) Si bagnano gli occhi con l'acqua di roselli freschi o secchi; ma la pezznola che serve alle bagnature, si cambia sempre. (*) Il fastidio del male talvolta fa risolvere l'infermo a un estremo rimedio: alle bagnature con l'acqua calda dei pro-pri reni. (*)

Si applica inoltre la chiarata con una pezza di canapa o di lino. (*) Si applica pure un impiastro di *ciammariche piste, delle cantine* [1] [a] o un impiastro di hevito col sugo di erba murale o di torso di cavolo, pesto e unito con uno spolvero d'incenso maschio. [b]

Non è rara l'applicazione di due rotelle d'ostia rossa alle tempie, appiccicata con lo sputo, [c] o due rotelline di panno di lana rossa attaccate col *criscio,* [2] [d] o semplicemente rotelle di *criscio* assoluto, [e] o, in ultimo, due rotelle di scorza di limone. [f]

Alle rotelle si sogliono sostituire due mezze *scafe* [3] [g] o di *fafa latra.* [4] [h] Sono migliori le fave femmine, cioè quelle sensibilmente tonde nella parte inferiore: se sono un po' acute in punta si tratta di fave masche, e non sono buone. [i]

A proposito di rotelle, deve qui ricordarsi anche il singolar rimedio dell'uovo sodo. L'uovo sodo si divide in due, vi si toglie il tuorlo e i due semi-

---

[1] Lumaconi, senza guscio, pesti, i quali si trovano nei luoghi umidi e perciò nelle cantine.

[a] *Magliano dei Marsi.*

[b] *Bugnara.*   [c] *Marsica e Valle Peligna*

[2] *Lievito*   [d] *Pratola Peligna*

[e] *Introdacqua e Sulmona*

[f] *Ortona a mare.*

[3] Baccello della fava; ma qui è preso per fava

[g] *Marsica*

[4] Fava grossa, detta anche pughese.

[h] *Scanno.*   [i] *Pentima.*

uovi si applicano sopra gli occhi malati, come due lenti concave; e vi si legano con una fascia. (ª)

La flussione, per di più, si guarisce ponendo la mano destra sugli occhi, e dicendo per tre volte:

> Tre nocchie t'ha 'ducchiate,
> Non se sa se gnúvene, viecchie o maretate.
> Ma tre sante t'ha 'jutate. (¹) (ᵇ)

In certi paesi, il sangue agli occhi si chiama *la cianze;* e si medica strisciando l'indice della mano sulle palpebre e dicendo per tre volte:

> Santa Licèjie che sta 'ncima a llu colle,
> Piena de vape e de malancunnaje.
> (Passa Gesù Cristo :)
> — O Lucèjie, che sei fatte nen ssu bell'occhie?
> — O Signore, è menute lu vente da Serane.
> Ha purtate mmezze cust'occhie maje
> *Carriole,* casche 'nterre;
> Sanglêne, devente flore ;
> Flore e florêtte,
> L'occhie de Santa Licèjie polite e nètte;
> Flore e florêlle,
> L'occhie de Santa Licèjie polite e bêlle.— (ª) (ᶜ)

(ª) *Palena.*

(¹)   Tre occhi t'hanno adocchiato,
       Non si sa se giovani, vecchi o maritati
       Ma tre santi t'hanno aiutato

(ᵇ) *Francavilla a mare e Pescara.*

(²)   Santa Lucia che sta in cima al colle,
       Piena di guai e di malinconia
       (Passa Gesù Cristo)

(ᶜ) *Castellalto e Teramo.*

Altro rimedio. Si polverizza lo zucchero *'ncam-pène*, ([1]) si mette dentro un cannello, e *se zuffle a ll'occhie: lu zucchere ròsceche*, ([2]) l'occhio lacrima e guarisce. ([a])

C'è anche un'orazione simile alla surriferita:

> Santa Lucie che va' a ccavalle,
> Pija 'na noce e mannel'abballe.
> Neu nnu tanne de fennocchie,
> Santa Lucie sta mmezz'all'uocchie. ([1]) ([b])

Intanto si chiude la narice che corrisponde all'occhio, dove non è entrato il corpo estraneo, e si

---

> — O Lucia, che sei (*hai*) fatto con cotesto bell'occhio? —
> — O Signore, è venuto il vento da *Serrano*, ([*])
> Ha portato in mezzo quest'occhio mio. ([**])
> *Carriole*, cascate in terra;
> Sangue diventa fiore;
> Fiore e fioretto,
> L'occhio di Santa Lucia pulito e netto;
> Fiore e fiorello,
> L'occhio di Santa Lucia pulito e bello. —

([1]) Lo zucchero fino a forma di cono

([2]) Si soffia all'occhio lo zucchero rode

([a]) Ortona a mare e *Tollo*

([b])
> Santa Lucia che va a cavallo,
> Piglia una noce e mandala a valle
> Con un tanno di finocchio,
> Santa Lucia sta in mezzo all'occhio.

([b]) *Francavilla a mare.*

([*]) *Serra* montagna?

([**]) Che cosa? qualche festuca?

soffia con violenza dalla narice corrispondente all'occhio offeso, dicendosi:

Ciampa d' urze e core de hone,
Ghe nocchie de mámmete e de pátrete so ggli cchiù pjore:
Neu ghe pozza noce' nisciune dulore. ([1]) ([a])

Perfino le cateratte si operano dalle medichesse popolane. Un'Anna Giuseppa Colella e oculista per eccellenza. Guarisce le cateratte così: monda uno spicchio d'aglio, lo acumina col coltello in una estremità e lo strofina leggermente sull'occhio, un paio di volte al giorno, tenendo sollevata la palpebra. — Dentro otto giorno (dice la medichessa) la cateratta scompare ([b]) —

([1])   Zampa d'orso e coda di leone,
                Gli occhi di tua madre e di tuo padre
                                        sono i più peggiori
                Non gli possa nuocere nessun dolore.

([a]) *Pratola Peligna, Roccacasale, Sulmona.*
([b]) *San Benedetto in Perillis.*

MALATTIA D'ORECCHI.

La donna che alleva figlio maschio, spreme il suo latte dentro l'orecchia malata, e poi la tura con la bambagia. Tale è un rimedio comune. (ª) I meno comuni sono questi: un tessello di lardo, ma che sia di porco maschio, (ᵇ) oppure uno stoppaccetto di bambagia intinta ad olio di camomilla, cacciati dentro l'orecchio. (ᶜ) Meno comune anche il sugo della pera: *Se sprescia ju pire e ju sughe se mette drento.* (¹) (ᵈ)

Più comuni di tutti sono i suffumigi di malva. Si fa bollire la malva; il recipiente si copre con un imbuto, e il fumo che esce dal becco dell'imbuto, si fa entrare nell'orecchio che duole. (ᵉ) L'imbuto in certi paesi si chiama la *saracine.* (ᶠ)

Il rimedio unico, poi, è il sego. Si mette a li-

(ª) *Abruzzo.*   (ᵇ) *Rosciolo*   (ᶜ) *Introdacqua.*
(¹) *Si spreme la pera e il sugo si mette dentro all'orecchio.*
(ᵈ) *Ortona a mare*   (ᵉ) *Ripattone*   (ᶠ) *Palena.*

quefare nel tegamino una candela di sego, e ci
s' inzuppa una striscia di tela nuova, la quale poi
si avvolge a un fuso, a modo di spira. Si toglie il
fuso; e quando la spirale si raffredda, si appunta
all' orecchio malato, e dalla parte larga vi si dà
fuoco. Come il caldo diventa insoffribile, si tira
fuori la spirale che porta con sè tutta la *materiac-
cia* che stava dentro l' orecchio e che produceva il
dolore. (*)

(*) *Scanno.*

MALATTIE DI FEGATO.

I.

LE PENNETTE CALATE.

Una specie di iperemia del fegato, conseguenza di catarro gastrico enterico cronico, si chiama generalmente o *pennette calate* o *forcinelle* o *fercelle*.

Le *pennette calate* (¹) si guariscono con le strofinazioni all'addome e al petto, da sotto in su, con le mani unte di olio. In ultimo si applica un cataplasma di seme di lino. (ª) La stessa unzione si fa anche sulla schiena. Riesce meglio l'operazione con questo unguento: olio bollito con la *préitesimmela* e *ji smiscule*. (²) L'unguento è fatto quando *ji smiscule* si sono spappati. (ᵇ)

Altrove, *re penne de rru pettu calate* (ˡ) si so-

(¹) Le pinne del fegato Nella provincia di Chieti, le *zenne calate zenne* per *zinne, poppe.*

(ˡ) *Sulmona.*

(²) Il prezzemolo e i vermi di terra.

(ᵇ) *Scanno*

(ˡ) Le penne del petto calate

gliono pur guarire con le strofinazioni del sego di vaccina o di burro. (ª)

Qualora si voglia far senza delle strofinazioni, il malato deve appendersi con le mani a una fune o alla parte superiore di una porta di un uscio, mentre una donna lo tira in giù, abbrancandolo ai lombi; e lo tira fino a che non sente *ru struócchele*. (ᵇ) (ᵇ) Invece di appendersi alla fune o alla porta, il malato di *forcinelle* (ᶜ) può appendersi a un ramo di fico bianco: ma però con le mani. Giuda qui non c'entra! (ᵈ)

Le *pennette calate* o le *fercelle* (ᵉ) che *non hanno comprese* (quasi che non abbiano fatta presa o non si siano dilatate), si guariscono con la semplice unzione d'olio. Se *hanno comprese*, ci vuole un impiastro di *chiane d'uovo*, (ᶠ) impastato di farina di segala, con sopra polvere d'incenso. L'impiastro si deve poi staccare da sè. (ᵍ) Ma la più semplice è l'applicazione di nove foglie di cavolo, stiepidite nel fuoco. (ʰ)

(ª) *Casteldisangro.*   (ᵇ) Lo scricchiolo

(ᵇ) Anche *Casteldisangro.*

(ᶜ) La biforcazione delle pinne?

(ᵉ) *Rosciolo*   (ᵉ) *Forcinelle*, pinne, ec.

(ᶠ) Bianco d'uovo.

(ᵍ) *Pentima.*   (ʰ) *Bugnara.*

II.

OSTRUZIONE.

Hanno l'ostruzione i bambini che, per malattia di fegato, si gonfiano nella pancia e dimagrano. Il gonfiore si fa sparire, ungendo la pancia con olio, in cui siasi fritta la *rapa porcina*. ([1]) ([2])

È comune anche agli adulti la medicina delle strofinazioni sulla pancia, le quali debbono farsi, però, col seguente intruglio: tre spicchi di agli, un po' di ruta e di assenzio, pesta e fritta ogni cosa nell'olio d'uliva. ([3])

([1]) Raponzolo selvatico.

III.

ITTERIZIA

— ⸱ —

Una persona che sente un piccolo bisogno cor-
porale, e lo soddista al cospetto dell'arcobaleno,
è subito presa dall'itterizia, che perciò si chiama
jn male de j'arche. (¹) (²) Altrove si chiama *llu gialle*
e nasce da *llu male magna'* o *da na rajia forte* o
da forte passione. (³) (⁴) La stessa malattia si dice
altresì *lu fele arrevotecáte*. (⁵) (⁶)

L'itterizia è un male puttosto grave; ma i
rimedii sono tanti, che chi non vuol guarire, non
guarisce. Ecco qua:

RIMEDIO 1° — Si tritura la spina della seppia,
s'impasta con olio e si fanno unzioni nelle palpebre del malato. (ᵈ)

RIMEDIO 2° — Si mangiano le sardelle salate,
senza sciacquarle. (ᵉ)

(¹) Il male dell'arco.   (⁵) *Scanno*

(²) Il giallo, e nasce dal mal mangiare o da una rabbia
forte.   (ᵇ) *Ortona a mare.*

(³) Fiele rivoltato, smosso

(⁵) *Castellalto.*   (ᵈ) *Introdacqua.*

(⁶) Anche ad *Introdacqua.*

Rimedio 3° — Si mastica il rabarbaro. (ª)

Rimedio 4° — Coraggio! Si deve bere per sette giorni continui il solito liquore proprio escrementizio. (ᵇ)

Rimedio 5° — Si prende un albume d'uovo, ci si mette un tantino di nitro e ci si spreme un limone: poi si sbatte ben bene e si espone *alla serena*. (¹) Si beve di mattino a digiuno, per tre giorni, quando è luna mancante e per tre altri giorni a luna crescente. (ᶜ)

Rimedio 6° — Si prendono i *cucuccilli de lle sierpe*, (²) si tira il picciuolo sotto le narici dell'infermo, in modo che l'umore che ne schizza, penetri nelle narici medesime. Dopo di ciò, dalle narici cola un umor gialliccio e la malattia cessa. (ᵈ)

Rimedio 7° — Si va in cerca di quindici cimici: l'itterico è meglio che non sappia di questa ricerca. La mattina, a corpo digiuno, ingoia sette cimici, avvolte ad ostia. Il giorno seguente, preparate allo stesso modo, ne ingoia altre cinque, e tre nel terzo giorno. Alcuni itterici hanno l'eroico coraggio d'in-

---

(ª) *Magliano dei Marsi.*

(ᵇ) *Bolognano, San Valentino, Toccrocasauria.*

(¹) Al sereno notturno.

(ᶜ) *Ortona a mare.*

(²) Zucchette selvatiche, dette anche cocomeri asinini.

(ᵈ) *Pentima, Rosciolo.*

goiare sette cimici in un cucchiaio d'acqua o in una decozione di gramigna, senz' ostia! (ᵃ)

RIMEDIO 8° — Si mangia una pizza di *ciciliano* (¹) con dentro parecchie cimici. (ᵇ)

RIMEDIO 9° — Inoltre, giacchè l'itterizia si chiama *il male dell'arco*, uno può guarire, passando in sette archi o arcate o portici lungo le vie del paese, senza rifare la stessa via. (ᶜ)

RIMEDIO 10° — Può prendersi per bocca, ogni mattina, un infuso di rabarbaro, e poi si mette nel vaso notturno una pietra di calce viva per farvi quindi sopra un piccolo bisogno; ciò deve ripetersi per quindici giorni. (ᵈ) (Scusate se è poco!)

Ma ci siamo finalmente al rimedio che supera tutti. Tu, itterico, entra di nascosto nella chiesa, dove sta esposto un cadavere; scopri la cassa, e fa i tuoi bisogni liquidi.... (ᵉ) E se il cadavere non istà sopra terra, fa l'operazione anche sul coperchio della tomba! (ᶠ) Che, se questo ripugna, può farsi lo stesso servizio sopra *a lla jerva de llu marrojie.* (²) (ᵍ)

(ᵃ) *Scanno.*
(¹) Granturco, grano siciliano, dalla primitiva provenienza.
(ᵇ) *Introdacqua.*   (ᶜ) *Pentima*   (ᵈ) *Sulmona.*
(ᵉ) *Introdacqua.*   (ᶠ) *Bugnara*
(ᵍ) All'erba del marrobbio.   (ʰ) *Castellalto.*

IV.

IDROPISIA

— Quando io vidi bucare la pancia a un idropico (diceva la più coraggiosa medichessa del mio vicinato), mi feci la croce con la mano mancina! Dio mio! bucare la pancia! far patire tanto un povero malato! Io sapeva un rimedio sicuro; ma, se parlavo, il medico ricominciava contro di me le persecuzioni. Più volte mi aveva minacciato di farmi mettere in prigione! E dire che il mio rimedio era semplicissimo . bastava ungere la pancia con olio, in cui si fosse fatto bollire la ruta:

> Olio di ruta,
> Ogni male *stuta* (¹)

Con quest'olio io guarii non pochi idropici. Ma il medico col suo buco. mandò il suo malato all'altro mondo. E chi sa quanti altri ce ne aveva mandati! (²)

(¹) Smorza, acqueta, leva.
(²) *Palena*

MALATTIE TORACICHE.

I.

PALPITO DI CUORE.

Che brutta malattia! Fa venire il palpito solo a pensarci su! E poi che rimedii ci sono? Sì, ci sono; ma non conchiudono: c'è la *ramaccia* (1) in decozione. (2) — E poi? — E poi:

> Per questa malattia,
> Non s'entra in farmacia.

Inutili tutti gl'infusi e tutte le pillole del mondo. Sono utili soltanto le frequenti bagnature fredde sulla parte del cuore. (3)

---

(1) Gramigna.
(2) *Lama dei Peligni, Letto Palena, Palena, Pratola Peligna, Sulmona, Teramo.*
(3) *Crecchio, Ortona a mare, Villa Caldari.*

II.

EMOTTISI.

La malattia è causata da gran dispiacere o da passione intensa. Allora *crepa la vita dentro.* E il rimedio che si può provare, è di far bere al malato, di quando in quando, un cucchiaio di aceto forte. (ᵃ) Ma, se il malato si accorge che gli sta per venire *lu búttete de sangue,* (¹) può prevenirlo, mettendosi le mignatte *a llu siesse.* (²) (ᵇ)

(ᵃ) *Giulianova, Morro d'Oro, Notaresco, Pescosansonesco.*
(¹) Getto di sangue.
(²) Al di dietro, da *sessum,* sedere.
(ᵇ) *Sulmona*

III.

POLMONITE E PLEURITE.

Nelle malattie polmonari, si ricorre generalmente a una bibita di marrubbio, erba notissima. Si fa bollire il marrubbio in un mezzo litro d'acqua, fino a che non risecchi la terza parte. Quindi si passa il liquido attraverso una pezza di tela, e si espone all'aria aperta tutta la notte. La mattina, prima che esca il sole, si beve. « Setu remêdie leve li macchie a llu pulumone e a llu féteche. (¹) (²) »

Ma, se si può avere la *jerra maggiore*, (³) si tritura e s'impasta con farina di orzo e farina di fave, in eguali porzioni, e con un uovo sbattuto. Tale impasto poi si applica largamente sul petto. E, se il malato non guarisce, ci sta di mezzo il peccato mortale. (⁴)

La ponte, cioè la puntura, sarebbe in realtà una pleurite. Ma poichè si associa spesso alla pol-

---

(¹) Questo rimedio leva le macchie al polmone e al fegato.

(²) *Ortona a mare*.

(³) L'erba maggiore: non so a che corrisponde.

monite, il popolo chiama le due malattie con un sol nome. La cura più singolare della *ponte* è questa: si applicano delle mignatte dietro la schiena, dove corrisponde la puntura; poi si unge d'olio la stessa parte, e vi si striscia forte il pollice della mano destra, dicendo:

> Pnntura, pecchè mmiste?
> Mula nun parturisce,
> Pesce nen te' regnune:
> Casche 'ntetra sta punture!
> Pintura, nne ji' avante,
> Chà te cummanne la gloria de llu Spirde Sante!
> Pintura, váttene vije,
> Chà te cummanne la Vergene Marije!
> Sante e sante 'Bastiéne,
> Lève seta puntura a setu cristiéne!
> Sante Martine, che ve' da France,
> Vestite da pillegrenagge;
> Gisù Criste e llu Terne Patre,
> Livi setu male a setu cristiéne!
> I' te segne e Di' te sêne,
> A nome de llu Patre, Fije e Spirde Sante (¹)(ª)

(¹)   Puntura, perchè venisti?
    Mula non partorisce,
    Pesce non *tiene* (non ha) rognoni
    Caschi in terra questa puntura!
    Puntura, non ne avanti,
    Che ti comanda la gloria dello Spirito Santo!
    Puntura, vattene via,
    Che te lo comanda la Vergine Maria!
    Santo e santo Sebastiano,
    Leva questa puntura a questo *cristiano* (uomo)!

   (ª) *Ortona a mare* e anche *Forcabobolina*, e *San Silvestro*.

Fa bene quest'orazione, ma alcuni dicono che fa meglio *ju sangue de ju lebbre*. Il sangue del lepre si conserva anche secco, e si adopera nella puntura coperta. Per scioglierlo, occorre un po' di acqua calda. Una bibita così preparata è meglio della stessa orazione, come dicono. (ᵃ) Se poi il male è forte e fa quasi mancare il respiro, si suole applicare un piatto caldo sul petto e un altro dietro la schiena. (ᵇ)

> San Martino, che viene di Francia,
> Vestito da pellegrinaggio;
> Gesù Cristo e l'Eterno Padre,
> Leva questo male a questo cristiano!
> Io ti segno e Dio ti sani,
> In nome del Padre, del Figlio e dello Spirito Santo!

(ᵃ) *Palena.*
(ᵇ) *Pratola Peligna, Roccacasale, Sulmona*

MALATTIA DELLA VESCICA.

I.

DEBOLEZZA DI RENI.

◇ —

I MEDICI la chiamano *enúresi notturna*. Si guarisce, applicando sotto la schiena una chiarata mista con un po' di seme di lino pesto, [a] o ungendo la parte sotto la schiena con triaca squagliata nel vino. [b] Si applica alle reni anche *lu tacchemacche*. [1][c] Si applica pure un impiastro di pece nera; [d] impiastro che altri chiamano anche *taccomacco*.

— Ma che impiastri e taccomacchi! Senti che cosa ci vuole. Metti la trappola nella dispensa per acchiappare i sorci. Ogni mattina va a vedere se ce n'è capitato qualcuno. Appena ci capita, infilalo a uno spiedo e arrostiscilo. Poi chiama il tuo bambino malato di enúresi, e digli: — Figlio caro, ho

---

[a] *Pratola Peligna.*   [b] *Sulmona.*
[1] Se ne parlò innanzi.   [c] *Bugnara.*
[d] *Magliano dei Marsi.*

arrostito un uccellino; ma non è per te: me lo debbo mangiare io. A te ti darò una meluccia. — E il figlio ti risponderà: — Lo voglio io, l'uccellino! lo voglio! — Tu rifiuta; ma poi fingi di cedere e dàgli l'arrosto. Il bambino mangia l'animale e si libera dal male: *amen.* (ᵃ) Gli si fa sapere poi che l'uccellino era il sorcio.

Fatta che si è una volta l'operazione, ove non si riesca a rinforzare i reni del bambino, minaccialo così: — *Se la refai, te cocémo glio sorgio!* — (¹) (ᵇ)

(ᵃ) *Sulmona.*
(¹) Se la fai di nuovo, ti cociamo il sorcio.
(ᵇ) *Magliano dei Marsi.*

II.

RITENZIONE.

È una malattia accompagnata da dolori acerrimi. Il malato può liberarsene, prendendo una decozione *de lla jerva a cente nuode*. (¹) Se non basta una volta, ripeta. (²) Al malato di poca età, è sufficiente spalmare di olio caldo la parte sotto l'ombellico, sovrapponendovi un impiastro di malva e lattuga e di *aschiuni* cotti e pesti. (²) Ai fanciulli e agli adulti fa anche bene la decozione di *uca ursina*, (³) fatta bollire con acqua in una cogoma di creta, o una decozione di *ciciarelli rossi*, (⁴) (⁵) o altresì una decozione di radiche della pianta dei pomidori. (⁶) Ma, quando si usa la decozione di malva, ci vuole, per di più, un cucchiaino di salnitro. (⁷)

(¹) L'erba a cento nodi è una graminacea con poche radici e con gruppo fatto di rametti nodosi e spessi, somiglianti alla salsapariglia; e le foglioline sono minute e oblunghe.

(²) *Ortona a mare.*

(²) È pianta acquatica con foglie ovali, come quelle del lauro ceraso. (³) Uva spina.

(⁴) Il frutto a bacche del biancospino.

(⁵) *Scanno.*   (⁶) *Popoli, Sulmona.*   (⁷) *Valle Peligna.*

MALATTIE ADDOMINALI.
DI STOMACO E DI VISCERI.

I.

DOLORI DI STOMACO E DI VENTRE
E VERMINAZIONE.

Diciamo prima dei rimedii comuni pei dolori di stomaco e di ventre. Essi sono: bagnuoli di acqua fresca e aceto, sulla pancia; [a] applicazione di pezze bagnate d'aceto con la neve soprapposta, sempre sulla pancia; [b] bibita di fronde di lauro, infuse nell'acqua; [c] infuso di assenzio, fatto stare al sereno per tre notti; [d] bibita di sugo di cipolla pesta, lenita con un po' d'olio; [e] e bibita di *vino ferrato*. [f] [g]

[a] *Pentima, Raiano, Vittorito.*

[b] *Ortona a mare.*

[c] *Giulianova, ed anche Atanno, Bisenti, Brittoli, Castenti, Castiglione della Valle, Castiglione messer Raimondo, Catignano, Cepagatti, Civitaquana, Elice, Fano Adriano, Montefino, Monterio, Musellaro, Nocciano, Pietracamela, Rosciano, Turri Valignani, Valle Castellana.*

[d] *Francavilla a mare.*   [e] *Rosciola e Sulmona.*

[f] Lo stesso che *vino 'nciarmato*, cioè quel vino, in cui siasi

Se i dolori crescono e si trasformano in colici, conviene far bollire il liquore escrementizio dei reni, emesso dalle creaturine o dalle verginelle, e poi farne bagnuoli alla gola e al ventre. (ª) Se questo non accomoda, si fa distendere il malato, supino per terra, e uno di famiglia deve premergli l'indice della mano destra sull'ombellico, e, tenendovi sempre il dito, deve girare curvo curvo intorno all'infermo per tre volte, in modo che la pelle della pancia si attorcigli alquanto intorno al dito; e poi si ritira il dito con una certa violenza. (ᵇ)

Contro la verminazione, si ricorre prima al Cielo. Si striscia la mano sulla pancia, e si dice:

Pajia 'mbusse e pajia de grane,
Marite dôlce e mojia 'mare;
Mojia forte e marite piane.
Priéme Dije e Santa Marije,
Setu dulore de panze se ne va vije (¹) (ᶜ)

(ª) *Scurcola.*

(ᵇ) *San Benedetto in Perillis.*

(¹)   Paglia bagnata (*) e paglia di grano. (**)
       Marito dolce e moglie amara
       Moglie forte e marito piano
       Preghiamo Dio e Santa Maria,
       Questo dolor di pancia se ne va via.

(ᶜ) *Ortona a mare.*

(*) *Infossa da infondere?*
(**) Vedi *Usi e costumi abruzzesi,* vol. IV.

Altri completa l'orazione così:

Sante Martine, da lla France meniste,
Páleme e palme benedette purtiste:
Ome dolce e femmen'amare;
Paglia 'nfossa e paglia a pagliare:
Sante Martine, libera setu male. (¹) (²)

Altre orazioni dello stesso genere:

Sante Vite Vitale,
Cavaliere de Giesù Criste,
Da lunghe da lunghe meniste,
Tante fiume passiste,
Tante vierme 'ccidiste:
'Ccide ste vierme chiste. (³) (⁴)
Sante Vite Vitale,
Che passiste de llà dda mare.
Tu gli vierme che 'ncuntriste
Tutte quante gli accidiste. (⁵) (⁶)

(¹)   San Martino dalla Francia venisti,
Palma e palma benedetta portasti:
Uomo dolce e femmin'amara;
Paglia bagnata e paglia a pagliaio:
San Martino, libera questo male.

(²) *Sulmona.*

(³)   San Vito Vitale,
Cavaliere di Gesù Cristo,
Da lunge da lunge venisti,
Tanti fiumi passasti,
Tanti vermi uccidesti:
Uccidi questi vermi questi,

(⁴) *Castiglione a Casauria* e anche *Pentima.*

(⁵)   San Vito Vitale,
Che passasti di là dal mare,
Tu i vermi che incontrasti
Tutti quanti gli uccidesti.

Variante:

> Sante Nicola de Bare,
> Piscatore de ghù mare,
> Cumbissore de Giesù Criste:
> Cumbissisti che lle tre surelle
> Santa Nora,
> Santa Fiora,
> Santa Teodora
> Scámbeme setu fijn d'ogne dulore (¹) (²)

Altre varianti dello stesso tenore:

> Sante Necole, da Roma meniste,
> 'Ncase de povere t'alluggiste.
> Jiù marite vuláive e lla mona náune
> Pe lla veitù de Dije e jiù Santisme Sacramente,
> Te facce passà' stu dulore de ventre. (²) (ᵇ)

In ogni fin di verso, si fa una croce sulla pancia

> Sante Siste,
> Miédeche de Criste;
> Sante Necole,
> Miédeche de prove;
> Sante Cusemate,

(¹) San Nicola di Bari,
> Pescatore del mare,
> Confessore di Gesù Cristo
> Confessasti quelle tre sorelle,
> Santa Nuora, Santa Fiora e Santa Teodora
> Scampami questo figlio da ogni dolore.

(²) *Busso e San Benedetto in Perillis*

(ᵃ) San Nicola, da Roma venisti,
> In casa di poveri alloggiasti
> Il marito voleva e la moglie no.
> Per la virtù di Dio e del Santissimo Sacramento
> Ti faccia passare questo dolor di ventre

(ᵇ) *Scanno.*

Médeche apprubbate.
Maronna me' de Trémete,
Che ste' 'mmiezze a llu mare,
Tu che sci' la patrona
De nuvantanove malatepe
A stu serve (o *a sta serve*) de Deje
Stu male mamma cunnepe [1] [2]

Questa poi è nuova·

Magnatte e magnattilh,
Senz' nocchie avete nate,
Ju féteche e ju core nen tuccà':
L'ha cmmmannate la SS⁴ Trenetà
De juveddì ve' l'Ascenze;
De tutte juorne ve' Natale,
Sábete sante ogne verme se 'neante,
De duméneche ve' la Pasque;
Li magnatte 'nterra casche [3] [4]

[1]   San Sisto, medico di Cristo
      San Nicola, medico di prova.
      San Cosimo, medico approvato
      Madonna mia di Tremiti,
      Che stai in mezzo al mare.
      Tu che sei la patrona
      Di novantanove malattie
      A questo servo (o a questa serva) di Dio
      Questo male mandi con Dio.

[a] *Pratola Peligna.*

[ ]   Mignatte e mignattelle (*vermi*),
      Senz' occhi avete (*sede*) nati.
      Il fegato e il core non toccate.
      L'ha comandato la Santissima Trinita
      Di giovedì viene l'Ascensione:
      Di tutti i giorni viene Natale:
      Sabato santo ogni verme s'incanta,
      Di domenica viene la Pasqua
      I vermi in terra cascano

[b] *Scanno.*

Ma vi sono anche altre varianti:

> Munacelle, quande vu' nasceste,
> Senz'alme e senza corpe ve truveste.
> Giuveddì è llu Cuorpe de Criste,
> Dumenech'è lla prima Pasque
> E lli vrimmi 'nterra casche. (¹) (ª)
> Zucchere e zuca che 'nterra sci' nate,
> La vite de queste nen tuccate.
> Tutte ji giorne ve' Natale;
> Marteddì ve' Carnevale;
> Giuveddì l' Ascinzione;
> Giuveddì Corpe de Criste;
> De dumeneche cha viè' la Pasque.
> Tutti li vrimi 'nterra casche.
> J' co lla mana, tu co lla testa,
> Sante Vite, co lla mana sante·
> Patre, Fighe e Spirde Sante.
> J' te segne e Die te sane' (²) (ᵇ)

(¹) Monacello (*vermi bianchi*), quando voi nasceste,
Senz'alma e senza corporatura vi trovaste.
Giovedì è il Corpo di Cristo,
Domenica è la prima Pasqua,
E i vermi in terra cascano.

(ª) *Francavilla a mare.*

(²)   *Zucchere e zuca* (?) che in terra sei nata,
La vita di questo non toccate.
Di tutti i giorni viene Natale;
Martedì vien Carnevale,
Giovedì l' Ascensione;
Giovedì (*viene*) il Corpo di Cristo,
Di domenica che viene la Pasqua
Tutti i vermi in terra cascano.
Io con la mano, tu con la testa,
San Vito, con la mano santa
Padre, Figlio e Spirito Santo.
Io ti segno e Dio ti sana.

(ᵇ) *Civitellacasanova, Ortona a mare, Penne.*

Dopo il verso: « Tutti li virmi 'nterra casche, »
c' è chi suole aggiungere:

> Cáschene a une a une,
> Com'a llu pire ch' è mature;
> Cáschene a quattre a quattre,
> Com'a llu pire che s' è desfatte.[1] [a]

Questa giaculatoria, senza l'aggiunzione ultima,
dev'essere aiutata da un impiastro sull'addome,
composto di foglie tenere di pesco pestate e, se
non si trovano, suppliscono quelle di assenzio,
fritte con aceto. L'impiastro non deve stare più
di un'ora.[b]

Le giaculatorie più brevi sono queste:

> Dio dòmina,
> Dio regna,
> Dio vive.

E sì fa la croce.[c]

> Gesù Criste criette Giobbe,
> Giobbe criette gli vierme:
> 'N nome de Giobbe se ne va sti vierme.[2]

---

[1]
> Cascano a uno a uno,
> Come la pera che è matura;
> Cascano a quattro a quattro,
> Come la pera che s'è disfatta.

[a] *Pratola Peligna.*   [b] *Ortona a mare.*   [c] *Roccaraso.*

[2] Gesù Cristo creò Giobbe,
> Giobbe creò i vermi:
> In nome di Giobbe se ne vadano questi vermi.

L'ultima di queste orazioni dev'essere preceduta da una supposta di mostocotto a secco o *da llu cacce e mitte* che si opera cacciando e tirando fuori per più volte di séguito nel mesenterio la candela della Candelaia, untinta nell'olio. ([a])

Contro la verminazione, anche nelle famiglie civili, si dà a mangiare le frittelle di corallina, che si fanno così: si lava la corallina, si ascinga, si tritura, s'impasta con farina di grano e si frigge con olio. ([b])

Pittoresco è vedere un bambino incoronato di agli, per liberarlo dai vermi! Si prendono molti spicchi d'agli, si mondano della buccia e si infilano, facendo una specie di rosario: e questo rosario si appende al collo del bambino, che deve portarlo per più giorni, mentre si ciba di panzanella condita con aglio pesto e aceto e *sesembre* o *isaberde*. ([1]) ([c])

Fa anche bene mangiare la cipolla cruda a digiuno e, poco dopo, berci su un po' di vino generoso. Contemporaneamente si applica sulla pancia la cipolla cruda pestata. ([d]) Altri vi applica un impiastro di *jervareccia* taglinzzata e messa sulla pa-

---

([a]) *Bugnara.*   ([b]) *Ortona a mare.*
([1]) Mentuccia o sisimbrio
( ) *Campli, Castellalto, Scanno.*   ([d]) *Fara San Martino.*

letta rovente di ferro, su cui si fanno cadere alcune gocce d'aceto; (²) ovvero un impiastro di *petrase peste*; (¹) (³) o *lu stummacale* formato di *jitti* (⁴), di sette spicchi d'agli, di tre foglie di ruta e d'una quantità a piacere d'erbe odorose, messe a bollire e pestate. (⁵)

C'è chi si serve d'un'unzione speciale di mezzo bicchiere d'olio d'uliva bollito con tre spicchi di agli; unzione che si fa nella trachea, nello stomaco e nelle piante dei piedi. Che, se i vermi si appendono alla bocca dello stomaco e fanno vomitare, si ricorre ai cristeri con latte e alle decozioni di corallina. (⁶)

Chi, per ultimo, non vuole usare impiastri e simili zorbie, ponga sul petto del bambino malato alquante foglie di ruta e alquante altre sotto il suo guanciale. Ciò gli servirà anche come mezzo di preservazione. (⁷)

Avevo dimenticato il purgante. Per purgarsi, non c'è bisogno nè di sale inglese, nè di cremor di tartaro, nè di olio di ricino: ci vuole una de-

(²) *Francavilla a mare.*
(¹) Petrosello, prezzemolo.

cozione di foglie di *petacciuoli*. (¹) Queste foglie si possono anche lessare e poi soffriggere nell'olio o condirle a insalata — Oh quanto devono esser saporiti i *petacciuoli!* (ª)

(¹) I *petacciuoli* cacciano una foglia liscia e venata come le bietole.

(ª) *Roccaraso*

II.

MALE DI MILZA.

Per guarire il male di *mìroza*, cioè della milza, si ricorre a un rimedio poco pulito: prima all'unzione della parte malata, fatta di sera, con olio caldo di uliva; poi, la mattina che segue, alla lavanda della propria acqua uretica, la quale acqua, per esser più sicuri, si beve anche! [a]

___

[a] *Ortona a mare.*

III.

EMORROIDI

Nei piccoli paesi, c'è dei luoghi apposti, verso le ultime case, nelle straducole fiancheggiate da siepi, dove uomini e donne vanno a depositare i rifiuti della digestione. Un verista ultra vi troverebbe materia abbondantissima per scarafonare carta o sporcare tele; mentre l'igienista penserebbe all'acido fenico. Io, alla vista di un luogo tale, pensai al mio quinto volume degli *Usi e costumi*. La fecciosa materia, mista a sangue, mi richiamò ai dolori degli emorroici. — Come si curano dunque le emorroidi?

Vi si applicano delle pezze bagnate nel vino e nell'olio dolce, (ª) o un impiastro d'erba sempreviva, quella che ha la forma di carciofanetti a grappolo. Si usa anche acqua bollente di malva e camomilla, versata in un vaso, dove si siede l'emorroico. (ᵇ)

Domandato un vecchio emorroidale sui rimedii che adoperava, mi rispose: — Io guarisco, nettan-

---

(ª) *Scanno.*   (ᵇ) *Bugnara*

domi con le foglie di *lampazzoli*. Fate così anche voi. — Grazie tante. Ma dove prendete le medicamentose foglie? Ve le provvedete a tempo? E se si seccano, le mettete forse a rinverdire nell'acqua? — Niente affatto: quando ci accorgiamo del sangue, si stende la mano alla prossima siepe, si colgono i lampazzoli e si opera, badando alle mani. (¹)

_____

(¹) *Pentima.*

IV.

SINGHIOZZO

— ◇ —

Il più efficace rimedio pel singhiozzo, o, come
si dice in dialetto, per *lu selluzze*, o *scgliuzze*, è
una buona paura. Mettete paura, e non abbiate
paura, chè il singhiozzo se n'andrà. La paura può
suscitarsi o con una notizia strana e dolorosa, o
con una romorosa sorpresa. Chi ha il singhiozzo
rimane sbalordito. Ma, quando scomparisce questa
convulsione del diaframma, si rassicura subito lo
spaurito, che si tratta di uno scherzo. (ᵃ)

Il singhiozzo si manda via anche, dicendo:

> Sigliuzze, sigliuzze,
> Váttene puzze puzze,
> Vattene mêre mêre,
> Vatt' a trove chi te dice mêle.
> S' è pe' bene, fallu sta';
> S' è pe' male, fall' annà'. (¹) (ᵇ)

(ᵃ) Uso generale.
(¹)   Singhiozzo, singhiozzo,
  Vattene pozzo pozzo,
  Vattene mare mare,
  Vatti a trovare chi ti dice male.
  Se è per bene, fallo stare;
  Se è per male, fallo andare.
(ᵇ) *Palena, Taranta Peligna.*

V.

FLUSSO DI VENTRE.

Se la sciolta è abbondante, si applica una chiarata sulla pancia [a] o, meglio, la chiara d'uovo, sbattuta e distesa sopra pampini di vite moscadella; ovvero un impiastro di seme di lino o amido, applicato sui lombi. [b]

Non si trascurano neanche le bibite di amarena con neve o acqua e ghiaccio.

Quanto a cibo, deve preferirsi un uovo *a sciuscello*. [1] [c] Dicesi che le uova lesse sono anche buona medicina: similmente *ji cazzellitti* o *surgetelle allisse*, [2] senza, però, nè cacio nè sugo; [d] o *li zòccole* o *mela zòccole*. [3] [e] Si ristringe molto il ventre anche col cibarsi di prosciutto arrostito e cosparso d'aceto, ovvero di cacio fritto alla padella. [f]

---

[a] *Cappelle, Scurcola, Tagliacozzo.*
[b] *Miglianico, Ortona a mare, Tollo.*
[1] Uovo sbattuto e versato sul pancotto.
[c] *Fara San Martino.*
[2] Gnocchetti lessi, di sola farina.
[d] *Scanno.*   [3] Le melagrane.
[e] *Castellalto e Teramo.*   [f] *Letto Palena e Palena.*

PRONOSTICI DI MORTE.

Avete visto quanto è ricca la farmacopea popolare? Eppure si muore: sarà o perchè la medicina non si seppe adoperare o perchè non si adoperò a tempo: giunge l'ora fatale e si muore.

Quando il malato si aggrava, convien ricorrere alle *dodici parole della verità,* per vedere se c'è ancora speranza.

È un prognostico mirabile:

> *Une,* ju sole e la lune.
> *Due* so' le du' tàvele de Moisè:
> Un sole Dije ju munne mantè';
> Laudame che 'nciele se'.
> *Trajie* so' ji tre Patriarche:
> Jerôme, Jecobhe, Jasacche.

(E qui si ripete dal numero due):

> *Quattre* so' ji quattr' Avangeliste,
> Che cantierne gli Avangelii 'nnanze a Criste.

(Si ripete dal numero due, e così ogni volta che si cambia numero).

Cinche so' le cinche piaga de Criste
Siè' so' le se' tocce ch'appiccerne a ji pede de Criste.
Sette so' cheji sette galle che cantierne 'n Galilè'.
Otte so' chelle otte áneme giuste
'Scierne all'arche de Nuè.
Nove so' ji nove Core de ji' Angele.
La *déceme* è la déceme de Criste.
Gh *únnece* so' ji únnece discipule de Criste.
Ji *dúdece* so' ji dúdece Apostele de Criste.
Trídece nen le pozze cumputà':
Falze 'nnemiche, squágliete da qua. (¹)

(¹) Uno, il sole e la luna.
    Due sono le due tavole di Mosè.
    Un solo Dio il mondo mantiene,
    Lodiamo, che in cielo sei o chi in cielo si è.
    Tre sono i tre Patriarchi:
    Girolamo (²), Giacobbe, Isacco.
    Quattro sono i quattro Evangelisti,
    Che cantarono gli Evangeli innanzi a Cristo.
    Cinque sono le cinque piaghe di Cristo.
    Sei sono le sei torce che accesero ai piedi di Cristo.
    Sette sono quei sette galli
    Che cantarono in Galilea.
    Otto sono quelle otto anime giuste
    (*Che*) uscirono dall'arca di Noè.
    Nove sono i nove Cori degli Angeli
    La decima è la decima di Cristo (*)
    Gli undici sono gli undici discepoli di Cristo.
    I dodici sono i dodici Apostoli di Cristo.
    Tredici non li posso computare.
    Falso nemico (*il demonio*) squaglati, va via, di qua.

Anche quando si gioca alla così detta *passatella*, contando le dita, il numero 13 non vale; e si conta di nuovo

(*) Le decime della Chiesa?

Nella recita delle *dodici parole della verità, se ve' dritte*, il malato guarisce; *se sghienghe*, ([1]) muore. ([a])

Un altro pronostico si fa così: — Un fratello dell'infermo (o un parente stretto) esce lagrimoso di casa, e va difilato a un pantano o a un fosso o in qualsiasi luogo dove l'acqua ristagna. Ivi si scalza, si toglie la giacca, denuda le estremità, vale a dire, braccia e gambe, arrovesciando i calzoni e le maniche della camicia. Poi entra nel pantano, e brancola sott'acqua, come per pescare. Che vorrà pescare? — Fruga e rifruga tra le erbe, nelle sgrottature delle sponde: alla fine acchiappa tre ranocchie! Allora, tutto soddisfatto, torna al malato.

Il malato ha perduta la parola; ma è cresciuto il chiacchierio di chi gli sta attorno. — Caccia le rane! Che aspetti? — Il fratello del malato tira fuori le tre rane, e premurosamente le posa sul capo del quasi moribondo, coprendole con un panno. Ogni momento si solleva il panno per vedere se le rane son vive. Se le rane non muoiono, il malato guarisce: in caso contrario, *requiem æternam!* ([b])

([1]) *Se vai dritto*, se dici l'orazione in fila, senza sbagliare: *se sgarri*, se sbagli. *Sghienghe*, dal verbo *sganghere*, uscir dei ganghen, in uso anche a *Casteldisangro, Ruisondoli, Roccaraso*.

([a]) *Scanno*.   ([b]) *Pratola Peligna*.

FINE DEL VOLUME QUINTO.

INDICE DEI PAESI E DELLE CONTRADE

A CUI SI RIFERISCONO GLI USI E I COSTUMI.

—◇—

INDICE DELLE MATERIE.

— ◇ —

MALATTIE DEL NASO.

MALATTIE DEGLI OCCHI.

MALATTIA D'ORECCHI

MALATTIE DI FEGATO.

MALATTIE TORACICHE.

MALATTIA DELLA VESCICA.

MALATTIE ADDOMINALI, DI STOMACO E DI VISCERI.

PRONOSTICI DI MORTE

————✦———

USI E COSTUMI ABRUZZESI.

USI E COSTUMI
ABRUZZESI

DESCRITTI

DA

ANTONIO DE NINO.

VOLUME SESTO
GIUOCHI FANCIULLESCHI.

FIRENZE,
TIPOGRAFIA DI G. BARBÈRA.

1897.

A

FERDINANDO MARTINI.

Mentre scrivo, vedo sorgere il Sole dalla maestosa catena della Maiella; e penso alla risorgente letizia dei giovani cuori, e ripenso alla tramontata letizia della mia giovinezza e alla presente mia età non più allietata dalla fortuna, ma confortata soltanto dallo spirituale consorzio di pochi e buoni amici. E così, tra quei raggi luminosi, ripenso anche a Voi, raro maestro di elegante dettato; a Voi che m'incoraggiaste nell'inizio di questa raccolta. Memore e grato, dunque, Vi dedico questo volume, invocandovi i maggiori beni dalla dea salute.

Sulmona, 1 agosto 1897

A DE NINO

AL LETTORE.

—◇—

Questa raccolta, dopo il primo volume di saggio, cominciò organicamente col volume secondo, in cui si fece la sintesi di tutta la vita popolare dell'Abruzzo, la quale si svolse poi nei volumi successivi, fino al quinto. Il sesto, che ora si pubblica, ha uno speciale vantaggio sopra gli altri, dacché si rannoda al tema interessantissimo della educazione fisica. Molti dei giuochi che vi si descrivono, potranno introdursi negli Asili d'infanzia, nella ginnastica delle Scuole primarie e secondarie e nelle Palestre esclusivamente popolari.

È mio proposito continuare la raccolta sino al dodicesimo volume. Riuscirò? Può darsi. Noto in me questo strano fenomeno: mentre le forze fisiche cominciano a venir meno, le forze morali spiegano maggior valore. Staremo a vedere. Mi dà animo il fatto che anche le piante vecchie rifioriscono.

Spero, dunque, che nel prossimo anno io possa dar fuori due altri volumi, di proverbii, cioè, e di canti. E, in questa speranza, intraprendo subito nuove peregrinazioni, interrogando, come di solito, l'umile popolo che insegna sempre la parte più intima della vita esemplare e ingenua.

INFANZIA.

S'INIZIANO I GIUOCHI
CON LA SCUOLA IMITATIVA.

I.

LA MAMMA GIUOCA COL BAMBINO.

—◇—

La mamma fa i primi giuochi col suo bambino, quando gli scambia i fasciatoi, quando lo allatta, quando lo culla, quando egli dorme, quando e' si desta.

§ 1° — *Il solletico.*

Il bambino, o nudo o con la sola camicetta, posa sulle ginocchia della mamma che lo solletica gentilmente con l'indice della mano, sotto le piccoline ascelle e sotto il bacinetto della pancia e al collo e alle gotucce e al mento. E il bambino sorride, rapito nel volto paradisiaco della madre; e sgambetta e cerca di afferrare il solleticatore dito per cacciarselo in bocca; e finalmente lo afferra e lo succia, come succerebbe i capezzoli dei seni. E allora la mamma, per dargli pruova che lo ha compreso, ritira il benedetto indice solleticatore, e vi sostituisce il benedetto capezzolo della poppa.

A questo benedetto capezzolo, prima voluttà del bambino, altore di semplice e vitale nutrimento, inno! (ᵃ)

§ 2° -- *La ninna nanna.*

La madre non cessa di trastullare il bambino, quando lo corica nella *scranna*; (¹)(ᵇ) e gli prega sonno placido e sogni celesti, invocando perciò propizii e Gesú e la Madonna e gli Angioli e i Santi:

O suonne suonne, (*) e llu suonne te dice:
L'Angele passe e Dije te benedice;
E Dije te benedice e la Matonna....
E la fijola mie me s'addorme.
O suonne suonne, e llu suonne te venche
E la Matonne 'mbracce te mantenche. (²) (ᶜ)

Il bambino piagnucola con gli occhi socchiusi. La mamma rincalza la preghiera:

Tutti li Santi gli vuoglie chiamare,
E caccheddune ce averà a menie.

(ᵃ) Uso generale.   (¹) Culla.
(ᵇ) *Fossacesia.*
(*) L'*e* finale d'ogni parola di dialetto. se non ha un accento speciale, e sempre muta.
(²)   O sonno sonno, e il sonno ti dico (o ti addice)·
             L'Angelo passa e Dio ti benedice:
             E Dio ti benedice e la Madonna....
             E la figliuola mia mi s'addormenta.
             O sonno sonno, e il sonno ti venga,
             E la Madonna in braccio ti mantenga.
(ᶜ) *Sulmona* e dintorni

Chiame 'nu Sante, e ce ne vieve' due,
Ce ve' nche lla Matonna Sante Luche.
Chiame 'nu Sante e ce ne vieve' tré,
Ce ve' nche lla Matonna Sant'André'.
Chiame 'nu Sante e ce ne viêvene quattre,
Ce ve' nche lla Matonna Sante Marche.
Chiame 'nu Sante e ce ne vieve' cinche,
Ce ve' nche la Matonne San Jacinte.
Chiame 'nu Sante e ce ne vieve' sei,
Ce ve' nche la Matonne Sante Mattée.
Chiame 'nu Sante e ce ne vieve' sette,
Ce ve' nchi lla Matonne Sante Jiseppe.
Chiame 'nu Sante e ce ne vieve' otte,
Ce ve' nchi lla Matonne Sante Rocche.
Chiame 'nu Sante e ce ne vieve' nove,
È lla Matonne nche Sante Necole.
Chiame 'nu Sante e ce ne vieve' dece,
E lla Matonne nche Sante Vencienze.
Tutte gli Sante nen ce ghe ho chiamate,
Ma cacchetune me l'ha vesetate. (¹) (²)

(¹)   Tutti i Santi li voglio chiamare,
    E qualcheduno ce ne dovrà venire
    Io chiamo un Santo e ce ne vengono due.
    Ci viene con la Madonna San Luca.
    Chiamo un Santo e ce ne vengono tre,
    Ci viene la Madonna e Sant'Andrea.
    Chiamo un Santo e ce ne vengono quattro.
    Ci viene con la Madonna San Marco.
    Chiamo un Santo e ce ne vengono cinque.
    Ci viene con la Madonna San Giacinto.
    Chiamo un Santo e ce ne vengono sei.
    Ci viene con la Madonna San Matteo.
    Chiamo un Santo e ce ne vengono sette,
    Ci viene con la Madonna San Giuseppe.
    Chiamo un Santo e ce ne vengono otto.

(²) *Pratola Peligna, Sulmona* e dintorni.

Ecco che il bambino dorme. Qualche santo c' è dovuto venire, e la mamma lo crede con religioso sentimento. — Dolce ti sia il sonno, o bambino! Le grazie accrescano la tua bellezza! I gentili fiori di virtú s'aprano numerosi intorno alla tua culla! —

Il bambino si desta. La mamma gli toglie i fasciatoi madidi; lo lava o con acqua tiepida, se la stagione è cruda, o con vino più o meno puro, se si ebbe una vendemmia festante. E ancora, prima di ravvolgerlo nelle fasce, chiacchierella con lui; lo solleva; lo invita a muovere le gambette, e gli canta il *Lallerallàh!* — Chi può dire che cosa pensa e che sente una madre in quella scena di tenerezze?

§ 3° — *A nazzecarella.*

Talvolta la madre siede col bambino in braccio, e dondola la seggiola. Allora fa *a nazzecarella* (ª) o *a nàzzeca.* (ᵇ) E anche celia, cantando:

> Fatte lu scionne, fije me' belle,
> Lu lupe s'ha magnate la picurelle;

> Ci viene con la Madonna Santo Rocco.
> Chiamo un Santo e ce ne vengono nove,
> È la Madonna con Santo Nicola.
> Chiamo un Santo e ce ne vengono dieci.
> È la Madonna con San Vincenzo.
> Tutti i Santi non ce li ho chiamati,
> Ma qualcheduno me l'ha visitato.

(ª) *Valle Peligna.*   (ᵇ) *Isola del Gran Sasso.*

Se l'ha magnate e nin se l'ha finite,
Pecché nn' aveve 'nu 'rosse appetite. (¹) (ᵃ)

Se il bambino si addormenta, l'ultimo verso è
questo:

Ecche lu fije mi' cha s'ha 'ddurmite. (²) (ᵇ)

E si conchiude altresí:

Fatte la nonne e fàttela cantanne,
Nin te resbije si nin ti chiame mamma. (³) (ᶜ)

(¹)   Fatti il sonno, figlio mio,
        Il lupo s'è mangiata la pecorella;
        Se l'è mangiata e non se l'è finita,
        Perché non aveva un grande appetito.

(ᵃ) *Torricella Peligna, Pettorano, Roccapia.*

(²)   Ecco il figlio mio che si è addormito

(ᵇ) *Pentima, Prezza, Raiano, Vittorito.*

(³) Fatti la nanna e fàttela cantando.
    E non ti risvegliare se non ti chiama la mamma

(ᶜ) *Pettorano.*

II.

TRA SORELLE E FRATELLI
E RITORNO DEL PADRE.

—◇—

Toltò dai legami delle fasce, il bambino si affida alle cure della sorella o del fratello, i quali lo baloccano e gl'insegnano a tenersi ritto da sé.

§ 1° — *I primi passi e la carrozza.*

Quindi comincia la scuola dei primi passi, e cosí spuntano nuove e piú sentite le gioie del babbo e della mamma per questa nuova fase di sviluppo fisico, insieme alle rudimentali manifestazioni degli affetti di figlio.

Dopo i primi passi, il bambino si esercita a passeggiare, a curvarsi, a rialzarsi. Al passeggio, è tenuto per mano, di qua e di là, dal fratelluccio e dalla sorelluccia: tutti e tre in fila e di fronte. Camminano adagio adagio, e cantano, portando la battuta coi piedi. Se i piedini del bimbo sono lenti, si rallenta la battuta e la musica:

Jemme a spasse a spasse
Nche ll'Angele Tumasse.

Nche ll'Angele Salevatàure :
Facemme raziàune. (¹) (ª)

All' ultimo verso s'inginocchiano, e il fratellino e la sorellina aiutano il minore a inginocchiarsi e a rialzarsi. Ripetono e variano la cantilena, s'inginocchiano e poi su, di un colpo. Se l' esercizio riesce meglio, i due che insegnano convergono la loro persona sorridente verso la testina levata del dolce alunno che li contraccambia con riso di stupore.

Spesso la sorellina che rimane sola in casa, porta a modo suo, in carrozza, il pargoletto : lo fa sedere in una seggiola, inclina la spalliera verso il suo petto, e la strascina al grido : — In carrozza ! trrr ! trrr ! — e poi canticchia :

> Nnazzecarella,
> Màmmeta bella !
> Nnazzecarella
> Màmmeta bella (²) (')

La seggiola si fa girare per la stanza, fino a quando il bambino non è sazio del giuoco, dandone segno col piagnucolare. Allora si smette.

(¹)   Gimo a spasso a spasso
Con l'Angelo Tommaso,
Con l'Angelo Salvatore :
Facciamo orazione.

(ª) *Pratola Peligna, Raiano, Roccacasale, Vittorito*

(²) *Màmmeta*, mamma tua.

(') *Valle Peligna.*

Se comincia a farsi sentire il bisogno del cibo, poiché la mamma è fuori di casa, la sorella lusinga il bambino con promesse e fole : — Mo mo : ecco mamma che torna dalla campagna e ti porta le *cerascelle.* (¹) — Ma il bambino s'infastidisce e chiama e richiama la mamma e il babbo. E l'altra : — Mo mo ... — Il bambino non crede più e piange.

§ 2° — *Amorevole chiromanzia.*

La sorella con amorosa e insieme scherzosa pazienza, dice : — Vieni qua, fratelluccio mio dammi la tua manina e poi mangeremo. — Il fratelluccio le si avvicina ritrosetto, mezzo incredulo ; stende la manina alla sorella che già si è seduta. La manina posa sul ginocchio della sorella, la quale accarezza la manina e fa che tutte le dita rimangano aperte e distese. Ella, guardando e lisciando misteriosamente la mano, dice :

> — Ecco la fontanella
> Dove beve la paparella. —

Poi, toccando tutti i ditini a uno a uno, a cominciare dal pollice, recita :

> Quistu la pija,
> Quistu la scanna,
> Quistu la pela,

(¹) Diminutivo di *ciliege.*

Quistu la mette a cucenà',
E quistu ch'e ju chiu piccirille:
Se nen me ne dete 'na partecella,
I' le diche a ogne chivelle. (¹) (ª)

Il bambino crede che il cibo è pronto ed apre la bocca. Ma la sorella ripete il giuoco. Niente cibo. Il bambino torna a piangere. Allora la sorella si appiglia a un altro diversivo.

§ 3° — *Zumpe zumpitte.*

— Stai buono e stai attento, — ella dice; — ché adesso ti faccio vedere una bella cosa; ti faccio vedere come si fa a *zumpe zumpitte.* — Dispone una sediuola in mezzo alla stanza o alla cucina, e vi monta su, dicendo:

Zumpe zumpitte,
Cahcagnitte;
Damme la mene,
Cha vuoghe zumpà'.

(¹)   Questo la piglia (*la paperella*).
Questo la scanna,
Questo la pela,
Questo la mette a cucinare;
E questo che è il piu piccolino (*dice*)
Se non me ne date una particella.
Io lo dico a ognuno.

( ) *Calascio, Carapelle, Casteldelmonte, Castelvecchio Carapelle, Carapelle Calvisio, Ofena, Roccacalascio .*

> Preta liscia e preta nere,
> Famme 'scí' le sanghe nere. (1) (a)

O con la finale variata :

> Nen me fa' male, cha vuoglie zumpà':
> Pesce fritte e baccalà. (2) (b)

O con una semivariante

> Zumpe zumpitte,
> Calecagnitte ;
> Me rompe la cosse,
> Me stienghe zitte. (3) (c)

E con un' altra variante nei due versi finali :

> Matonne, nen me fa' cascà',
> Chà tienghe 'nu pare d' ova:
> Pozza fa' 'na bella prova. (4) (d)

E poi, s' ingegna anche per farlo ballare :

> Balla balla, picurille,
> Chà lu lupe nen ce sta ;

---

(1)   Salto, saltetto,
             O calcagnetto ;
             Dammi la mano,
             Ché voglio saltare
             Pietra liscia e pietra nera,
             Fammi uscire il sangue nero.

La pietra nera accenna ai gradini della scala di pietra

(a) *Ortona a mare* e *Tollo*

(2)   Non mi far male, che voglio saltare
             Pesce fritto e baccalà.

(b) *Popoli.*

(3)   . . . .
             Mi rompo la coscia,
             Mi sto zitto.

(c) *Torricella Peligna.*

(4)   Madonna, non mi fare cascare,
             Ché tengo (*ho*) un paio d' uova
             Possa io fare una bella prova

(d) *Celano, Sulmona.*

Sta 'nserrate a catenille:
Balla balla, picurille. (¹) (ª)

Ma già sorella e bambinello sono stanchi di
questi svaghi e diversioni, quando, per fortuna,
torna finalmente la madre. — Mamma. non lo posso
più lusingare: vuole il pancotto.... —

—Aspetta, faremo presto la pizza *d' antrecchische.* (²) (ᵇ) — E mentre si prepara la pasta per la
focaccia, torna fischiando il padre. Con una mano
tien ferma la zappa leggermente inclinata sulla
spalla destra, e nasconde la mano sinistra dietro
la schiena.

—Che ci rechi? che ci rechi? — dicono, gesti-
colando, la figlia e il bambino. E questi, anzi, stende
le manine in alto, verso il padre, da cui aspetta
qualche improvvisata. Il padre, sulle prime, si schermisce; poi butta giù la zappa, e mostra tre pen-
doli di ciliege: uno per ciascuno dei figli, perché
è ritornato anche il maschietto.

Tutti fanno un lieto zompettío; e, dopo avere
ammirato, per pochi minuti, i succosi frutti, se li

(¹)   Balla balla, pecorella (*maschio*).
        Perchè il lupo non ci sta;
        Sta rinserrato a catenella
        Balla balla (*dunque*), o pecorella (*idem*)
(ª) *Bussi, Capestrano, Ofena, Villa Santa Lucia*
(²) *di granturco, granturchesco.*
(ᵇ) *Pratola Peligna.* A *Sulmona, ranerille*, grano d'India.

divorano con tutti gli ossi. Né i genitori si oppon-
gono a tale voracità, poiché si crede, sempre però
dal popolo minuto, che gli ossi delle ciliege aiutino
la digestione!

Ma già la focaccia è cotta, e si sono anche sof-
fritti i cavoli alla *fressora*. (¹) (ᵃ) Il piatto comune
è sulla tavola. Mentre si mangia, silenzio: si chiacchiera dopo.

§ 4° — *Il padre dondola il figlio.*

Anzi non si chiacchiera; si fa chiasso. Il padre
prende il bambinello e lo mette accavalcione sulle
sue ginocchia e lo tiene fermo per mano e lo dondola innanzi e indietro, mentre verseggia per tradizione:

> Setacce mie, setacce:
> De sctu citele che ne facce?
> Lu jette 'nmiezze a piazze,
> Se lu raccoglie chi ce passe:
> Se lu raccoglie lu tata se'....
> Éccule, éccule lu citelu me' (²) (ᵇ)

(¹) *Friggitora*, padella.
(ᵃ) *Valle Peligna*.
(²)   Staccio mio, staccio:
   Di questo citto, o bambino, che me ne faccio?
   Lo getto in mezzo alla piazza,
   Se lo raccoglie chi ci passa:
   Se lo raccoglie il padre suo....
   Eccolo, eccolo il bambino mio.
(ᵇ) *Francavilla a mare, Vacri, Villamagna*.

E non basta. Si replica, variando e completando:

> Setacce mie, setacce.
> Seta citela che ne facce?
> Jittemel' alla piazze.
> Piazze de Rome.
> Le mammuccille d'ore.
> D'ore e d'aregente,
> Che vale cinchecente:
> E cente e cenquante.
> E lla caglina cante,
> (o, La pica sempre cante)
> Fete l'ove a Meccheline:
> Meccheline scte 'nfenestre.
> Po' passe' tre frate
> Nchu nnu cavalle bianche.
> E bianche è la selle....
> E scta citela è tante belle. (¹) (ª)

Chi più ne ha più ne mette:

> Setacce setacce,
> Le pane e la ciacce,

( )   Staccio mio, staccio.
Di questa città che ne faccio?
Gettiamola alla piazza,
Piazza di Roma.
I bamboccelli d'oro
D'oro e d'argento,
Che vale cinquecento
E cento e cinquanta,
E la gallina canta,
(o. La pica sempre canta).
Fa l'uovo a Michelina;
Michelina sta in finestra.
Poi passano tre frati
Con un cavallo bianco.
E bianca è la sella....
E questa città è tanto bella.

) *Francavilla a mare*

Le pane e le vine:
Stacce, Catarine.
Catarí' jette pe' vine:
Se rumpé la cannatelle ...
Zicche e zacche, le mazzatelle
A u culizze de Catarinelle. (¹) (ᵃ)

Per molto variare natura è bella, dice il Poeta.
Ed ecco un' altra variante:

Cicche e Ciccantone,
E rimitte quissu vove;
E le vacche àssale sciа,
Cha vulemme ji a arà'.
— A rarà', chi ce va? —
— Ce va Munzignore. —
— Vacci tu cha scí carzone. — (²) (ᵇ)

(¹) Staccia staccia,
Il pane e la carne,
Il pane e il vino;
Staccia, Caterina.
Caterina andò per vino;
Si ruppe il boccaletto (*la boccaletta*, più comune)....
Zicche e zacche (onomatopeia delle bòtte o battiture,
        ma con le mani)
Sotto la schiena di Caterinella.

(¹) *Villetta Barrea* e *Barrea, Civitella Alfedena, Pescasseroli.*

(²)   Cecco e Ceccantonio.
E rimetti cotesto bue;
E le vacche lasciale stare.
Che vogliamo gire ad arare.
— Ad arare, chi ci va? —
— Ci va Monsignore. —
— Vacci tu che sei garzone. —

(ᵇ) *Pescina* e *Collearmele, Gioia dei Marsi, Lecce nei Marsi, Ortona dei Marsi, Ortucchio.*

Al dondolío del bambino, si aggiunge anche l'atto di slanciarlo per aria, dicendo:

> Êlle lu cillucce, êlle;
> Vide, vide quant'è bielle! (¹) (ª)

Quando è di sera, il padre addita il cielo al bambino; e gli mostra la luna e una delle stelle piú luminose. E si ferma a interrogare la stella:

> Stella stella,
> Damme 'na rame de muluncelle:
> E se nen ce mette le sale,
> Ji te rompe lu murtale. (²) (ᵇ)

L'arte vien meno a dire la insazietà dei figliuoli nei giuochi e la relativa amorosa impazienza dei genitori e poi, a mano a mano, il calmo e beato sonno di tutti, con la sola interruzione, qualche volta, del miagolío del gatto, e sempre poi, a prima mattina, del canto del gallo o del suono della campana accompagnato dal raglio dell'asino che ricorda al padrone l'ora di muoversi per andare al bosco.

(¹)   Eccolo la, l'uccellino, eccolo·
       Vedi, vedi quant'è bello!

(ª) *Salmona* e dintorni.

(²)   Stella stella,
       Dammi un ramo di meloncella;
       E se non ci metti il sale,
       Io ti rompo il mortaio

(ᵇ) *Valle Peligna*

PUERIZIA.

GIUOCHI D IMITAZIONE
CON ATTIVITÀ PERSONALE.

III.

LE FESTICCIUOLE IN CASA E NEL VICINATO.

— —

Come i fanciulli crescono, cosí allargano la cerchia delle loro idee; e, alla pura imitazione, comincia a subentrare parte dell'attività personale. Essi già fanno le piccole amicizie coi parenti e coi bambini del vicinato. Ognuno cerca di fare una improvvisata all'altro, o mostrando gingilli poco noti o dolciumi, o insegnando una nuova maniera di divertirsi.

§ 1° — *Compra dei giocattoli.*

A ciò contribuiscono le fiere e i grandi mercati. I ragazzi fanno circolo o semicircolo intorno al fusaio che espande tutta la sua suppellettile per terra, sopra un lenzuolo di capecchio. Il fusaio non vende soltanto fusa, ma ogni oggetto lavorato in legno per uso della industria casalinga o come masserizia o come giocattoli. Oltre alle fusa, si vendono naspi, bindoli, rotelle per telai; e poi matterelli, pepaiuole, forchettoni a due o più denti: cucchiaie

di varie grandezze, piene o forate; mortai coi pe-
stelli; macinelli per tritare caffè; scatole forate per
contenere gomitoli; colatoi e altri e altri utensili.

A tutta questa roba adocchiata dalle mamme,
i figliuoletti rinunziano; e vogliono invece zufoli
e zampogne e candelieri e sacramenti e calici: ogni
cosa di legno, per completare gli altarini domestici.

E le mamme cercano di contentarli, secondo le
proprie forze. Ma i bambini non sono del tutto
contenti; e le tirano per la gonna verso un altro
genere di negozio· verso le stoviglie paesane.

Lo stovigliaio spande sopra uno strato di paglia,
ò anche per terra, la sua stoviglieria; e, accanto,
sopra una tavoluccia, pone in fila un esercito di
statuette di creta cotta, a vernice colorata o colo-
rate a colla, coi fischietti sporgenti dalla base posteriore. Vi sono fanti e cavalieri; santi e ma-
donne; pesci che, contro natura, cantano; volatili
che dicono *cuh! cuh!*; e poi concoline, paiuoli,
bicchieri, tegami, pignatte, in proporzioni *lilipu-
ziane*. Con pochi soldi, se ne può fare una discreta
provvista. E le mamme, o chi per esse, non vogliono che i loro bambini tornino a casa scontenti.
E così, lungo le strade, al vocío e ai varii rumori
della gente che va e viene, si mescolano i fischi dei
cavallucci e delle statuette e il canto dei *cuh cuh!*

§ 2° — *Gli altarini e le funzioni chiesastiche.*

Il fanciullo più fortunato in tali acquisti, poiché anche fra la gente popolana c'è chi può spendere meno o più, invita i parentucci e i compagnetti delle famiglie amiche, a costruire un altarino.

L'invito va a seconda del gusto di tutti. Prima d'ogni cosa, si appiccica a una parete l'immagine di un santo; si appoggia alla stessa parete un tavolinetto coperto da un asciugamani o da una camicia; intorno alla immagine si fanno pendere festoncini di catenelle di carta a varii colori, e il rimanente spazio del muro si cosparge di stelle con la luna e con l'immancabile sole: e stelle e sole di orpello stanno lí a dispetto dei più accreditati sistemi astronomici; e in ultimo, sul tavolino si allineano i candelieri con in mezzo il sacramento di legno e il calice *idem.*

Al cominciare della sacra funzione si accendono i moccoletti, e tutti si levano il cappello e s'inginocchiano. Chi fa da prete, recita le orazioni; e poi eleva il sacramento e dà la benedizione.

§ 3° — *La processione.*

La processione sfila, preceduta dalla banda musicale. Si va l'uno dopo l'altro, come i *Frati minori*, se sono in pochi e si vuol rappresentare una processione lunga ; si va accoppiati, se sono in molti.

I primi a sfilare arieggiano la banda, portando seco gli strumenti acquistati nella fiera : tutti dunque a soffiare nei pifferi, nelle zampogne, nei fischietti, nei *cuh cuh!* E, dietro alla banda, va il portastendardo con una canna in alto, sormontata da una tovaglia o da uno zinale o da una gonnella. Dietro, per chiusura, procede il sacerdote col sacramento in mano : e quelli che non fanno parte della musica strumentale, cantano *Eleisonne! eleisonne!* — Se mancano gli strumenti di creta o di legno, i bandisti suppliscono con uno zeppo che fanno sporgere dalle labbrucce e con la voce imitativa di quei supposti strumenti.

La processione, d'ordinario, gira per tutte le stanze e le camere di casa, se si è in pochi ; ma va anche fuori, qualora vi prendano parte i fanciulli del vicinato. Né sempre, però, la processione rientra, in piena regola, donde è uscita ; anzi spesso, prima di rientrare, si sfascia o per gare di priorità o per sollazzo rumoroso.

§ 4° — *Papparella, cucinella.*

Giacché le processioni degli adulti finiscono con le *panarde*; (¹) (ª) i fanciulli. per non essere da meno. finiscono con la *papparella. cucinella.* (²) (ᵇ) Per far riuscire suntuosi questi pranzetti. ogni convitato reca in comune o pane o cacio o salame e frutta, secondo la stagione. Non mancano le microscopiche boccette con acqua o vino annacquato.

Poi si accende un focherello di stipa, e si finge di cuocere le vivande; e si apparecchia la mensa con le minuscole stoviglie. Si sbocconcella pane e companatico, e si fa la distribuzione. Disposti in circolo. siedono e mangiano e cantano.

> Papparella cucinelle.
> Mitte fuoche a lla tielle
> La tiella di llu Rre.
> E magnemme tutte e tre. (³)

Ma se i fanciulli sono più di tre. all'ultimo verso si sostituisce:

> E magnemme quante c'è (⁴)

(¹) Banchetti quasi pubblici in occasione di feste

(ª) *Valle del Sallo e Marsica.*

(²) Finta cucina e pranzetti   (ᵇ) *Valle Peligna*

(³)   Papparella. cucinella
             Metti fuoco al tegame.
             Il tegame del Re,
             E mangiamo tutti e tre.

(⁴)   E mangiamo quanto c'e.

Mentre si mangia e beve, il gran mangione grida : — Ohé! chi finisce prima, aiuta gli altri. — Tutti gli altri si affrettano a mangiare e stanno in guardia per non farsi togliere la porzione da chi finisce prima. E anche la *papparella* dunque si chiude, perciò, con un' allegra cagnara. (ª)

§ 5° — *A nascunnarella*. (¹)

Ma subentra subito il noto giuoco per cui un fanciullo o una fanciulla che destina la sorte, va a nascondersi ; e, quando lo crede opportuno, dà un grido *cuh!* o *cucuh!* o *ciurìh!* o *chicchilichì!*, ec.

E qui, credo io, interessa non poco far cenno dei diversi modi d' interrogare la sorte che sceglie il fanciullo o la fanciulla che deve nascondersi o, come si dice comunemente, mettersi *a covare*. Il sorteggio lo fa il capogiuoco, toccando con la mano il petto di ciascuno, tutti disposti in giro, come se si dovessero numerare ; ma invece si recita uno stiambotto, facendo un po' di pausa a ogni accento ritmico. La persona destinata sarà quella che si tocca in petto mentre si pronunzia l' ultima parola

---

(ª) *Sulmona* e dintorni.

(¹) Generalmente così si chiama il giuoco di *rimpiattino*. Prende anche il nome o dal principio della filastrocca o dalla voce di chiamata, quando il fanciullo si è nascosto.

o sillaba. Talvolta si va per esclusione: chi esce, si mette in disparte, ripetendosi sempre lo strambotto; e va *a covare* chi resta ultimo. (*)

Incipit la seguenza dei sorteggi ritmici:

> I' tenghe 'nu curtelucce;
> Chi se lu piglie, chi se l'acchiappe:
> Une, due, tre e *schiatte*. (¹) (ᵇ)

Dopo la parola *schiatta*, il capogiuoco dice alla fanciulla destinata: — Esci e cova — E va a nascondersi.

> San Francische a lla zuppiere
> Seta magnà' du' tagliuline.
> Lu diévele malandrine
> Gli tugliose la furcine
> San Francische uze ne 'ncareca
> Nche lle mene se le magne.
> Lu diévele pe' dispiette
> Fa spurcizie rentr 'a llu liette.
> San Francische vere lu mbusse
> Nche llu curdone ghe rompe lu musse ( )

(*) Uso di quasi tutti i paesi

(¹) Io tengo (*io ho*) un coltelluccio·
Chi se lo piglia e chi se lo acchiappa·
Uno, due, tre e *schiatta* (per celia, invece di *quattro*).

(¹) Questo e i successivi son della *Valle Peligna*.

(²) San Francesco alla zuppiera
Sta a mangiare due tagliolini
Il diavolo malandrino
Gli tolse la forchetta.
San Francesco non se ne incarica.
Con le mani se li mangia.

PUERIZIA.

Elle lu cielle che va 'llu furne:
Curru, curre; vatt' a nascunne. (¹)

Sotte a lle scale de San Francische
Maccarune e casce frische;
Sotte a lle scale de Sante Necole.
Maccarune casce e ove. (²)

Une, due, tre e quattre.
Cinque, sieje, sette e otte.
E facemme la pappa cotte.
E facemme la pastorelle:
Iesce tu chà seí echiñ belle (³)

Sotte a lle scale de San Caitane,
Maccarune, casce e pane (⁴)

Une, due e tre:
I' nen pozze echiñ tené. (⁵)

Il diavolo per dispetto
Fa sporcizie dentro al letto.
San Francesco vede il bagnato.
Col cordone gli rompe il muso.

(¹) Ecco là l'uccello che va al forno
     Corri, corri, vatti a nascondere.

(²) Sotto alla scala di San Francesco,
     Maccheroni e cacio fresco;
     Sotto alla scala di San Nicola.
     Maccheroni, cacio e uova.

(³) Uno, due, tre e quattro.
     Cinque, sei, sette e otto,
     E facciamo la pappa cotta.
     E facciamo la pastorella:
     Esci tu che sei piú bella

(⁴) Sotto le scale di San Gaetano
     Maccheroni, cacio e pane.

(⁵) Uno, due e tre:
     Io non posso piú tenere.

Sotta 'na funtecelle
Ce steve 'na caglinelle.
Che file e che tesse,
E l 'àneme ghe se n 'esce.
Se n 'esce da luntane,
Va rembatte a llu spetale.
Se n 'esce la cucuzze,
Va rembatte dentr 'a 'nnu puzze. (¹)

Ah ah ah.... (toccandosi tre volte la bocca con la palma della mano, e poi canta):

A llundrine a llundrine.
E spacca carracine:
E spacca curdelle,
Isce fore pullastrelle.
Pullastrelle fu chiappate
E felice maretate.
E cuntemme le ventequattre   (de jatte:
Musse (oppure *ogne*) de puorche e mustacce
Une due, tre e quattre. (²)

(¹)   Sotto una fontanella
Ci stava una gallinella.
Che fila e che tesse,
E l'anima gli se n'esce.
Se n'esce da lontano.
Va a rimbattersi allo spedale.
Se n' esce la cocuzza (*la testa*),
Va a rimbattersi dentro a un pozzo.

(²)   Ah ah ah....
A londrino a londrino (?)
E spacca fichi (dal lat. *caruca*);
E spacca cordelle,
Esci fuori, pollastrella
Pollastrella fu chiappata
E felicemente maritata.
E contiamo le ventiquattro
Muso o unghia di porco e mostaccio di gatto·
Uno. due, tre e quattro

Sotte 'na prete ce sta 'na rose:
Curre Vincienze vva pija la spose,
Curre Vincienze vva ppija l'anelle·
Isce tu chà sci' cchiú belle. (1)

Sotte la prièvele ce nasce l'éuve,
Prima cerva e po' matéure
Mene lu viente a tucculià':
Pepe, cannelle, carufulà'. (2)

Icch, icch, iocc:
'Na felle de recotte:
Tu schiatte e ji abbotte (3)

Cove a cuvarésce:
Andò' te trove, alloche te bèsce. (4) (5)

Sotto a nnu pide di miréne,
Ci staté' Sant' lléne;
E chi scrocca a lli campêne:
Tu sci' figlie de napuletene (6)

---

(1) Sotto una pietra ci sta una rosa
Corri, Vincenzo, va a pigliare la sposa.
Corri, Vincenzo, va a pigliare l'anello
Esci tu, che sei piu bello.

(2) Sotto la pergola ci nasce l'uva
Prima acerba e poi matura
Tira il vento a bussare o a percuotere
Pepe, cannella e garofano o garofanata.

(3) Icch, icch, iocch
Una tetta di ricotta·
Tu schiatta e io abbotto o soffio

(4) Cova e *covareggia:*
Dove ti trovo, là ti bacio.

(5) Questo e i successivi sono di *Ortona a mare.*

(6) Sotto a un piede di amareno o amarino,
Ci sta Santa Elena (?);
E chi scocca alle campane *(sbatacchiare).*
Tu sei figlia di napoletana

Sopre e soprattàvela,
S'è maritête Làvera,
Làvera de Rome
Che te' la crone d'òure,
E d'ore e d'argente.
Che te' li cinchecente;
Li cinche e li cinquante
La pica canta cante.
E canta lla viole
Lu mastre di lla scole:
Lu mastre picurille
Che recíte l'angilille,
L'angilille 'mparadise.
A chêsa te' feste e rise. (¹)

Ville villute,
Cavalle pizzute,
Cchi file e cchi tesse
E cavalle se n'esce;
Se n'esce a llu ciardine
Magna maccarune e taghuline. (¹) (²)

_____

(¹) Sopra e sopra tavola.
Si è maritata Laura,
Laura di Roma,
Che tiene la corona d'oro.
E d'oro e d'argento.
Che tiene i cinquecento:
I cinque e i cinquanta,
La pica canta canta,
E canta la viola o alla viola
Il maestro di scuola
Il maestro piccolino
Che recita (*insegna a leggere*) agli angioletti
Gli angioletti in paradiso.
A casa tua festa e riso

(²) Vello velluto,
Cavallo puntuto o puntaguto,
Che fila e che tesse,
E cavallo se n'esce,
Se n'esce al giardino,
Mangia maccheroni e taglolini.

(*) Questo e i successivi sono di *Francavilla a mare*.

PUERIZIA.

Turze turze, marmaruzze
Turzetelle a lla funtane,
Una sciacqua e una allave.
'Natra preca Sante Vite,
Che ce manna lu marite
Lu marite seta 'ncastelle.
Che ce manna l' aucelle.
L' aucelle seta 'ncajole
Che ce manne lo fijole.
Lu fijole seta 'llu lette,
Che ce manna lu cumbette,
Lu cumbette e lu cumbettane:
Isce fore la napuletane. (¹)

Curre curre javetarielle,
Vva sunà' li campanielle,
Nche 'nna caglina ciotta.
Quante penne porte 'ncoppe?
Ne porte vintiquattre:
Une, due, tre e quattre. (²)

(¹)   Torso torso (o forse torci torci) marmaruzzo (²)
       Torsetti (o torcitellare) alla fontana,
       Una sciacqua e una lava,
       Un' altra prega San Vito.
       Che le mandi il marito
       Il marito sta in castello
       Che le mandi l' augello
       L' ucello sta in gabbiola
       Che o ci o le mandi il figliolo
       Il figliuolo sta a letto,
       Che ci o le mandi il confetto.
       Il confetto e il confettore:
       Esca fuori la napoletana.

(²)   Corri, corri, altarello,
       Va a sonare i campanelli
       Con una gallina zoppa.
       Quante penne porta addosso?
       Ne porta ventiquattro:
       Uno, due, tre e quattro

Poh poh poh.
Tre jallette e tre capò',
'Na saraca e 'na sardelle:
Vasce arrete a Visciarelle. (¹)

Míngula míngula, San Martine,
Cavaliere de lla Regina.
Ha menute lu tricch tracch:
Une, due, tie e quattie. (²)

Sant'Anna urlupine
De carote e coraline,
Carracine e carracinelle:
Lu cchiú picculine casche 'nterra. (³)

Il sorteggio che segue, non si fa con la nume-
razione. Un fanciullo stende orizzontalmente la
mano aperta, e ciascuno dei compagni mette l'indice della propria mano sotto la mano distesa. Il
fanciullo che dirige, canterella cosí:

Cela celanta,
Chi ncappa ce canta.

_____

(¹)   Poh poh poh·
Tre galletti e tre capponi,
Una saracca e una sardella:
Bacia dietro a gallinella o bisciarella.

(²)   Míngula, míngula (dal lat. *mingere?*), San Martino.
Cavaliere della Regina.
È venuto il *trich trach:*
Uno, due, tie e quattro.

(³)   Sant'Anna *urlupine* (?)
Di carote e coralline,
Caricini e caricinelli (fichi e fichi piccoli)·
Il piú piccolino casca in terra.

Ci ha 'ncappate Sora Maria;
Sctatte bona, za' Catarine. ([1])

Dicendo l'ultima parola, stringe la mano; e, se
per tre volte di séguito, non acchiappa alcun dito,
deve esso *andare alla cova.* Diversamente, deve
celarsi il fanciullo che è rimasto col dito prigioniero. Il giuoco cosí variato, non si chiama a *na-
scunnarella,* ma *Alla Lia.* ([a])

§ 6° — *A bielle bielle.* ([b])

Segue un altro giuoco: — *Vulemme fa' a bielle
bielle?* — *E facémmece.* — ([2])

Le fanciulline mettono in comune qualcosa da
mangiare: pane, cacio, ricotta, patate, castagne, ceci,
salsicce. Tutte fingono di appartenere a una sola
famiglia di pastori che nell'autunno emigrano e
vanno alle Puglie e tornano a primavera inoltrata.

— *Tata* se ne va alle Puglie. Facciamo i *turcinielli.* ([3]) — Sí, sí. — E sulle ginocchia distendono

---

([1])   Cela celanda,
        Chi ci incappa, ci canta.
        Ci ha incappato Sora Maria.
        Statti bene, zia Caterina.

([a]) *Pescina* e *Aielli, Cerchio, San Potito.*
([b]) *Scanno, Frattura, Villalago.*
([2]) — Vogliamo fare a bello bello? — E facciamoci. —
([3]) Sorta di frittura con pasta allungata a sottili cilindri
e cotta in padella con olio o strutto, disposta a spire.

le mani, come se volessero preparare i *turcinielli*.
— *Tu appicce ju féuche a llu ciummenère.* (¹) —
Una fanciulla finge di rompere *ji ardiente*, (²) e
soffia al fuoco; mentre un'altra, sempre con finzione, e facendo le mosse come se fosse vero, prende
la padella e vi fa cadere l'olio, e la mette sul
fuoco. E un'altra ancora pesta il sale e un'altra
prepara la mensa, con piatti, bottiglie, bicchieri,
posate. Chi sta a vedere, indovina subito quello
che s'immaginano di fare. Quando tutto è preparato, si chiama il padre e si mettono a mangiare.

Questa è la scena più bella, perché riproduce
vivamente la realtà dell'uso pastorale. Chi ride,
chi serve a tavola, chi ruba la pietanza alla sorella, chi porge il bicchiere al padre. La madre
mangia e piange. Finalmente il padre se ne va
alla Puglia.

La madre chiama tutti al lavoro; e tutti, con
la mimica, fanno vedere che lavorano a basta lena.
Il lavoro si prolunga fino a che non suona mezzo-
giorno: Ntoh! ntoh! ntoh!...

Al suono della campana, tornano a mangiare
per davvero, e distribuiscono le cosucce che ave-

(¹) Tu accendi il fuoco al camino.
(²) Legna sottili seccate al forno per farle *ardere* subito,
come stipa.

vano serbate. E allora soltanto cessa la mimica e la finzione.

Se non si sono stanche, ripetono il lavoro mimico e poi fanno merenda con la roba d'avanzo e altresí, sempre dopo il finto lavoro, si fa cena e si canta e si balla.

Come dunque si può negare a questo giuoco il titolo di *Bello bello?*

§ 7° — *A gli mammocci.* [a]

Nei paesi, dove l'inverno non manca mai la neve, i fanciulli fanno le processioni *coi santi*, cioè coi bambocci di neve, portati sopra predelle costrutte con due pali e con traversine.

Dopo la processione, in un dato punto del paese si vedono i cosí detti beccamorti che hanno preparate le fosse per seppellire i santi: nientemeno! Le fosse sono scavate anche nella neve. Quindi si procede al seppellimento delle statue. E cosí la neve scultoria si riunisce con la neve funebre.

Come reminiscenza invernale, la stessa processione si ripete anche nelle calde stagioni. Ma allora, invece delle statue di neve, si trasportano pel paese, in finta processione, statuette di creta,

---

[a] *Carsoli, Pereto, Pietrasecca, Sante Marie, Tagliacozzo, Tufo.*

le quali vanno anche a finire sotterra nelle finte
sepolture preparate dai finti becchini.

Quanta ingenuità!

§ 8° — *Le statue e Pite pitelle.* (*)

Chi dirige, viene toccando a uno a uno i piedi
delle fanciulle sedute in fila, fermandosi a ogni sen-
sibile ritmo di parola di questo strambotto:

> Pite pitelle,
> Ch'allore si' belle,
> Cun Santa Mari';
> Sopra la scale,
> La scala calò.
> Pite perciò,
> Giucante
> De figlie de Rre.
> Tire 'ssu pete
> Chà tocc'a tte. (¹)

Il piede toccato, nel pronunziarsi l'ultima parola.
si ritira. Si ricomincia la stessa cantilena, e si ri-

(*) *Francavilla a mare.*

(¹)   Piede piedollo.
Ché allora (o *colore*) sei (o *si*) bello.
Con Santa Maria;
Sopra la scala,
La scala calò.
Piede perciò (*perzò* da *perzare*, ferire?),
Giocando
Di figlio di Re.
Tira (*ritira*) cotesto piede.
Che tocca a te

tira un altro piede e cosí via via. La fanciulla che per ultimo ritira il piede, rappresenta la Madonna.

La direttrice si curva ogni tanto, fingendo di cogliere fiori per ornare la statua della Madonna. Le altre fanciulle fanno le statue, schierate in due ale, come si fa nelle chiese, nei giorni di grande solennità. Soltanto una si discosta un poco, e deve rappresentare il diavolo.

Ed ecco che il diavolo si avvicina a chi coglie i fiori: — Che fai? — Colgo i fiori per la Madonna. — Il diavolo, nel sentire il nome della Madonna, strilla: *trih trih! cih cih!*; e si avventa contro le statue. Ne acchiappa una e fugge, e la nasconde. Poi torna: — Che stai facendo? — Sto a cogliere i fiori per la Madonna. — *Trih trih! cih cih!*; ne afferra un'altra e la nasconde. E poi fa lo stesso; e, come una ciliegia tira l'altra, a una per volta se le prende tutte.

In ultimo, il diavolo si avventa per ghermire anche la Madonna. Ma fa un buco nell'acqua, poiché le statue non sono piú statue; ed eccole tutte in carne e ossa a difesa della Madonna, coi pugni alzati contro il diavolo, il quale, vista la mala parata, scappa col suo *trih trih! cih cih!*, mentre le fanciulle si turano il naso per non sentire il puzzo del solfo.

In genere questi giuochi si fanno tra maschi e femmine. Ma, a misura che l' età si avanza, i due sessi hanno i loro giuochi speciali. Se continuano promiscui, vorrà dire che si è sempre alla prima fanciullezza.

IMITAZIONE
CON CRESCENTE ATTIVITÀ PERSONALE.

IV.

LE FINTE SOLENNITÀ DELLA VITA

§ 1 — *Matrimonio.*

C'è adunanza di una quindicina di ragazze.
— Via i maschi: i maschi si divertano da parte. —

La fanciulla piú *'ntista* (¹) dice: — Facciamo gli
sposi. — Sí, sí. — Tu sei lo sposo e tu la sposa. —
E poi dice a una terza: — Va a comprare i confetti, e che siano buoni buoni e *roscicarielli;* (²) ed
eccoti i quattrini. — E le consegna alcuni coccetti
di stoviglie. L'altra finge di andare e torna, e
reca nel grembiuletto una manata di fagiuoli bianchi che arieggiano le confetture: in mancanza di
fagiuoli, riporta le ghiaiette dei fiumi.

La mastra, cosí si chiama il piú delle volte chi
dirige il giuoco, si prende i fagiuoli o le ghiaie per
farne getto in mezzo al corteo. — Andiamo tutti,
ma, innanzi, vadano gli sposi. — Comincia l'ar-

(¹) Ardita, astuta, che può far da capo.... — Dal lat *antistes.*
(²) Che scricchiolano sotto i denti.

ruffío per raccogliere i confetti. Nel punto piú augusto della strada, *la mastra* rovescia il resto dei confetti innanzi agli sposi, e cosí la comitiva diventa una babilonia. Gli sposi sono ballottati e capovolti fra gli strilli e le risa generali. (ª)

§ 2º — *Il tizzoncino.*

— Facciamo al tizzoncino. — Le fanciulle si mettono in circolo. Ecco che viene *la mastra* con in mano un piccolo tizzo, acceso in una sola estremità e lo consegna alla piú vicina. E subito quella lo consegna a chi viene appresso, e cosí via via. Chi non lo prende subito, mette pegno, e mette pegno anche la fanciulla, nelle cui mani il tizzoncino si spegne.

Per riprendere il pegno, bisogna fare le penitenze, che riescono o non riescono ordinate e di soddisfazione, essendo questo il primo tentativo d'imitazione dello stesso giuoco visto fare agli adulti. (ᵇ)

§ 3º — *Chi si sposa il figlio del Re.*

Tutte vogliono essere Reginelle, e si allineano; ma la sorte deve decidere. Una fancilla fa da maga,

---

(ª) *Valle Peligna.*
(ᵇ) *Fallascoso.*

tocca il piede di ciascuna, recitando la nota canzone di *Piede Piedello*. E:

Chi se vole sposare
Glio figlio deglio Rre....

(Un po' di pausa, e poi conchiude):

Tira sso piede,
Chà tocc'a tte. (¹)

E la pretendente Regina ritira in dentro il piede Continua la recitazione; e come una fanciulla ha ritirato i due piedi, se ne va in un canto ad aspettare il figlio del Re. Un' altra fanciulla ritira i due piedi; e anch' essa aspetta la venuta dell'augusto Figliuolo. Quando sono andate via tutte, e il figlio del Re non si vede venire, comincia un battibecco fra loro. Ognuna vanta i pregi che la distingue per bellezza di forme e per eleganza nel vestire.

—Io debbo essere la sposa del figlio del Re, perché sono la più snella. —

— Io devo essere, perché sono la più piccina. —

— Devo essere io, perché ho i capelli biondi. —

—Anzi io, perché ho i capelli neri. —

—Ma no, sarò io che ho gli occhi celesti. —

(¹)   Chi si vuole sposare
Il figlio del Re....
Tira cotesto piede,
Ché tocca a te.

— Io ho le pozzette nelle guance. —

— Io ho il naso filato. —

— Io, la gonnella rossa. —

— Io ho il monile di corallo. —

La maga ascolta tutte. Finalmente si risolve a sceglierne una, toccandola con una verghetta: — Questa è la sposa del figlio del Re.... — Scoppiano urli, e succede una ribellione contro la sposa e la maga. Ma tutte poi si quietano e si consolano non vedendo piú giungere *glio figlio deglio Rre.* (ª)

§ 4° — *Parto, battesimo e comparatico.*

La madre siede con una pupazza nel seno. La mammana presenta al padre la pupazza; e non vuol dire se il neonato è maschio o femmina: forse sarà femmina.

Si va a battezzare. La mammana porta in braccio la creatura, con la testina appoggiata alla spalla sinistra. — È femmina, è femmina. — Se fosse stato maschio, gli avrebbe fatto appoggiare il capo a destra. E questo è l'uso dei battesimi ecclesiastici, in cui la levatrice fa appunto cosí, in compagnia della futura comaruccia che porta a una mano la brocca coperchiata con una pagnotta di

—————————

(ª) *Aquila, San Sisto....*

pane e a un'altra la rituale candela. Ma però, nel battesimo da giuoco, la pagnotta è una pietra tonda e la candela, una cannuccia. (ᵃ)

C'è poi dei paesi, dove le fanciulle rappresentano il parto a uso gallina. Si mettono in linea l'una appresso all'altra e tutte accoccolate. Si guardano a vicenda e ridono. A un dato segno della mammana, cominciano a schiamazzare: *coccotéh ! coccotéh !* proprio come la gallina, quando tira fuori l'uovo. Poi si rialzano e guardano dove stavano accocolate.... Tutte hanno partorito un ciottolo ! (ᵇ)

§ 5° — *Le comarucce.*

Oltre alle comari di battesimo, vi sono anche le comarucce di simpatia.

Eccone due dello stesso vicinato, che parlano fra loro, a bassa voce, in gran confidenza. Raccontano come il gatto ha graffiato il cagnolino. — Io sono andata in aiuto del cagnolino e ho buscato uno sgraffio. — Dove ? — Al mignolo. — Da' a me il mignolo. —

La compagna distende il suo mignolo e lo incatena col mignolo graffiato. E tenendo cosí inca-

---

(ᵃ) *Sulmona* e dintorni.
(ᵇ) *Roccasecca*

tenate le due mani, l'una tira di qua e l'altra di
là, mentre dicono:

> — Cumara me', cummare,
> Vo' minì' a San Ginnare? —
> — 'Nci pozzo mo menì';
> Tienghe lu cítele a ddurmí'. —
> — Che sciji messe 'mpette? —
> — 'Na scatela de cumbette. —
> — Che sciji messe 'ncape? —
> — 'Nu fazzòle arrecamate:
> Arrevéte lu cucce cucce,
> S'ha magnete la cummarucce. —
> — Catenella, catenella,
> Chi se stucche va 'llu 'mberne. — (¹) (ª)

§ 6° — *Malattia e morte.*

— Si è ammalata Pepparella. Va a chiamare il
medico. — Pepparella (anche questa è sorteggiata,
facendo al tocco) si corica, cioè si distende per terra; e si lamenta: — *Oh Dia mi'! oh Dia mi'!* — (²)

(¹) — Comare mia, comare,
   Vuoi venire a San Gennaro? —
   — Non ci posso venire ora;
   Tengo (*ho*) il citto a dormire. —
   — Che cosa gli sei (*hai*) messo in petto? —
   — Una scatola di confetti. —
   — Che gli hai messo in capo? —
   — Un fazzoletto ricamato:
   È arrivato il *cuccio cuccio* (il cane° da *cuccia*)
   Si ha (*si è*) mangiata la comaruccia. —
   — Catenella, catenella (dei due diti mignoli),
   Chi si spezza (tronca) va all'inferno. —

(ª) *Francavilla a mare, Ripateatina, Villamagna.*

(²) Oh Dio mio '

Viene il medico, che è una fanciulla con occhiali, formati da due dischi di bucce d'arancio, a grossi fori. Ella si appoggia a un palo che fa da bastone. Dice alla malata : — Avete la febbre ? Date qua il polso. — La malata ubbidisce; ma non smette il lamentío. Il medico conta le battute del polso, pondera e conchiude : — Non abbiate timore : io le darò una medicina che fa risuscitare anche i morti. —

La malata, al lieto presagio, stende subito la mano ; ma il medico la respinge : — Devo dartela io la medicina. — E le caccia in bocca o un confetto o un pezzuolo di zucchero ; dicendo : — Tra poco non sarà più niente. — E se ne va, curvo, appoggiato alla sua mazza. Ma, subito dopo, la malata basisce e si muore. (*) — S'intende che si parla sempre in lingua vernacola.

§ 7° — *Funerale.*

Abbiamo dunque la morticina. Le fanciulle stanno presso il letto funebre, e piangono con istrane contraffazioni di voci. La morta ha gli occhi chiusi, ma stringe le labbruzze per non ridere. Nella finta bara ardono quattro candele che sono quattro ser-

(*) *Valle Peligna.*

menti infissi al suolo. Gli occhi della morticina si vedono ancora chiusi, ma la bocca non resiste piú; e ogni tanto si apre al riso. — Chi non vorrebbe baciare quel delicato riso? —

Ricomincia la nenia, perché si deve trasportare la morta al camposanto. Ma tutti hanno fatto il conto senza l'oste. Quando vanno per trasportare il cadavere, la morta risuscita e tira calci in ogni verso, a numero caffo o a coppia, come viene a proposito; mentre le compagne, a vedere una morticina risorta, simulano una fuga di spavento. — E cosí si potesse morire e rinascere! [a]

La stessa funzione mortuaria che si rappresenta dalle bambine e dai bambini, si ripete, sotto altra forma, soltanto in pochi paesi, dai giovanetti, per lo piú in luogo aperto ed erboso; *sopra verde smalto*, direbbe il divino Poeta. Colà si svellono *toppe* per fare a *toppate*. [1] Chi ha le *toppe* in mano, non ha la sorte di rappresentare la parte primaria. Cinque sono quelli che fanno la primaria parte: il morto e quattro becchini.

Vedi là il morto, disteso per terra, e i becchini che lo prendono per i piedi e per le braccia e lo sollevano quanto piú possono? Non si può dire

---

[a] *Valle Peligna.*
[1] *Toppa*, zolla di terra; *toppate*, colpi di zolle.

beato lui! né beato a chi lo trasporta! Perché la compagnia funebre comincia a gridare: — Si è morto! si è morto! —

Né si ferma al grido; ma tutti vogliono aver l'onore di seppellire il morto, coprendolo di *toppe;* e coprire di *toppe,* magari, anche i becchini.

Le *toppe* erbose non sono lievi, come si augurano ai morti; ma anzi sono in linea orizzontale grevi e violente. Il morto ricalcitra, e i becchini cercano di non farselo sfuggire; poiché il primo che lo lascia, deve egli far da morto. Il più delle volte però è il morto che risuscita e fugge; e si mischia insieme col corteo, facendo a *toppate* contro gli stessi beccamorti! Queste si chiamerebbero le opere della misericordia spirituale! [a]

§ 8° — *La morte di Sansone.*

Anche in questo giuoco, c'è il rovescio della medaglia. Sono gli adulti che fanno divertire i fanciulli: fanno lezione e gli alunni la ripeteranno in appresso.

—Sapete? questa sera c'è la morte di Sansone. Vuoi venire? — Ma, sissignore: vedrò una

---

(a) *Avezzano,* in Piazza Torlonia.

cosa nuova. — In buona parte, chi deve intervenire sa di che si tratta; ma serba una religiosa
segretezza. C'è però chi deve fare le spese della
festa, che generalmente ha luogo poco prima di qua-
resima, quando la testa si soprappone al cappello.

— Babbo, mamma, andiamo, andiamo a vedere
la morte di Sansone? O mamma, quanto è grande
Sansone? — La mamma sorride. E i fanciulli e le
fanciulle si rivolgono alle zie: — Zia, Sansone ammazza ancora la gente con una mascella scarnita?
E sarà vero che Sansone può rovesciare questa
casa, come rovesciò un tempio? — Si risponde:
— Non abbiate paura e attendete. —

L'affluenza della gente mi fa ricordare le ac-
ciughe nel barile. C'è persone d'ogni età; ma pre-
vale la puerizia. E perciò comincia un chiasso d'impazienza.

Ma già è venuto chi deve avere le beneme-
renze del pubblico. Si apre una camera illuminata.
I bimbi entrano per i primi; ma subito indietreggiano spaventati. Hanno visto un lenzuolo steso sul
pavimento e un morto coricato sul lenzuolo. Sfido
io! Il morto ha la faccia cosparsa di fiore di farina: ha gli occhi chiusi e le mani incrociate.

Gli adulti, e che dubbio? entrano coraggiosa-
mente. Ritrosetti, alla spicciolata, rientrano i bam-

bini. Allora adulti e bimbi, tenendosi per mano, gironzano intorno a Sansone; e cantano:

Ah! s'è morte Sansone'
E chi jie piagnerà'? —
La Cumpagnie de Rome
Ce fa la caretà. (¹) —

Ripetuta la cantilena, si fa sosta. Gli uomini, a uno a uno, s'inginocchiano e baciano Sansone in bocca. I bimbi, in obbedienza all'istinto di imitazione e oramai cessata la paura, giacché ognuno sorride, vorrebbero baciare anch'essi l'innocuo Sansone, ma gli adulti lo vietano. Tutti gli altri seguitano a dar baci e stanno tutt'occhi per osservare quando giunge il turno di quel tale dei tali, che non conosce il giuoco di Sansone morto. All'ultimo tocca anche a lui. Egli, guardandosi intorno, in aria dubitativa, quasi ha paura di baciare Sansone.... — Come mai? avresti paura? Lévati su: facciamo baciare Sansone a queste creaturine.... —

Punto nell'amor proprio, egli si piega, si curva e bacia, mentre Sansone lo contraccambia di uno spampanato bacio, tingendogli la bocca con la sa-

_____

(¹)   Ah! si è morto Sansone'
E chi lo piangerà? —
La Compagnia di Roma
Ci fa la carità. —

liva nera; perché il fraudolento morto, nel breve riposo funebre, aveva masticato carbone!

Lo sconosciuto ha finalmente conosciuto Sansone; e si leva in fretta, nettandosi la bocca col dorso della mano. Le paste fritte e il vino a iosa addolciscono poi l'amaro boccone del forestiere e divergono la risata convivale. Niente spavento se i bambini sognano Sansone morto, poiché l'hanno visto risuscitare. (*)

_____

(*) *Avezzano* e paesi vicini.

IMITAZIONE.

LAVORO RUDIMENTALE — MESTIERE,
ARTE E PROFESSIONE.

V

LAVORO RUDIMENTALE.

—◇—

I FANCIULLI, nel primo sviluppo della libera attività, si rivolgono di preferenza non so se più alla imitazione che non, forse con maggior verità, a secondare l' istinto del lavoro.

§ 1° — *Campagna e orto.*

Il primo lavoro è quello dei campi. Dicono: — Zappiamo ; facciamo l' orticello. —

O nel vicinato o in un cantuccio della piazzuola, i fanciulli zappettano un po' di terra in comune ; ovvero di un certo spazio fanno tante porzioni e se le distribuiscono per coltivarle ciascuno da sé. Vi seminano i fagiuoli per vederli nascere presto ; vi piantano rami di sambuco, perché presto si abbarbicano. I più piccini piantano stecchi che battezzano per *àrveri* e *arverilli*. (¹) L' annaf-

---

(¹) Alberi e alberelli

fiatura di questi campi e di questi orti non è sempre con acqua di fontana. Foi se che la madre natura
non fa scaturire dai loro visceri le fontanelle? Di
esse i bimbi si giovano per inaffiare gli orticini.
Che festa quando spuntano le due prime foglie del
fagiuolo ! (ᵃ)

§ 2° — *Fabbriche.*

Poi giuocano a comporre le *casarelle*. Si adu-
nano tanti pezzi di mattoni, si fabbricano case
a un piano, a due piani. S' inalzano colombaie e
campanili ; ma subito precipitano e si ricomincia
con più attenzione. Ciascuno dà consigli e mette
a profitto la sua piccola esperienza. Né manca la
critica : — Questa casetta è angusta : quest' altra è
più bella o più solida. — (ᵇ)

§ 3° — *La popolazione e il bestiame.*

Le case senza gli abitanti? — Ai fanciulli sono
note le cave di creta. Ne tirano fuori dei massi.
La creta si manipola e s' impasta ; e, presso le ca-
sette, cominciano a plasmare i *mammuccilli* (¹) che

(ᵃ) *Bugnara, Introdacqua, Pettorano, Pentima. Popoli,
Prezza, Pratola Peligna, Raiano, Roccacasale, San Benedetto in Perillis, Sulmona, Vittorito*

(ᵇ) **Ivi.**

(¹) Già si sa : bamboccetti.

rappresentano, alla meglio, uomini e donne, pecore e capre, cavallucci e buoi. Si fanno seccare al sole, e così vengono popolandosi le *casarelle*. Ma, se viene una pioggia, addio popolazioni e greggi! (ᵃ)

§ 4° — *Falegnami e fochisti.*

I fanciulli, del resto, non si sgomentano, e cambiano subito mestiere. Come dall'agricoltura passarono all'arte muraria e scultoria; così, senza interruzione, si appigliano al mestiere del falegname e del fochista. Ed eccoli intenti a segare in pezzi uguali, di traverso, gli steli del granturco o della saggina, per costruire poi la torre o il castello pei fuochi di artificio. Quattro steli sono tenuti fermi a uguale distanza da otto schegge della scorza del sagginale medesimo, ficcate nei tronchi, da formare quasi l'ossatura di un cubo. Si costruiscono altri cubi, di mano in mano più piccoli, per soprapporli l'uno sull'altro. — Viva! viva! — Essi stessi non sanno a chi sono diretti gli applausi. Ma fanno piacere; e si suppone dunque che celebrano la propria opera. E bene sta, poiché è l'opera della innocenza.´(ᵇ)

(ᵃ) Vedi nota (ᵃ), pag. prec

(ᵇ) Ivi

§ 5° — *Fabbrica di strumenti musicali.*

Talvolta i fanciulli corrono agli orti per davvero, tagliano steli di zucche con larghe foglie, che prima fanno da ombrelli; e poi, sfasciati gli ombrelli, nella estremità più sottile dello stelo, dov'è il nodo, fanno un taglio longitudinale col coltello e vi soffiano con violenza. N'esce un suono o di trombone o di fagotto, e tornano alle case sonando e stonando con la più sincera allegria, finché le mamme e i babbi più sinceramente intontiti non li sònino con gli stessi tromboni e fagotti.

Per quel giorno non se ne fa altro. Ma, appena vanno in campagna, in mezzo al grano non ancora maturo, ne tagliano i gambi più grossi da un nodo all'altro, facendovi rimanere un solo nodo. Presso questo nodo si fa un taglio da sotto in su, a forma di linguetta; e da quella parte si soffia. E così nasce la musica delle zampogne: e dàgli a zampognare.(*)

Anche di primavera, quando non ancora certi alberi hanno ingrossate le gemme (per es., il castagno, il salice, il pioppo), i fanciulli ne tagliano i rametti più lisci per farne dei flautini, lunghi da venti a trenta centimetri. Nella parte più massiccia, si taglia circolarmente la corteccia del ramo,

----

(*) Vedi nota (*), pag. 58.

e si contorce con molta grazia, affinché l'intera corteccia si stacchi dalla parte legnosa, la quale poi si tira fuori insieme con l'altra parte sopra al taglio, dove la corteccia è ancora aderente. La parte legnosa si tronca e si butta via, lasciandone però circa tre centimetri. E, in questi tre centimetri legnosi, si fa un taglio a bietta, e un taglio parabolico nella corteccia, corrispondente a quello del legno. Dopo ciò, si ficca di nuovo, nel cannello della corteccia, la porzione legnosa, tagliata a bietta; e si tronca quel resto superiore del ramoscello quasi a paro del taglio orizzontale. E così è bello e formato una specie di flautino che si soffia nella parte più larga; e, passando l'aria pel taglio a bietta e per la tagliatura parabolica, n'esce un suono che somiglia alla voce umana. Il suono può anche modularsi, chiudendo o socchiudendo con l'indice della mano destra l'apertura inferiore del cannello.

Con una serqua di questi flautini in bocca, i fanciulli girano pel paese o pel villaggio, rallegrando chi non si è ancora dimenticato d'essere stato bimbo e noiando tutti gli scorbutici e i fegatosi di cui non si perde mai la semenza. (*)

(*) *Accumoli, Amatrice, Aringo, Barete, Capitignano, Montereale, Mopolino, Pizzoli.*

VI.

PRIMO SVILUPPO DI LAVORO
LA PASTORIZIA E LA CACCIA.

—⁘—

§ 1° — *Il pecoraio e il lupo.*

Il giuoco rappresenta un dramma pastorale delle nostre montagne. C' è il pastore. il padrone, due o tre cani, una diecina di pecore e un lupo. I fanciulli si distribuiscono queste parti, a seconda del proprio gusto.

Comincia la rappresentazione. Il padrone dice al pastore : — Va' a pascere le pecore, là. — Addita un punto, e il pastore si avvia verso quella parte con le sue pecore e coi fidi cani. Il lupo sta nascosto nella sua tana. Il pastore si sdraia e riposa, e comincia a russare. Anche i cani dormono.

In quel frattempo il lupo si ruba alcune pecore. Quando il padrone va a sorvegliare la mandria, fa un dialogo col pastore :

— Picurà', è menute lu lupe a lle pecore ? —

— E che ! ce vuleva mení', se no, l'Angele custode ? —

— Quala pecora s' ha pijiata, la bianche o la nera ? —

— E che! ce vuleve piglià' la roscia che nen ce steva ? —

— Quala via ha fatte, d' ammonte o d' abballe ? —

— E che! ce vuleva fa' la via della chiesa ché la sapeve ? —

— Male carzone ? —

— Pegge patrone ! —

— Dumane te lecenzie ! —

— Massere me ne vajie. — ([1])

Il padrone torna a casa e, per la pena, si ammala. Lo sa il pastore, e va a fargli una visita: — Sor patìò', hajie truvate 'na pella de lupe, e domane matine te la porte. Te la mette 'ncuolle e te reguarisce. ([2]) — Il pastore se ne rivà a guar-

_____

([1]) — Pecoraio, è venuto il lupo alle pecore ? —
    — O che! ci voleva venire, se no, l'Angelo custode? —
    — Quale pecora si è pigliata, la bianca o la nera? —
    — O che! si voleva forse prendere la rossa che non ci stava ? —
    — Quale via ha fatta, a monte o a valle? —
    — E che' voleva fare (se no) la via della chiesa che sapeva ? —
    — Cattivo garzone ! —
    — Peggior padrone ! —
    — Domani ti licenzio ! —
    —Stasera me ne vado. —
([2]) Signor padrone, ho trovata, per caso, una pelle di lupo.

dare le pecore e sveglia i cani. Il lupo, guardingo guardingo, mentre pastore e cani fingono di dormire, si avvicina alle pecore ; ma subito i cani gli si avventano e cosí fa anche il pastore, con l'uncino. Il lupo cade morto. Il pastore lo scortica, cioè spoglia della giacca il compagno ; e, con essa, che rappresenta la pelle del lupo, corre al padrone e gli distende quella finta pelle addosso. Il malato getta un grosso respiro, si leva e dice : — Sono guarito. Sia benedetta la pelle del lupo! —

Allora il pastore, in compagnia del padrone, va verso la greggia, e vede che un altro lupo si sta avvicinando per rubare altre pecore. I cani, il pastore e il padrone lo perséguitano, lo raggiungono e lo ammazzano.

Si viene alla premiazione. Pecore, cani e pecoraio tornano fanciulli, e lo stesso lupo si rinfila la giacca, e il padrone distribuisce a tutti un pezzo di pane con ricotta o cacio. E non mancano talvolta le lagnanze per la parzialità della divisione. (ᵃ)

§ 2. — *La volpe zoppa.*

La volpe ebbe un colpo in una zampa e rimase zoppa ; perciò raramente esce dalla tana o, se esce,

---

e domani mattina te la porto. Te la metto in collo (*sopra le spalle*) e ti guarisci.   (ᵃ) *Pescasseroli.*

procede con ogni cautela, guardandosi attorno per non essere colta alla sprovvista. Al menomo pericolo, torna indietro zoppicando.

I cacciatori non cessano d'insidiarla. Ma è difficile che la volpe se la faccia fare : essa ha la sua tana inaccessibile. Il cacciatore che la insegue e non riesce, è deriso dai compagni. Se riesce il colpo, ha dei premii.

Questa caccia si rappresenta dai fanciulli. — Tu fai da volpe, e questa è la tana. — Inoltre, assegnano alcuni punti della piazza o della strada, per dove i fanciulli che fanno da cacciatori, non possono passare. Se la volpe prende un cacciatore, questi diventa volpe e tutti lo battono allegramente, mentre il battuto corre zoppicando verso la tana per mettersi al sicuro. Se poi nel fuggire verso la tana, per isbaglio o stanchezza, posa a terra l'altro piede, allora ha perduto ; come avrebbe perduto anche la prima volpe se andando a rintanarsi avesse sospeso di zoppicare.

Il premio della volpe che vince un cacciatore o di un cacciatore che vince la volpe, consiste per lo più in un determinato numero di bottoni. (ª)

(ª) *Castiglione Messer Marino* e *Fraine.*

§ 3° — *La volpe alla tana.*

I fanciulli si mettono l'uno dietro all'altro, in modo da formare una fila. Tutti stanno con le gambe aperte. Il *volparo,* cacciatore di volpi, tiene un *mazzarello* in mano. Al comando: *Caccia !* l'ultimo della fila si mette a correre, mentre il *volparo* cerca di batterlo ; ma, nel correre, tergiversa sempre per cogliere il momento propizio e nascondersi attraverso le gambe dei compagni. Come le ha attraversate tutte, si drizza e allarga anch'esso le gambe.

Poi fa da volpe il penultimo che diventa ultimo ; e poi il terz'ultimo che resta ultimo. E cosí il giuoco non si finirebbe mai se non succedesse o sazietà o stanchezza. (*)

§ 4° — *L'orso e i cani.*

Si fa al tocco. Chi esce prima, fa da orso (o da lupo) ; il secondo fa da cacciatore ; gli altri, da cani. L'orso si va a nascondere nella sua tana e manda fuori fremiti spaventosi. Il cacciatore ordina ai cani che si pongano in agguato.

Quando tutto è disposto, l'orso esce inferocito ;

(*) *Pescina.*

e, a tutta corsa, passa attraverso ai molteplici agguati. I cani, latrando, si avventano contro l' orso. Se questo sa schermirsi e rintanarsi, ha vinto. Poi ricomincia a fremere ; esce, fugge e si schermisce. Se è preso dai cani, la vittoria è per essi ; e il cacciatore li premia con medaglia al valore, che si chiamano bottoni di osso o di ferro. (*)

§ 5° — *La fine del lupo.*

Questa volta il giuoco è una rappresentazione crudele. Forse dev'essere un rimasuglio di tradizione, trasformato in un esempio morale.

Si tratta di due fanciulle che vanno ramingando per un bosco. Il lupo sta in agguato a fine di sorprendere i viandanti e procurarsi un ricco bottino. S'intende che il lupo è un'altra più o meno graziosa fanciulla.

Mentre passano le due compagne, il lupo, nascosto, comincia a urlare. Le due, indietreggiano ; e, come vedono il lupo farsi innanzi, tremanti fuggono. Il lupo le raggiunge e, sempre urlando, comincia a morderle. Dicono le fanciulle : — Cessate dal mordere ; noi non abbiano nulla da dare. —

E il lupo : — Voi siete ladre, e avete nascoste

_____

(*) *Gioia o Lecce dei Marsi.*

le cose rubate. — Esse dicono di no; il lupo, che deve essere sempre lupo, dice di sí, e le ammazza ; e fruga le loro vesti. Non trovando nulla, il lupo si dà una zampata nel grugno, cioè la ragazza si dà un colpo di mano in fronte e grida : — Ho ucciso due giovanette innocenti. — *E cade come corpo morto cade.* ([a])

[a] *Sulmona* e dintorni.

VII.

PRIMO SVILUPPO DI LAVORO.
LA PESCA.

—◇—

§ 1° — *Le torce.*

La notte di Natale, quando c'era il Lago di Fucino, i barcaiuoli facevano delle fiaccolate d'allegrezza. Oggi l'uso rimane ai giovanetti, i quali, nella Vigilia, preparano torce fatte co' *ji vinci sicchi*, (¹) o con rami d'alberi intrecciati e fatti seccare. Si accendono queste torce; e, come se ne spegne una, se ne accende un' altra. E con le torce accese, gironzano per l'abitato, senza stancarsi, recitando ad alta voce:

Streò, streò !
A lla case de Ziriò. (²)

La cantilena deve probabilmente alludere a qualche superstizione, di cui si è perduta traccia. Le streghe di Natale furono anche oggetto delle mie osservazioni e riflessioni nei precedenti volumi. (*)

(¹) Coi giunchi secchi.
(²) Inesplicabile. *Stregone?*
(*) *Avezzano* e dintorni.

§ 2° — *Il pescatore.*

— Andiamo a pescare. Ecco la barchetta ; entriamo e sediamoci. —

Un ragazzo che fa da pescatore, si siede per terra, e sulle ginocchia tiene fermo di traverso un robusto palo o un asse qualunque di legno. In ciascuna delle due estremità del palo o dell'asse, siede un fanciullo. I fanciulli si tengono fermi alle estremità del palo, come il pescatore tiene fermo il palo, poggiando le mani sulle anche e comincia a remare. Mentre il pescatore rema, cioè mentre alza e abbassa le ginocchia a piccoli intervalli, i due fanciulli vanno in alto e in basso con grande allegria ; ma ignorano che, non appena si pesca un polipo, dovranno rappresentare una brutta scena. Questo sa però il pescatore e un compratore di pesci, il quale è un altro astuto ragazzo.

Il compratore si avvicina e dice : — Che state facendo ? — Risponde : — Stiamo a pescare. — Che cosa avete pescato ? — Due merluzzi. — Non mi servono. —

Il pescatore rema di nuovo pochi minuti ; poi si arresta. E il compratore : — Che cosa avete pescato ? — Due triglie. — Non mi servono. —

E ancora si rema, e i fanciulli sono portati dalle

supposte onde sempre più in alto. Il compratore, facendo la stessa domanda e avendo un' altra risposta che non sia quella concordata, dei polipi, scuote più vigorosamente i remi.

Il mare si fa grosso, i remi si tuffano e s'inalzano sempre più. Il compratore chiede: — Ma finalmente che avete pescato? — Due polipi ed eccoteli.... — Mentre dice questo, alza i remi con maggior violenza, e fa capitombolare i due fanciulli, quando meno se l'aspettavano, perché avevano preso gusto al giuoco.

È raro che il capitombolo faccia male, perché si fa o in un prato o dove c'è la terra smossa. (*)

§ 3° — *A barchetta*.

Nel Fucino si vedevano un tempo numerose barche pescherecce, e si udivano i pescatori cantare: « Intanto Erminia in fra le ombrose piante. » Il Fucino è scomparso; ma nella sua ampia conca c'è una reminiscenza che fa pensare e diverte.

I fanciulli imitano le barchette in modo ingegnoso. Uno si siede coi piedi distesi e appaiati; e un altro gli siede di fronte con le gambe aperte. Quello dalle gambe appaiate si avvicina a poco a

---

(*) *Cugnoli* e in qualche altro paese della spiaggia adriatica.

poco verso il compagno, e si avvicina sempre fino
a che il compagno si assetta sopra quei due piedi
appaiati. L'altro dalle gambe larghe comincia gra-
datamente a stringerle contro le anche del compagno, che frattanto si solleva un poco, mentre i piedi
gli passano sotto e si accoppiano anch'essi per
fargli da sedile. Dunque l'uno siede sopra i piedi
dell'altro.

Viene il movimento grazioso. Si dànno la mano.
Le braccia diventano i due fianchi della nave e
l'un corpo rialzato fa da prua e l'altro da poppa,
e il cassero sono le quattro gambe. L'uno tira di
qua, l'altro tira di là. Comincia un movimento ondulatorio che, aiutato dal moto dei piedi, aumenta,
e la barca si trasloca. La poppa e la prua ansano....
E i vecchi pescatori, a cui mal si adatta oggi la
zappa e la vanga e l'aratro, con gli occhi lagri-
mosi ricordano le acque cristalline del Fucino. (*)

(*) *Aielli, Avezzano, Cappelle, Celano, Cerchio, Collarmele, Gioia dei Marsi, Luco, Ortucchio, San Benedetto, San Pelino, Trasacco.*

VIII.

PRIMO SVILUPPO DI LAVORO.
AGRICOLTURA, ORTAGGIO.

—◇—

§ 1° — *Lu cucumeraro.* (¹)

Si rappresenta un orto, dove si coltivano e vendono i cocomeri o le angurie. Ragazzi e ragazze formano due gruppi: un gruppo rappresenta i cocomeri; un altro figura i pulcini del cocomeraio o o della cocomeraia e il mandatario delle monache.

La cocomeraia sta nelle vicinanze del finto orto. Va il mandatario che fa da zoppo: — Padrona, dammi un cocomero per le monache. — Vàttelo a *capare*; (²) ma bada che non escano i pulcini. Chiudi bene la porta, all'entrare e all'uscire. —

Lo zoppo entra, e comincia a tastare i cocomeri, cioè le testine dei bimbi e delle bimbe. — Questo non è maturo.... tastiamo quest'altro.... Questo sí che è maturo; e forse troppo. Tolgo questo insomma. — Prende il finto cocomero ed esce, e appresso a lui escono alquanti pulcini; e nell'uscire

---

(¹) Chi coltiva o vende cocomeri e melloni o poponi. Il cocomeraio racchiude in se l'esercizio del *mellonaio* o *poponaio*.

(²) *Scegliere:* è d'uso vivo e generale, anche nelle altre provincie della bassa e della media Italia.

il mandatario scappa zoppicando. Ma la padrona che vede fuori dell' orto alcuni pulcini, strilla adirata : — *Te pozza rompe' ss'autra jamma!* — (¹)

Quando torna la calma nell' orto, rivà il mandatario, e chiede un altro cocomero. La padrona consente che entri nell' orto e scelga ; ma raccomanda, per carità ! di non fare uscire altri pulcini. Fiato sprecato : succede la scena medesima, la quale poi si ripete altre volte e sempre con lo stesso metro.

Rimane l' ultimo cocomero e qualche pulcino. Va il mandatario : — Dammi un altro cocomero. — E la padrona : — Non posso : ce n' è rimasto uno solo. Io dunque non debbo neanche assaggiarli ? — Hai ragione. Ma almeno facciamo mezzo per uno. — Mi contento, purché non facci uscire quei pochi pulcini che restano. —

Il mandatario, scambio di prendersi mezzo cocomero, se lo prende intero ; e, nell' uscire, spalanca la porta, leva la chiave che getta ai piedi della padrona, e cerca di fuggire. Ma i pulcini che escono in ultimo e gli altri che s' incontrano, schiamazzano intorno allo zoppo, mentre la cocomeraia grida : — Pizzicàtelo, pizzicàtelo ! — (ª)

(¹) Ti possi rompere cotest' altra gamba!

(ª) *Aquila, Bazzano, Fossa, Paganica, Sant' Eusanio Forconese.*

Altrove, lo stesso giuoco si chiama *lu cuccume-*
lune ([a]) o *alli meluni*. ([b])

§ 2° — *Ciotta ciotta.*

Una notabile varietà del cocomeraio è il giuoco
di *ciotta ciotta.* ([1])

La mastra sta a guardia dei *cetroni*. ([2]) Una
fanciulla accoccolata con le mani sotto le cosce, si
chiama *ciotta ciotta*. Costei si avvicina saltellante
alla mastra; e, fra loro, segue questo dialogo:

— Ciotta ciotta, che va facenne ppe ss' orte ? —
— Vaglie capenne lu meglie melone,
Quillu che piace a lla patrone. —
— Vietel' a ccape'. — ([3])

E cosí, *Ciotta ciotta* comincia a toccare le testine dei melloni, dicendo come diceva il mandatario. Quando crede di trovare un mellone fatto,
si volge alla mastra : — Me lo piglio ? Che ti devo
dare ? —

— Voglio trecento ducati... —

([a]) *Vasto* e dintorni.
([b]) *Atessa, Casalanguida* ed anche *Paglieta, Pollutri,*
Scerni, Villalfonsina.
([1]) Zoppa.   ([2]) Qui vale proprio cocomeri.
([3]) — Cioppa cioppa che vai facendo per cotest'orto ? —
— Vado scegliendo il miglior mellone,
Quello che piace alla padrona. —
— Vienitelo a scegliere —

— Uhhh! I' te voglie dà' 'na purcarijie appise a 'nnu file e 'na pizzecate de tabacche. — (¹)

La mastra non risponde e fa muso. *Ciotta* va via. La mastra ci si ripensa, e la chiama con un *Psss, psss.*

— Chi mi vuole? —

— Chi l'ha con te? Non ti chiama nessuno. — *Ciotta* volta le spalle. E la mastra:

— *Psss, psss.* —

— Chi mi chiama? —

— Sono io: vientelo a pigliare. —

E *Ciotta* si prende un mellone, e lo mette in luogo appartato. E ripete la domanda e ottiene sempre; ma agli ultimi degli ultimi non manca il piacevole litichío.

Il giuoco, se non c'è stanchezza da parte dei giocatori, si protrae. La mastra gira tre volte intorno a sé stessa; la gonnella si gonfia e d'improvviso si accoccola e dice: — Questo è lo spazio dell'inferno. — A poca distanza, si gira tre altre volte intorno, e la gonnella gonfiata, che tocca per terra, indica il circuito del paradiso.

Stabilita cosí la positura del paradiso e dell'inferno, la mastra e *Ciotta* si accordano sul prezzo

---

(¹) Uh! io ti voglio dare una sporcizia appesa a un filo e una pizzicata di tabacco.

di ogni mellone. E quando la mastra dice : — Pí-
gliatelo ; — *Ciotta* soggiunge : — Aiutami a portarlo
via. — E allora *Ciotta* e la mastra prendono pen-
zolone sotto le ascelle la ragazza che rappresenta
il mellone e tiene forte le braccia incrociate nel
petto, e la portano alla direzione dell' inferno e
del paradiso. Se le braccia della fanciulla si sciolgono, la depositano a casa maledetta ; se no, si
ferma in paradiso.

Si pon fine al giuoco, fingendo tutti di sonare
il violino, e si dice tre volte seguitatamente :

> — Zzirih, zzirih !
> Quand 'arevé' lu fratilli mi' ? —
> — Arevé' a 'nn' ora de notte ;
> Mette la chiêve sotte a 'lla porte — (¹) (ᵃ)

Lo stesso giuoco ha nome di *cuh! cuh!* o di
Inferno e *Paradiso*. A volte, i pulcini stanno senza
la compagnia dei cocomeri e dei melloni : sono essi
soli che escono dall' orto o dalla stia o dal pollaio ;
e si radunano alla chiamata *vich, vich, vich*. (ᵇ)

(¹)   *Zirih'* voce onomatopoica del violino.
— Quando ritorna il fratello mio? —
— Ritorna a un'ora di notte ;
Metti la chiave sotto la porta. —

(ᵃ) *Francavilla a mare.*
(ᵇ) *Torricella Peligna* e *Colledimàcine* e *Roccascalegna.*

IX.

MAGGIORE SVILUPPO DI LAVORO.
OFFICINE, ARTI E MESTIERI.

—◇—

§ 1° — *Officina di arti e mestieri.*

Trattandosi di un' officina, sono tanti gli operai, che bisognerebbe rifiutarne parecchi. Ma non si rifiuta nessuno.

— Accomodatevi alla meglio e fate circolo. — Cosí dice chi comanda il giuoco. E tira fuori dalla tasca un fazzoletto, e vi fa tanti e poi tanti nodi, nodi sopra nodi, lasciando per lungo il pizzo opposto. Il fazzoletto, cosí annodato, si chiama *mazzarello.* (¹)

Poi il capogiuoco assegna a ciascuno il nome di un mestiere o di un' arte. — Ognuno tenga bene a mente il mestiero o l' arte sua: tu sei falegname, tu calzolaio, tu segatore, tu magnano.... Tenetevelo bene a mente. Quando io dico che il tale artigiano deve lavorare e gli altri no; oppure che tutti de-

_____

(¹) Quando anche in altri giuochi si nomina il *mazzarello,* s' intende sempre il fazzoletto nodoso in una delle quattro estremita, per dare *mazzate,* senza *mazza.*

vono lavorare eccetto quel tale artigiano, chi esercita una data arte, deve fare tutto il contrario di
ciò che dico io. Se si sbaglia, avrà un colpo di
mazzarello sulla palma della mano. Il lavoro consiste nel fare le mosse di quell'artigiano che esercita quella data arte. Dunque siamo intesi. Ora
comincia il giuoco. Tutti devono lavorare, ma il
segatore no. —

Il segatore, dovendo fare il contrario, imita le
mosse del segatore e gli altri riposano. Chi si sbaglia riceve un colpo di *mazzarello*. C'è anche il
rovescio della medaglia: se il capogiuoco dà una
mazzarellata, o per capriccio o per errore, a chi
non se la merita, perde il diritto di fare da capogiuoco e consegna il *mazzarello* a chi ricevé il colpo
o per errore o per capriccio. Se il nuovo capogiuoco acconsente a restituire il *mazzarello* a chi
lo aveva prima, costui deve dare due *mazzarellate*
all'altro. (ª)

§ 2° — *Disfida alla muta*.

Stanno di fronte due coppie di ragazzi. Due
ragazzi, senza parlare, fanno le mosse di un artigiano che esercita l'arte. I due che stanno di
fronte, debbono indovinare quale arte essa è. Se

(ª) *Pentima, Prezza, Raiano o Vittorito.*

indovinano, fanno altre mosse di artigiani che esercitano arte diversa ; e gli avversarii cercano d'indovinare. La coppia che non indovina, si assoggetta a una seconda o terza o quarta prova. (ª)

§ 3° — *Noi siamo pellegrini.*

Nello stesso giuoco, chi lo dirige, prima d'impartire ordini, dice :

> Nu' semm puverr puverr,
> E venemm da Casull,
> E Casull e Messine :
> Nu' semm sempr' pilligrinn. (¹) (ᵇ)

§ 4° — *Tutti al suo dovere.*

E ancora, per dare il comando, affinché si principii l'opera, il capogiuoco recita questa formola :
Tutti quanti al proprio dovere. (ᶜ)

§ 5° — *Sergente moschettiere.*

Siamo quasi allo stesso giuoco, ma con altra variante. Il capo assegna a ciascun fanciullo l'esercizio di un' arte o di un mestiere.

(ª) *Vasto.*

(¹)   Noi siamo poveri pellegrini,
    E veniamo da Casoli (?) e Messina :
    Noi siamo sempre pellegrini.

(ᵇ) *Casalanguida.*
(ᶜ) *Aquila, Arischia, Cagnano, Barete, Pizzoli, Pretuto, Roio, San Vittorino, Sassa e Pietrasecca.*

— Badate, quando io dico che dovete lavorare, nessuno deve parlare, ma tutti devono esercitare il mestiere o l'arte, alla muta; e quando ordino che si deve smettere, tutti devono smettere: chi sbaglia, mette pegno e farà la penitenza. —

Stanno tutti silenziosi. Il capo fa l'atto di sonare la tromba: — Tuh! tuh! tuh! Pe' j' órdene de ji Sargente muschettére, tutte quante facéte ji vostre duvere. — (¹)

Tutti lavorano; ma qualcuno, per guardare all'altro, spesso si sbaglia; e allora mette pegno. Il lavoro continua un buon tratto. Quando il capo s'accorge che le forze mancano, risuona la tromba e dice: — Pe' j' órdene de ji Sargente muschettére lasséte ji vostre duvere. (²) — Chi non lascia subito, deve mettere pegno.

Dopo si fanno le penitenze che riescono più o meno piacevoli. secondo il più o meno brio di chi le ordina e la novità della escogitazione. (ª)

§ 6° — *La lavandaia.* (ᵇ)

Questo giuoco è proprio delle fanciulle che si dispongono, per lo più, in fila. Tutte, da due in

---

(¹) Per ordine del sergente moschettiere, tutti quanti fate il vostro dovere.

(²) Per ordine del sergente moschettiere, lasciate il vostro dovere.   (ª) *Arezzano*   (ᵇ) *Aquila* e dintorni.

fuori, rappresentano un pezzo di biancheria: chi è camicia, chi lenzuolo, chi asciugamani, chi fazzoletto, e via discorrendo. Le due che non rappresentano la biancheria, sono la padrona e la lavandaia.

La padrona conta i pezzi della biancheria, ad alta voce e con una cadenza prolungata: — E una! e due! e tre! e quattro! e cinque!... — E poi se ne va alla messa quotidiana. La divozione c'entra spesso e volentieri nei giuochi.

La padrona dunque finge di andare e le più maliziosette cantano sotto voce:

Maregarite va 'lla messe,
Tutte le priévete appresse a esse. ([1]) ([a])

Esce la padrona e va un poverello: — La carità per amor di Dio! — La lavandaia dice: — Non ti posso dare che una camicia. La vuoi? Pígliatela. — E il poverello si porta via la fanciulla-camicia.

Ecco che la padrona torna; e riconta i pezzi di biancheria: — Come va? ci manca una camicia! A chi l'hai data? — Risponde la lavandaia: — È venuto un poveretto senza camicia, e gliel'ho fatta

___

([1])   Margherita va alla messa,
       Tutti i preti appresso a essa.

([a]) Questo motto è comune nei paesi della *Valle Peligna*.

infilare.... — La padrona va su tutte le furie, e la lavandaia fugge. Ma la padrona: — Be'! torna. Un'altra volta, se vuoi fare l'elemosina, falla con la roba tua. —

La padrona conta di nuovo la biancheria; ammonisce la lavandaia a custodirla bene.

Va alla messa; e il poverello torna. Si verifica il fatto medesimo. E la biancheria, ossia le fanciulle vengono diminuendo sempreppiù, e si nascondono.

Quando in ultimo la padrona torna, e non vede più alcun pezzo di biancheria, il chiasso non va per finire. Finisce soltanto, quando la padrona trasforma la biancheria in pulcini e allarga il grembiule, dicendo: *pih! pih!* Allora le fanciulle sbucano da tutte le parti e fanno un diavoleto per festeggiare la padrona.

§ 7° — *Tintura e dipintura di uova.*

Le uova di Pasqua si preparano nella settimana santa. In alcuni paesi, si fanno bollire con acqua e fuligine, e il guscio diventa giallognolo, o con acqua e viole mammole, e il guscio diventa violaceo: ma sono tutte di uno stesso colore.

Alla tintura semplice non di rado si aggiunge il disegno. Ed ecco come si fa: con una candela accesa si fa colare la cera liquefatta intorno al guscio dell'uovo; e quando tutto è incerato, con un temperino, o con qualunque ferro acuminato, si scalza la cera fino a far ricomparire il guscio, disegnandovi foglie e fiori e figure capricciose: vi si scrive anche. Insomma l'operazione è una specie di graffito.

Le uova con questi disegni e caratteri si mettono a bollire in una pentola con acqua e fuligine o viole. Dopo l'ebollizione si manda via l'acqua e si toglie la cera. Dove il guscio era graffito, ivi si vedono i disegni del colore naturale del guscio sopra fondo violaceo o giallognolo. (ª)

Queste uova si regalano e si apprezzano, secondo il disegno più o meno corretto o secondo i ricordi scritti o le allusioni personali.

Le uova dure, senza queste particolarità, si giocano tra fanciulli che ne portano le tasche piene, nel Sabato santo e nella Pasqua mattina. Si giocano in varii modi. Il più comune modo è questo: Un fanciullo stringe nella mano destra un uovo. Un altro fa lo stesso. Poi tutti e due tirano a sorte; chi esce per primo, dà un colpo col suo uovo sull'uovo del compagno. L'uovo che si rompe

---

(ª) *Montereale, Scanno, Villalago.*

va a beneficio di chi rimane con l' uovo intero. Se si rompono tutti e due, non vince nessuno. (ᵃ)

Quando si giuoca cosí, si dice : — Vogliamo fare a *cocce ?* (ᵇ) ovvero *a scuccitte ?* (ᶜ) o *alla palla dell' ovo ? —* (ᵈ)

C' è anche un' altra maniera di giocare le uova, specialmente negli ultimi tre giorni della Settimana santa. I fanciulli si radunano in un luogo a pendio, ben provvisti di uova ; e le fanno ruzzolare, in quel pendio, ad uno ad uno ; e tutti sono intenti a dare una direzione piú abile, perché si urti l' uovo del compagno e non si rompa e vada piú lontano. L' uovo che va piú lontano, vince tutti. Ma la cosa piú strana è che, non poche volte, ai fanciulli si mescolano anche le persone con tanto di barba !

Questo giuoco ha pure diversi nomi : *Ova a callarilli* ; (ᵉ) *a palletelle,* (ᶠ) *a scivulà',* cioè a scivolare. (ᵍ)

(ᵃ) Uso generale.
(ᵇ) *Pratola Peligna.*
(ᶜ) *Fossacesia.*
(ᵈ) *Pescasseroli.*
(ᵉ) *Castiglione della Valle, Chiarino, Isola del Gran Sasso, Ornano, Petto, Tossicia, Trignano, Vico, Villa San Paolo.*
(ᶠ) *Valle Peligna.*
(ᵍ) *Forcella,* frazione di Teramo.

§ 8° — *Pignate rotte.*

Nelle provincie meridionali, abbiamo sempre *pignata* e *pignataro* con una sola *t*. La *pignatara*, cioè una donna che fa o vende le pignatte, si sente dire soltanto nei giuochi de' fanciulli.

E abbiamo appunto qui un giuoco, dove c' entrano le *pignate* e la *pignatara*. E che credete voi chi siano le *pignate?* Sono anche fanciulle e fanciulli; e la *pignatara* è la più svelta fanciulla.

Questa *pignatara* mette in ordinanza le sue *pignate*, e attende i compratori. Passa una donna. La *pignatara* dice : — Dove vai ? — Risponde l'altra : — Vado a comprare il prosciutto. — Ripiglia a dire la venditrice : — Me ne dai un poco ? — Risponde sí o no.

Passa una seconda e una terza donna ed altre ancora. La *pignatara* le interroga : — Dove vai tu ? e tu ? e tu ? — Vado a comprare le salsicce, il baccalà.... Vado a comprare il cacio.... — Chi me ne vuol dare un poco ? — Io sí. — Io anche sí. — Io no ! — E neppure io ! —

La *pignatara* si tiene a mente chi dice di sí e chi di no. Quando una di quelle va a comprare le *pignate*, e le *tozzola*; (¹) se il suono fa *ntih ntih*,

---

(¹) Qui vale· *bussare con le nocche della mano*.

la pignatta è rotta; se fa *ntah ntah*, è sana — Quanto ne vuoi di questa pentola rotta? — Dodici grana. (¹) — Ma se è rotta, come può valere tanto? — Tanto ne voglio. — La *pignatara* si ricorda che la persona che compra le aveva negato un po' di cacio. E però, se vuol fare la compra, bisogna che sborsi dodici grana.

Va un'altra compratrice. *Tozzola* e la *pignata* fa *ntah ntah*. — Quanto ne vuoi? — Ne voglio tre grana. — Eccotele. — La venditrice s'è ricordata che chi compra, le aveva già promesso un po' di prosciutto.

Appena si vende l'ultima pentola, tutte le compratrici si mettono a *tozzolarle* e fanno *ntih ntih! ntah ntah!* (ª)

§ 9° — *Mastrantonio, il carrozziere.*

Giuocano poche ragazze, formando una semi-circonferenza innanzi a una ragazza seduta. L'una all'altra alternativamente soprappone una mano chiusa in pugno sul ginocchio della seduta. E così si viene a formare un castelluccio di pugni.

(¹) Moneta napolitana. Si disse già che un grano equivaleva a circa centesimi quattro. Dieci grana formano un *carlino*; due carlini, *un tari*; sei carlini, *mezza piastra*; dieci carlini, un *ducato*; dodici carlini, una *piastra*. Una piastra spagnuola con l'emblema delle colonne d'Ercole si chiamava *un colonnato*. (ʼ) *Sulmona* e dintorni.

Una che ha le mani libere, aggrappa tutte le dita della destra, in modo da formare una specie di martelluccio. Con quel martelluccio picchia di lato al pugno che sta sotto a tutti; e dice: — Ci sta Mastrantonio? — La ragazza toccata risponde: — *Va cchiú 'ncoppe.* (')

Si batte al pugno immediatamente superiore: — Ci sta Mastrantonio? — Cchiú 'ncoppe. — E la picchiatura continua fino all' ultimo pugno: — Ci sta Mastrantonio? — Sissignore. — Ha racconciata la carrozza? — Mezza sí e mezza no. — Immediatamente si sfascia il castelluccio, si aprono le mani e si fanno molinelli, intrecciando le mani proprie con le mani delle altre, e gridando: — *Fenémmela de sfasciá'; e fenémmela de sfasciá'.* — (²) (ᵃ)

Qualche volta succede che le mani tornano a essere pugni e i molinelli si cambiano in minuscoli pugillati.

§ 10° — *Alla tela.*

— La tela, la tela! Facciamo alla tela. —

I bambini e le bambine si dispongono in linea retta e si dànno la mano. La piú adulta siede da

(¹) Va piu sopra.
(²) Finiamola di sfasciare.
(ᵃ) *Sulmona* e dintorni.

capo alla fila; e dice. — Chi vuol comprare la tela? —

Va la compratrice. — Vuoi vendermi 300 canne di tela? — Perché no? — Ma sono di misura? — Altro! —

La compratrice misura la tela, toccando il petto di ciascuna bambina, e conchiude: — Sono 300 canne. Resta per mio conto. Adesso vado a prendere la moneta. —

La compratrice se ne va, e i fanciulli e le fanciulle si stringono gli uni vicino alle altre. La compratrice reca nel grembiule una certa quantità di ciottoletti o di conchiglie o di acini di frumento. E dice: — A me mi pare che la tela non è più di misura: tu mi vuoi fare una truffa e io chiamo i gendarmi. — (¹)

Va via e torna con due bambini armati di una canna. Ma mentre quella è andata a chiamare i gendarmi, i fanciulli distendono le braccia e così la tela torna a misura. I carabinieri dicono alla compratrice: — La tela è di giusta misura: dunque vieni in carcere tu, e pòrtati la tela. —

Allora i fanciulli, sempre tenendosi per mano, si aggomitolano a poco a poco, e camminano così

(¹) Carabinieri

aggomitolati. La tela finalmente si spezza e coi brandelli fanno festa anche i gendarmi. (*)

§ 11° — *Il santaro.*

Si destina chi deve fare da *santaro*, cioè da venditore d'immagini sante, e chi deve fare da compratore. Gli altri fanciulli rappresentano i santi: san Pietro, san Paolo, sant'Antonio, ec. Il *santaro* si getta sulle spalle san Pietro, e si presenta al compratore: — Vuoi comprarti questo santo? — Che santo è? — È san Pietro. — Mi piace e lo compro, e posalo qua. Domani vieni al palazzo e ti darò la moneta. —

Il venditore si carica a uno a uno gli altri santi sulle spalle, li offre allo stesso compratore e si concordano pel prezzo. Il secondo santo si posa accanto al primo, il terzo vicino al secondo, e cosí gli altri.

Eccoci all'ultimo. — Vuoi comprare anche questo? — E che santo è? — È santo Diavolo. — Battételo, battételo.... — Tutti si avventano contro il diavolo che si schermisce alla meglio; ma il diavolío non cessa subito.

Quando cessa e la comitiva si va assottigliando

(*) *Valle Peligna.*

via via, uno di quelli che rimangono, il piú auto-
revole, alza la voce:

> — Uno, due e tre,
> Ognuno alla casa se' (*sua*) —

E il giuoco si chiude. (ª)

——— ‥

(ª) *Sulmona* e dintorni.

X.

MAGGIORE SVILUPPO DI LAVORO.
PROFESSIONI.

—◇—

È un caso strano : nelle Università, tutti si af-
fannano per divenire medici ; e tra fanciulli, bisogna quasi litigare, perché uno si risolva a fare *ji
médeche.* (¹) Eppure si tratta di una ventina di fanciulli. Finalmente, un po' con le brutte e un po' con
le buone, si trova chi deve rappresentare quella
parte.

§ 1° — *Il medico.*

Quando il medico è trovato, tutti gli fanno corona. Il medico con una mazza in mano, col naso
verso i tetti, chiede : — Chi sta malato ? — Uno si
fa innanzi : — Signor dottore, ho la febbre.... —
e stende la mano. Il dottore tasta il polso ; inarca
le ciglia, stringe le labbra, ritira in su il mento,
si stringe nelle spalle, e sentenzia : — La febbre
non c'è. — E il malato ritira con violenza il polso,

––––––––––––

(¹) Il medico.

dicendo : — Come non c'è la febbre, se io me la sento ? E voialtri che ne dite ? — Gli altri rispondono con poco rispetto :

E ji mèdeche 'e le ciavatte,
Ecche me dole (*e ciascuno indica il polso*),
 ecche me batte, (*e si toccano le reni*). ([1])

Se la rappresentazione riesce divertente, si fa innanzi un altro malato, e si ripete la celia. ([*])

§ 2° — *Signore e Signorello.*

Questo giuoco è curioso pel miscuglio dei personaggi che vi si rappresentano : vi è un *Signore*, un *Signoriello*, un *Medico* e un *Trombone*. La sorte decide sempre chi deve rappresentare i quattro dignitarii. I più fortunati sono il *Trombone* e il *Medico*, perchè il *Signore* e il *Signoriello* sono gli ultimi a prendere la medicina ordinata dal medico.

Il *Trombone* si arma di una grossa cucchiaia di legno, e dà l'idea di un cuoco che deve cavare la polenta dal caldaio. Ma, altro che polenta ! sentite che dice e che fa, volgendosi prima al medico : — Signor medico, tastate il polso a questo malato.... — E indica uno dei compagni, eccetto il

----

([1])   E il medico delle ciabatte,
     Qui mi duole, e qui mi batte.

([*]) *Avezzano e dintorni*

Signore e il *Signoriello* che sono tastati all' ultimo.
Il medico, mentre tasta, riflette e conchiude : — La
febbre è forte : dategliene una (*una cucchiaiata*) piano,
piano, piano. — Il malato presenta a *Trombone* la
palma della mano, il quale gli dà un colpo forte
di cucchiaia. Poi dice : — Toccate il polso a quest' altro.... — La febbre è poca ; può dunque riceverne una forte.... — E il malato, al contrario, riceve un colpo debole.

Terminato il giro, se non sono stanchi, si rinnovano le autorità ; e, se la sorte favorisce chi ha
ricevuto i grossi colpi, se ne rifà con altri colpi
più bene assestati. Perciò è molto facile che il divertimento finisca con qualche rabbuffo o col metter
giù tanto di muso. (ᵃ)

Il giuoco medesimo si chiama altresí *Signore,
Signorino, Medico* e *Tamburo.* (ᵇ)

(ᵃ) *Sulmona* e dintorni.
(ᵇ) *Casalanguida* e *Navelli, Campana, Caporciano, Civita
Retenga, Collepietro, Prata Ansidonia, Ripa Fagnano, Rocca
Preturo, Santa Maria del Ponte, Tione, Tuscio.*

IMITAZIONE.

ASSENZA DI LAVORO. — VANITÀ,
OZIO E LIMOSINA;
FURTO, FRODE E RAPINA.

XI.

VANITÀ, OZIO E LIMOSINA.

—◇—

§ 1° — *Lo specchio.*

Di CARNEVALE, per lo piú, si riuniscono due o tre famiglie di amici. I fanciulli gridano: — Sí. sí; *volemo fa' a ji specchi.* (¹) — Gli adulti rispondono: — Fatelo, fatelo. Ma chi è lo specchio? — Il piú ardito risponde: — Sono io lo specchio. Ma chi è che si viene a specchiare? — Eccomi qua: — risponde il piú faceto.

— Attenti, e non guastiamo il giuoco. Voi che state a vedere dietro le spalle di chi si specchia, non avete altro diritto che ridere. E state sempre dietro le spalle di chi si specchia e guardate solo allo specchio. — Questa è l'avvertenza e la raccomandazione di una delle mamme. I bimbi guardano le mamme e i babbi, mezzo ilari e mezzo serii.

(¹) Voghamo fare (*rappresentare*) lo specchio.

Lo specchio sale sopra una sedia in fondo alla stanza o alla cucina. Chi si va a specchiare si colloca dirimpetto ad esso, in modo che facendo alcuni movimenti nella persona, non possa esser veduto da chi gli sta dietro le spalle.

Lo specchio sta serio, con le braccia penzoloni, pronto a ricevere le diverse forme di colui che si specchia, che chiamerò specchiante. Questi comincia a sorridere, e lo specchio riflette lo stesso sorriso: cioè, chi fa da specchio, sorride. Lo specchiante alza una gamba, e l'immagine si ripete; allunga il palmo della mano, ponendosi il pollice sul naso; e subito si ripete nello specchio. Intanto la comitiva ride. Si ride a crepapelle, quando lo specchio riflette la immagine di chi mostra i due pugni verso gli astanti coi pollici e i mignoli aperti.

Alcuni vorrebbero continuare e ripetere. Ma i più: — Basta, basta. C'è da mangiare le ciambelle e da bere il vinetto nuovo, non tanto poderoso, in grazia della buon'anima del Fucino! — (*)

§ 2° — *Alle intacche.*

Due o più fanciulli stringono con la mano destra un coltello e con la sinistra una mazza. Comincia uno a recitare quasi sillabando la seguente

---

(*) *Avezzano* e paesi vicini.

filastrocca, mentre col coltello fa delle tacche nella mazza :

> Iejie jette a ccase,
> Ce truvette gli frateghe.
> E 'nn' avévame che ce ffa';
> Ce meséme a ffà' le 'ntacche,
> E conteme a ventequattro :
> Une e due e tre e quattre. (¹)

Terminato il primo saggio delle intaccature, se ne fa similmente un secondo e poi un terzo, conforme agli umori che dominano. (²)

§ 3° — *Suffletiélle.*

Nell' ultimo giorno dell' anno e anche a capo d' anno, i ragazzi vanno in giro per le case, chiedendo *lu suffletiélle;* (²) e ricevono noci, mandorle, castagne, mele, ciambelle o simile, secondo la condizione delle famiglie. Prima di chiedere, recitano questa corodía :

> Schiuffe e reschiuffe,
> M' hajie rutte 'n' uffe.

(¹)   Io gu (*andai*) a casa,
Ci trovai i fratelli.
Non avevamo che fare ;
Ci mettiamo a fare le tacche,
E contiamo a ventiquattro :
Uno, due, tre e quattro.

(²) *Carsoli, Pereto, Pietrasecca, Sante Marie, Tagliacozzo, Tufo*

(²) Complimento.

E n' uffe e 'na custate:
Lu suffletièlle m' haje abbuscate. (¹) (ᵃ)

(¹) *Schiuffare,* urtare, picchiare, bussare; *uffo,* anca. Quindi:

Picchia e ripicchia,
Mi ho (*mi sono*) rotta un'anca,
Un' anca e una costata:
Un complimento me lo sono buscato.

(ᵃ) *Bugnara.*

XII.

FURTO, FRODE E RAPINA.

—◇—

§ 1º — *L' orologio.*

— Questa notte si va a rubare. —

— A che ora? —

— A mezza notte. —

— Bisogna però stare attenti all' orologio ; bisogna consultare spesso l' orologio. È già sonata l' Avemaria. Prepàrati. —

I giovanetti, poiché questo è giuoco proprio dei giovanetti, si dispongono in circolo, e intendono quasi di rappresentare la meridiana. Ognuno deve rappresentare un' ora della notte, da una a sei. Ma, se i giovanetti sono meno di sei, non importa, purché ci siano i rappresentanti di parecchie ore e non manchino i tocchi della mezzanotte.

Disposti cosí tutti, si avanzano i due che fanno da ladri, e camminano in punta di piedi. Uno è il vero ladro ; l' altro è un apprendista.

— Mi pare troppo presto. —

— Anche a me pare. Ma sentiamo l' orologio. —

Il ladro va a picchiare alla schiena di uno del circolo, e quello suona quell' ora che gli è assegnata; per esempio: — *Ntoh! ntoh! ntoh!* — Sono tre ore di notte. — I ladri gironzano intorno smaniosi. — Sentiamo che ora è.... — Picchiano sulla spalla di un altro; e — *Ntoh! ntoh! ntoh! ntoh! ntoh!* — Sono cinque ore di notte. Giriamo ancora. L' ora nostra non è giunta. —

— Ci siamo? — Si picchia a un altro, e quello suona la mezza notte.

— Diamoci da fare, — dice il vero ladro all' apprendista. E tutti e due si dànno a frugare destramente nelle tasche dei giovanetti in circolo. Il più infervorato è l' apprendista, tanto che non si accorge che il ladro vero fruga nelle tasche di lui e gli toglie il bottino. Allora dice: — Mettiti carpone e vieni appresso a me. —

In questo frattempo i giovanetti hanno allargato le gambe, in modo che i ladri possano passare carponi fra le due gambe di uno di loro. Passa per prima il ladro vero, e si alza in un attimo e si mette di schiena al giovanetto che gli è servito d' entratura e anche egli allarga le gambe. E quando passa carpone il discepolo, il maestro stringe le gambe e lo tiene serrato al collo, mentre tutti gli dànno addosso per punirlo dei latrocinii. — Ma il ladro vero non si punisce ? — (ª)

In altri paesi, questo stesso giuoco si chiama *ladro di notte.* (ᵇ)

§ 2° — *Il dazio.*

Due fanciulli si mettono di piantone agli stipiti di un portone, in aria di finanzieri. — Deve venire qualche contrabbando. — Speriamo. —

Ecco che si sente il calpestío di un cavallo carico di zucchero. Si capisce che cavallo e zucchero sono due fanciulli, l'uno a cavalcioni dell'altro. Come questa coppia giunge alla soglia del portone, i doganieri intimano : — Alto là! Che porti ? — Porto zucchero. — È in pezzi o trito ? — Chi sta a cavalcione suggerisce al cavallo, a bassa voce, perché risponda che lo zucchero è triturato. Ma l'altro non gli dà retta, e risponde : — Lo zucchero è in pezzi. — E subito i doganieri : — In questo caso, tritiamolo. — E dànno pugni a chi va a cavallo.

Si avvicina una seconda soma che non è di zucchero, ma di sale. Questa volta la bestia, alla solita domanda, risponde che il sale è trito; e così la soma va oltre senza battiture

---

(ª) *Isola del Gran Sasso*
(ᵇ) *Cugnoli.*

Ripassa la prima soma, ma non riceve le botte, poiché si dice che lo zucchero è triturato. Nel tornare però indietro la seconda, dicendosi che il sale è in pezzi, i doganieri lo tritano di santa ragione. (*)

§ 3° — *Le gallinelle.*

Le *gallinelle* sono tante ragazze. Le più sveltine debbono essere tre, per rappresentare le parti principali: la padrona, il gallo e *u cane pezzute.* (¹) La padrona lascia il gallo per guardiano.

Le gallinelle siedono per terra, in fila, con le gambucce alquanto aperte; e l'una con la schiena contro il petto dell'altra. A vederle così disposte, dànno l'idea dei pavimenti ad *opera spigata* dei nostri maggiori: insomma vi dànno l'idea di tanti angoli a lati paralleli.

Le galline dunque sono ben disposte. Il gallo sta pettoruto, a capofila. Il *cane pizzuto* sta nascosto. La padrona si rallegra nel guardare le galline e si augura di fare, un dí più che l'altro, una ubertosa raccolta d'uova.

Intanto conta la sua ricchezza gallinacea e poi, col grembiule a seno, finge di prendere grano e loglio e lo spande sopra le galline, le quali, alla loro

---

(*) *Popoli*
(¹) La faìna che ha il muso *pizzuto*, cioè aguzzo

volta, fingono di beccare e dicono : — *gnamh, gnamh,
gnamh.* — Oh come mangiano di cuore! Domani
uova a ceste — dice fra sè la padrona ; e poi raccomanda la guardia al gallo : — Bada a te! Non
far toccare le galline! Io torno presto. Ora chiudo
a chiave il cancello : *trich, trich.* —

La padrona va via, e viene *u cane pezzute.* Il
gallo schiamazza : *checchelecchèh !* le galline fanno
il coro : *coh coh, coh coh.* — Il *cane pizzuto* si ficca
tra gli stecconi del cancello, acchiappa una gallina,
fugge e si nasconde.

Allo schiamazzo accorre la padrona ; e, per prima
cosa, riconta le sue bestioline. S'accorge che ce
ne manca una ; e si volge alla gente (altri ragazzi
fuori di giuoco): — Chi ha rubato la gallina mia? —
Parecchi rispondono : — *Nne le sacce.* (¹) — Un altro
risponde : — *Se l'ha pijate u cane pezzute nciele
nciele.* (²) — Ma dove sta ? — Alto alto, lontano lontano. — La padrona, con una mazza, fa l'atto di
sparare il fucile contro la faina : *buh ! buh !* E le
galline fanno lo stesso, ma con più e prolungato
rumore : *buh ! buh ! buh !*

Finalmente la padrona si rassegna. Conta di
nuovo le galline, e poi, voltasi al gallo : — Bada,

_____

(¹) Non lo so.

(²) Se l'ha pigliata la faina (*e se n'è ita*) in cielo in cielo.

veh ! Se te ne fai rubare un' altra, ti ammazzo. —
E se ne va. Succede un nuovo schiamazzo. Torna
la padrona. *U cane pizzute* ha fatto un' altra bra-
vura. Si sentono i soliti *buh ! buh !* Si ricontano le
galline, e vengono sempre a diminuire per la pre-
potenza della faina e per la fiacca guardia del gallo.

Ed ecco che rimane il gallo solo. Gallo e padrona piatiscono. Ma in quel mentre *u cane pizzute*
passa con le galline rapinate ; e la padrona grida :
— Ferma ! ecco le galline mie ! — Alla voce della
padrona, le galline si ribellano, la faina cerca di
tenerle dietro di sé, il gallo riprende coraggio e
becca la faina ; anche le galline beccano e la padrona vince, sparando il suo fucile : *buh ! buh ! buh !*

Scompariscono le bestiuole e subentra l' allegria
delle fanciulle. (*)

§ 4° — *La strega ladra*.

Una ragazza che fa da madre e finge di andare
a messa, prima d' andar via dice ai figli : — Se picchiano all' uscio, non fate entrare nessuno. Io tor-
nerò presto. —

Le bambine e i bambini che rappresentano i
figli, o si distendono in fila o si aggruppano. Ecco

(*) *Barrea, Civitell'Alfedena, Villetta Barrea*

che viene la strega e fa: — *Tuppe e tupp.* — Chi è? — Sono una povera vecchierella. Non ho più nessuno in casa. Fatemi la limosina: datemi *'nu licche de larde.* (¹) — I figli non sanno rifiutare la limosina a una povera vecchierella. Aprono; e dicono: — Non abbiamo il lardo. Che altro vorresti? — La vecchia insiste: — Vedete dentro *lu sprainille.* (²) Io ci sento *la puzza.* (³) A te, fanciulla: dammi la chiave della madia. —

La fanciulla, invece della chiave, le consegna un fil di paglia. La vecchia adirata se ne va, dicendo: — Questa sera ci penso io! —

Poco dopo torna e afferra una bambina e la morde nelle braccia, facendo l'atto di divorarla; e accompagna i morsi con urli. La bambina è quindi messa in luogo appartato. Fatta alle altre bambine la medesima operazione, ella si nasconde.

Torna la madre: — Dove stanno i figliuoli miei? — Nessuno risponde. Va verso la madia e vede sul coperchio un fil di paglia. Spezza in due quel filo di paglia e ne compone una crocetta. Con la crocetta in mano cerca di ritrovare i figli; e, svoltando una cantonata, li ritrova tutti. I figli pian-

---

(¹) Un pochettino di lardo.
(²) Un'arca piccola o piccola madia.
(³) Il puzzo: ma qui vale odore.

gono, la strega urla. Si lotta e finalmente la strega cade per terra. (*)

§ 5° — *Ladro della pecora o anche orologio.*

I fanciulli si dispongono in circolo, come nell'altro giuoco dell'orologio. Uno fa da orologio e gli altri prendono il nome di un ufficiale o sotto-ufficiale della milizia : caporale, sergente, foriere, capitano, maresciallo, brigadiere, generale. E poi uno fa da pecora e uno da cane.

I ladri sono due e gironzano intorno. Si picchia alla schiena di chi rappresenta l'orologio : — Che ora è ? — E l'orologio suona due o tre o quattro o più tocchi. I ladri conchiudono : — Non è ora. — E fanno altri giri. Poi picchiano a uno a uno sulla schiena di tutti gli altri, eccetto la pecora e il cane : — *Tupp :* tu chi sei ? — Io sono il capitano ! — Fuggiamo, fuggiamo. — *Tupp :* tu chi sei ? — Sono il brigadiere ! — Fuggiamo, fuggiamo. — E si fa *tupp* agli altri. E finalmente si picchia la seconda volta all'orologio ; e questo suona sei tocchi. — È ora. — Un ladro resta di guardia e uno entra nel circolo, tra le gambe dell'orologio, e va ad acchiappare la pecora. Il cane allora comincia a

---

(*) *Sulmona* e dintorni.

baiare. I militi dànno addosso al ladro, il quale fugge qua e là, mentre ciascuno si fa la parte sua a batterlo. Né si cessa, se il generale non dice *basta!*

Il giuoco si ripete piú volte. [a]

---

[a] *Pescina.*

ISTINTI MARZIALI.

GUERRE FINTE.

XIII.

Anche la milizia ha la sua rappresentanza nella prima età. Pochi saranno quelli che non ricordino d'aver fatto da soldatini, col cappello di carta a tre punte, con una scheggia di legno per sciabola, con una mazza per fucile.

I fucili e le sciabole di latta sono roba aristocratica; sono oggettini piú o meno illusorii, ma meno poetici. Bella sempre e rallegrativa, a chi non si trova con passioni turbolente, una fila di fanciulli che marciano come soldati, preceduti da un trombettiere che suona una tromba, la quale, in sostanza, non è altro che una vermena tronca nelle due estremità.

§ 1° — *I soldatini e le guerrucce.*

Gli stessi genitori non trascurano questo sentimento militaresco dei bambini. Se vanno in campagna, prima di lasciare il lavoro, tagliano un fusto di granturco che abbia non meno di due pannocchie; e la sera è festa in famiglia: *Ecche a ttata te', t' hajie repurtate la schiuppette a du' botte.* (¹) E consegna al piú piccino l' arma che, dopo aver servito per trastullo, finisce nella bracia: le pannocchie si abbrustoliscono e si mangiano.

Un altro fucile caratteristico dei bimbi è la *schioppetta di canna*, formata appunto da un pezzo di canna, lungo circa un metro. La canna si fende dall' uno dei capi, per circa venti centimetri. Si aprono poi le due parti della fenditura e si fanno rimanere aperte per mezzo di uno stecco messo di traverso; e quello stecco è legato a uno spago che giunge sino alla estremità inferiore della canna. Il fanciullo, con la *schioppetta* in mano, prende la mira verso un compagno e tira lo spago; lo stecco sfugge e le due parti della canna si riuniscono, producendo uno scoppio: *tacch!*

Piú di rado i fanciulli fanno le guerrucce con l' arco teso e le frecce, ossia rametti legnosi acuminati in un' estremità. In alcuni paesi c' è ancora una reminiscenza delle guerre civili del medio evo.

_____

(¹) Ecco, al padre tuo (quasi, *vedi come pensa a te tuo padre?*), ti ho riportato il fucile a due colpi. — I due colpi, o tre, sono le due o tre pannocchie.

I fanciulli di una contrada si battono con quelli
di un'altra. Il combattimento è una sassaiuola a
breve distanza ; e, per farla cessare, devono talvolta
intervenire le mamme armate di scope e i babbi
con le fruste.

Ma questo giuoco va ogni anno piú che l'altro
scomparendo. E bene sta. (ª)

§ 2º — *I castelli.*

Coi fanciulli si uniscono gli adolescenti, in numero pari. Si fa al tocco. Chi esce sceglie la metà
dei compagni. L'altra metà forma il partito avverso.

Due pietre, poste a una certa distanza, indicano
i *castelli.* Tra due degli avversarii si tira a sorte
chi si sceglie uno dei castelli. E poi si prepara
l'assalto.

Si schierano gli uni di fronte agli altri, dietro ai *castelli,* che sono, già si capisce, le due
suddette pietre. Il piú ardito dà l'assalto, tentando di acchiappare un avversario. Gli avversarii
gli si avventano per arrestar lui. Se l'assalitore
ne afferra qualcuno, lo strascina al proprio castello
e cosí immagina di farlo prigioniero ; se no, gli
avversarii fanno prigioniero lui.

(ª) *Montereale,* in tempo addietro. *Pescina,* piú recente-
mente, e le schiere si chiamano *del Castello* e *del Ponte.*

Il giuoco finisce, quando tutti di un partito restano prigionieri dell' altro ; e allora si canta vittoria ; e, nel miscuglio dei due partiti, riescono vittoriosi tutti. ([a])

§ 3° — *Barriera e bandiera*.

Si pianta una bandiera e si stabiliscono i due castelli: uno più vicino alla bandiera e uno più lontano. I fanciulli si dividono in due gruppi ed occupano i due castelli.

Uno da un castello e uno dall' altro si slanciano contemporaneamente per impossessarsi della bandiera avversa. È naturale che il campione del castello più prossimo, ghermisce la bandiera ; ma l'altro corre per istrappargliela dalle mani. Se non gliela toglie, torna al castello beffato dagli avversarii ; ma se riesce a togliergliela, torna vittorioso tra i compagni d'arme, mentre l'altro torna scornato.

Il perditore qualche volta chiede *la rivincita*. Se si accetta, il vincitore va nel posto del perditore, e ripetono la pruova.

Dopo quest'ultimo saggio, corrono l'alea due altri compagni dei castelli opposti ; e cosí, a due a due, tutti si provano alla conquista della bandiera. ([b])

([a]) *Crecchio e Ortona a mare.*
([b]) *Civitella Messer Raimondo, Fara San Martino, Lama dei Peligni, Letto Palena, Palena.*

§ 4° — *I briganti.*

Un fanciullo, con una pietruzza minuscola, chiusa in un pugno, e una pietruzza più grandetta chiusa nell'altro, si presenta a uno della compagnia, e gli squadra i due pugni verso il petto coi pollici orizzontali, dicendo: — Piglia! — Il compagno indica uno dei pugni. L'altro apre la mano: se c'è la pietra piccola, chi l'ha indicata, deve fare da brigante; se c'è la grossa, fa da soldato.

I fanciulli sono di numero pari. Il sorteggio delle pietruzze nei pugni continua, sino a che non sono sorteggiati a metà. Determinati o metà soldati o metà briganti, a chi non tocca la sorte dei pugni, segue la minoranza che diventa anche una metà.

I briganti si vanno a nascondere; poi con la bocca fingono di sonare la trombetta e corrono verso un dato punto. A quel segnale i soldati si slanciano per acchiapparli. I briganti cercano di tornare al nascondiglio; e, se ci riescono, gridano che sono vincitori; se si fanno prendere, gridano vittoria i soldati. Un brigante che si rende prigione, è messo in disparte; e, se i compagni possono fargli riguadagnare il nascondiglio, gridano doppia vittoria. — Si giuoca fino alla stanchezza. (ᵃ)

(ᵃ) *Pescocostanzo, Rivisondoli, Roccaraso, Torano nuovo.*

Lo stesso giuoco si fa in molti altri paesi; ma si cambia il modo del sorteggio: invece di sorteggiare con le pietruzze in pugno, si usa l'*occhiello*. L'*occhiello* si fa riunendo i polpastrelli del pollice e dell'indice della mano destra, in modo da formare appunto un occhiello e tenendo distese le altre tre dita. Chi ha fatto l'*occhiello*, deve disporlo orizzontalmente a una certa distanza dalla bocca e farvi calare dentro (sia detto con sopportazione del lettore) un fiocco di saliva. Quella saliva se attraversa l'*occhiello* senza fermarsi o toccarlo, indicherà che si è vinta la prova, e il vincitore fa da soldato o da gendarme o da carabiniere. Ci provano tutti; e, giunti alla metà della comitiva, dietro prova riuscita o non riuscita, si formano le schiere dei briganti e dei soldati.

I briganti vanno a una tana; i soldati a un nascondiglio. I briganti suonano un fischietto e fuggono; i soldati li rincorrono. Ai briganti acchiappati si tira l'orecchio. (ᵃ)

Gli adulti fanno lo stesso giuoco in maschera, di carnevale. (ᵇ) Ma questo io lo chiamo contraffazione.

(ᵃ) *Gioia, Lecce dei Marsi* e *Trasacco*.
(ᵇ) *Sulmona*.

ESERCIZIO POLMONARE.
MUSCOLARE DI BRACCIA E DIGITALE.

XIV.

Non pure col canto o con le cantilene, ma anche con una certa specie di giuochi si sogliono esercitare i polmoni, riunendo cosí l'igiene e il diletto. Volete vedere?

§ 1° — *Ntalèhhh!*

Ecco là dunque una quindicina di ragazze che si sono messe in circolo, l'una un po' distante dall'altra, con le braccia penzoloni, come tanti soldati *sull'attenti*. Esse si apparecchiano a fare *Ntalèhhh!*, prolungando la *è* in un solo fiato.

Una di esse va fuori del circolo; ritira fortemente il fiato, fa molinello veloce con le due mani e, camminando anche veloce intorno al circolo delle compagne, grida, senza mai riprendere fiato, *ntalèhhh!* Se prima di tornare al suo posto riprende fiato, ha perduto, e deve gittare, per terra, in mezzo al circolo, dove sta la mastra, un pegno qualunque: un fazzoletto, una cinta, una chiave, un agoraio, uno spillo Ma, se torna al suo posto, senza riprender fiato, ha vinto, e non mette pegno.

L'una dopo l'altra, sino all'ultima, deve far molinello col solito grido continuato, e metter pegno se prende respiro. I pegni saranno più o meno numerosi, secondo la più o meno lunghezza circolare dei giocatori.

Quando ognuno ha fatto la sua pruova, comincia il riscatto dei pegni; e, chi vuol riscattare il suo, deve assoggettarsi a una penitenza. Il giuoco si fa quasi sempre o lungo una strada o in una largura. Le penitenze si limitano quasi sempre a uno scherzo che deve però uscire dalla ordinaria consuetudine: per esempio, dare una tirata di orecchi o di naso a una compagna o baciarle i piedi; tirare la gonna a donna che s'incontra a passare; chiedere perdono a uno sconosciuto o dirgli: Mi ti vuoi sposare?; fare la morta distesa per terra e dicendo: Sono morta!; fare le boccacce o i versacci.... Se le penitenze sono sgarbate, chi le fa, può ricevere degli scappellotti senza garbatezza. [a]

(a) *Sulmona* e dintorni.

§ 2° — *A rota lup.*

Un giuoco simile è a *Rota lup*. Prendendosi per mano fanciulle e fanciulli, fanno circolo, e girano o a destra o a sinistra. Il capogiuoco sta nel centro. Mentre si gira, non si dice né *ntalèhh* né *ntalàhh*: anzi non si deve dir nulla. Nessuno deve aprir bocca. Non si può neppure ridere. Si continua a girare a destra e a sinistra, fino a che qualcuno o ride o, in qualsiasi modo, rompe il silenzio. Allora si dà il pegno per riaverlo mediante le solite e insolite penitenze. ([a])

§ 3° — *Uéhh! in seggetta.*

Ombre di cari amici, Manuzzi e Fanfani, placatevi. La *seggetta* che si usa nei giuochi dei nostri fanciulli, si può pronunziare senza la formola di *con sopportazione*. La nostra *seggetta*, invece, è sopportabile e dilettevole. È una seggiola formata da quattro mani, ciascuna delle quali deve stringere un polso della propria persona e un polso dell'altra, da formare un ripiano, abbassando un poco le quattro braccia di chi la forma.

Un fanciullo è sollevato di peso dai compagni

([a]) *Ateleta, Pescocostanzo, Pietransieri, Rivisondoli, Roccaraso.*

con gran chiasso, e si acconcia in *seggetta*. Comincia allora un dialogo fra i due della *seggetta*, che domandano e l' altro seduto che risponde:

—Mamma è jit' a Rome: che te reporte? —
—'Na some de lene. —
—Chi te le porte? —
—La cajina cioppe. —
—Chi l' ha 'ccioppate? —
—Ij paji de 'lla porte. —
—Addov' èji quije pale? —
—Ij semme misse a jio foche. —
—Addo è quij foche? —
—Ij 'ha rammorte l' acque. —
—Addovella quess' acqua? —
—Se l' ha bíveta la crapa. —
—Addovella quela crapa? —
—La seme scortecata. —
—Addovella quella pella? —
—Ce seme fatte la ciaramella. — (¹)

(¹) —Mamma è ita a Roma: che ti riporta? —
—Una soma di legna. —
—Chi te le porta? —
—La gallina zoppa —
—Chi l' ha azzoppata? —
—Il palo (*la stanga*) della porta. —
—Dove è desso quel palo? —
—Lo siamo (*l' abbiamo*) messo al fuoco. —
—Dov'è quel fuoco? —
—L' ha smorzato l' acqua. —
—Dov'ella è cotest' acqua? —
—Se l' ha (è) bevuta la capra? —
—Dov'è quella capra. —
—La siamo (*l' abbiamo*) scorticata. —
—Dov'è quella pelle? —
—Ci siamo (*abbiamo*) fatto la zampogna o cornamusa. —

Ed ecco che comincia l'esercizio polmonare con la voce nasale, imitando il suono della cornamusa. Tutti suonano: *Uéhh! Uéhh! Uéhh!*

Quando il primo insediato scende, e si pone in *seggetta* un secondo e poi un terzo fanciullo, si ripete il dialogo e si conchiude sempre col solito e prolungato nasale *uéhh!* (ᵃ)

§ 4° — *Paternostro nell'acqua.*

I giuochi degli adulti per far divertire i fanciulli sono rarissimi: esempio, *La morte di Sansone.* Ma non sono pochi i giuochi fanciulleschi destinati proprio a svago degli adulti.

Uno di questi giuochi consiste nel dire il paternostro dentro l'acqua. Chi deve recitarlo è pronto. In mezzo alla cucina o a una stanza si è situato un bacino colmo d'acqua. L'oratore s'inginocchia, appressando la faccia sul bacino.

— *Pater noster!* —

Il sullodato oratore tuffa la bocca e il mento nell'acqua, lasciando il naso fuori per la respirazione. Il naso è sempre privilegiato.

— Andiamo: *Pater noster!* —

L'oratore recita in gran fretta l'orazione do-

_____

(ᵃ) *Avezzano* e paesi vicini.

menicale dentro l'acqua. Ognuno si può immaginare la stranezza dei suoni che ne esce e la sgangherataggine del riso!

Ma c'è poi il premio a chi finisce di recitare il paternostro, senza uscir fuori dell'acqua. — Bene! bravo! ti faremo vescovo! anzi papone! — (ᵃ)

§ 5° — *Carnevale in seggetta.*

C'è una ragunata di fanciulli. — Ma si conchiude o no, una buona volta? —

— È conchiuso: fa da Carnevale.... —

Uno più adulto prepara la rappresentazione e la regola.

Chi deve rappresentar Carnevale, è vestito bizzarramente coi mantelli dei compagni. Carnevale entra in chiesa, cioè in un cortile o in un portone di casa, che nella mente dei fanciulli significa chiesa. Innanzi a questa cosí detta chiesa, si accende un gran fuoco, mettendo però le legna verdi di sotto e le secche di sopra. Mentre si dà fuoco, vanno a prendere Carnevale. Due dei piú robusti fanno la *seggetta.*

Vi si fa sedere Carnevale e gli s'impone una legge. Mentre lo trasportano in paradiso, durante

---

(ᵃ) *Avezzano* e paesi vicini.

il viaggio non deve parlare piú di due volte: se
parla la terza volta, non entra in paradiso.

Prima di tutto, Carnevale si ferma innanzi al
gran fuoco. Tutti vi soffiano e attizzano, ma il fuoco
non si accende bene; perché le legna verdi stanno
dove dovrebbero stare le secche. Carnevale guarda
e sbuffa; e, non potendo parlare, si aiuta coi ge-
sti. Indica perciò col muovere delle mani e con
l'atteggiamento del viso, come si dovrebbero acco-
modare le legna, e mettere sotto quelle che stanno
sopra. Gli astanti fingono di non comprendere. Carnevale, non potendo piú contenersi, dice ad alta
voce: — Mettete di sotto le legna secche! — E gli
astanti: — Carnevale ha parlato una volta, ha parlato.... Difficilmente entrerà in paradiso! —

Con tutto ciò, la comitiva acconcia le legne come
ha detto Carnevale, e il fuoco prende forza

Ed ecco venire alcuni con uno spiedo di salsicce e di ventresca e un pane tagliato per metà.
Il pane posa sopra un piatto e lo spiedo è girato
sopra la bracia. Il grasso cola; e Carnevale fa
cenno che lo facciano colare tra le due mezze pagnotte, e fa proprio le mosse di chi alza un mezzo
pane, vi pone le salsicce e poi preme, affinché i
due pezzi del pane si ungano ugualmente. Anche
questa volta, nessuno capisce. E cosí. Carnevale,

non potendo piú tollerare lo spreco del grasso, grida : — Ma non fate sprecare tanto grasso e ungete il pane ! Non vi gusta il *panunto ?* — (¹)

— Oh oh : Carnevale ha parlato due volte. Se parla la terza, non entra in paradiso. — Si unge il pane, e si prepara la processione per accompagnare Carnevale in paradiso. Precede lo stendardo : un fanciullo con una pertica o canna nella cui cima è attaccato un fazzoletto.

— In paradiso Carnevale ; in paradiso ! avanti, avanti ! — Carnevale, sempre *in seggetta,* sta già innanzi alla porta del paradiso (il portone di una casa qualunque).

Chi porta lo stendardo picchia : *tupp ! tupp !* Dice san Pietro di dentro : — Chi è ? — È Carnevale. — Favorisca.... — E spalanca il portone. Lo stendardo non può entrare, perché, chi lo reca, non lo abbassa per farlo entrare. Carnevale vorrebbe entrare, ma gli si osserva che deve entrare prima lo stendardo. Il portastendardo non abbassa l'arnese e continua a sbatacchiarlo sull'architrave della porta. Carnevale fa il cenno, perché lo abbassi e lo rialzi subito. Il vessillifero non lascia di sbatacchiare. Carnevale ripete con altre forme i cenni

---

(¹) Il pane spalmato di grasso.

dell'abbassare e del rialzare lo stendardo ; ma inutilmente. Alla fine, perde la pazienza, e dice : — Che ti venga un canchero ! abbassa lo stendardo e poi rialzalo.... — E tutti in coro : — Ha parlato tre volte ! — E in mezzo al chiasso si sente il rumore delle chiavi di san Pietro e della chiusura delle porte del paradiso.

La processione ritorna, dove era partita ; ma sempre con Carnevale *in seggetta*. Si finge di farlo rientrare in chiesa e di collocarlo su piedistallo, in alto in alto.

Sopra una sedia. dunque, si compone una piramide di pietre e mattoni. Nella sommità capono appena appena due piedi. Carnevale deve ascendervi per ricevervi le oblazioni. Ma il difficile sta a non fare scombussolare la piramide. Se vi riesce, guadagna l'oblazione dei soliti bottoni d'osso o di ferro. Se la piramide si scombussola, tutti si avventano contro di lui, e lo dilaniano, spogliandolo dei mantelli, di cui era stato coperto quando lo messero *in seggetta*. (ª)

§ 6º — *A cappelletto.*

Gli ossi delle albicocche si contano a castella. Un castello si compone di tre ossi disposti a trian-

---

(ª) *Pescasseroli.*

golo e un osso sopra ai tre. Con queste castella si fanno altri giuochi. Qui interessa notare soltanto che invece di dire: Giochiamo, per esempio, venti ossi; si dice: Giochiamo quattro castella. E si contano a castella anche le noci: — Quante castella di noci date a soldo? — Quattro. — Dunque, sedici noci.

Due fanciulli giuocano *a cappelletto*. — Quante castella di ossi di albicocche o quanti castelli di mandorle mettiamo per ciascuno? — Cinque castella. —

Un fanciullo conta cinque castella, e un altro ne conta altrettante, e tutte e dieci si mettono dentro un cappello. Si fa il sorteggio per sapere chi deve essere il primo a giocare. Chi è primo agita il cappello e poi, d'un colpo, lo rovescia per terra. Tolto il cappello, gli ossi stanno più o meno ammucchiati. Il compagno comincia a prenderli a uno a uno, senza però smuovere gli ossi vicini o che stanno a contatto. Tanti ne prende e tanti ne guadagna. Se li prende tutti, sono tutti suoi; e si ricomincia il giuoco con altri ossi. Se, nel prenderne uno, ne tocca o ne smuove qualcun altro, cessa di prendere, e gli ossi che restano sono di chi rovesciò per terra il cappello.

Nel rifare il giuoco, il cappello lo agita e lo

rovescia chi fu il primo a prendere gli ossi. La delicatezza del prendere giunge a tale che, quantunque gli ossi cadano ammonticchiati, pure si prendono a uno a uno senza smuovere gli altri. E c'è dei compagni che fanno da giudici, e con occhio attentissimo giudicano se l'operazione riesce bene o imperfetta. Basta un lievissimo movimento degli ossi a contatto, per essere dichiarato perditore. (*)

_____

(*) *Bugnara, Celano, Pescina*

ESERCIZIO DI EQUILIBRIO.

XV.

ALTALENA.

—◇—

IL muoversi di una o piú persone, dondolandosi sopra una tavola sostenuta da due funi pendenti da un palco, o di piú persone sedute sulle due estremità di una trave o tavola, posta in bilico, è giuoco notissimo: è l'altalena.

§ 1° — *Altalena con la fune.*

L'altalena con la fune sospesa in aria, prende diversi nomi. Si chiama *a Sciàngula ficula*; ([a]) *a Sciannavícola*; ([b]) *a Sciasciàngula*; ([c]) *alla Scianna o a 'ccarevecce*; ([d]) *ji pénnele*; ([e]) *a pénnele*; ([f]) *a buca*; ([g]) *a dòndola*; ([h]) *a ndondalò*; ([i]) *a mbimbalò*; ([l]) *u campanone o gli zàmperi*; ([m]) *a Scin-*

([a]) *Torricella Peligna.*   ([b]) *Fossacesia.*
([c]) *Isola del Gran Sasso*   ([d]) *Casalanguida.*
([e]) *Pescasseroli.*   ([f]) *Lecce nei Marsi.*
([g]) *Villetta Barrea.*   ([h]) *Navelli*
([i]) *Celano.*   ([l]) *Pescina.*   ([m]) *Casteldisangro.*

narella o a Scinnelelle o a Scinnetelle; (ᵃ) *alla Sciunna;* (ᵇ) *a Sciannavella;* (ᶜ) *a Villare;* (ᵈ) *a 'nzemble;* (ᵉ) *a Sambie;* (ᶠ) *a ntantalone.* (ᵍ)

L'altalena con la fune si usa a preferenza d'inverno. Si va in cerca di una fune solida e si passa la voce, per lo piú, tra fanciulle e anche giovanette, che il giuoco si fa in una data ora, in una data casa o stalla o legnaia o cantina. Se non è d'inverno, la fune si appende a un ramo d'albero. —Due della comitiva, una di qua e una di là, dànno la spinta. Quando poi queste due vogliono ridere e far ridere, divergono il moto ondulatorio. Allora cominciano le grida di chi si dondola, lagnandosi di tale irregolarità; e poi si canta:

> Lengua de puorche
> Che viè' de llà da Tuocche,
> Addenizza 'stu sàmbie,
> Che vva 'nu puoche schiurte. (') (ʰ)

Ricomincia l'ondulazione regolare, la quale bisognerà pure che abbia il suo termine, per conten-

---

(ᵃ) *Atessa.*　　　　(ᵇ) *Vasto.*
(ᶜ) *Castelfrentano, Loreto Aprutino, Roccasecca.*
(ᵈ) *Rivisondoli.*　　　(ᵉ) *Introdacqua*
(ᶠ) *Sulmona.*　　　　(ᵍ) *Torano Nuovo.*
(')　　　　Lingua di porco
　　　　　　Che vieni di là da Tocco,
　　　　　　Addirizza questo *sambio* (dondolio)
　　　　　　Che va un poco stoito.
(ʰ) *Sulmona* e dintorni

tare le altre bimbe che attendono con impazienza
il loro turno.

§ 2° — *Altalena con la trave.*

L'altalena con una trave o con l'asse in bilico
è anche comunissima. C'è sulle prime un arruffío
per mettersi seduti alle due estremità de'la trave:
vi si abbarbicano a gruppi. Formato l'equilibrio e
dato l'añe, non si cessa, se prima qualcuno non
va per terra, guastando cosí il bilico.

Anche per questo ginoco si hanno varii nomi:
ad anzarella; (ᵃ) *a calcaul;* (ᵇ) *a ntrich vall;* (ᶜ) *a
saglie e cale;* (ᵈ) *a tilum bicc;* (ᵉ) *alla cavallozza;* (ᶠ)
a titarozza; (ᵍ) *a santarella, màmeta bella.* (ʰ)

Una mamma dice: — *Scí viste lu masanielle
mie?* — Risponde un fanciullo: — *Seta facenne a
sciàngula ficula.* — (ⁱ) (ˡ)

C'è una varietà dello stesso ginoco. La trave
si bilica in alto sopra un'altra trave; e i fanciulli,
invece di sedere sulle due estremità, vi si appen-

(ᵃ) *Lecce nei Marsi.*   (ᵇ) *Villetta Barrea*
(ᶜ) *Pescasseroli.*   (ᵈ) *Isola del Gran Sasso.*
(ᵉ) *Bussi.*   (ᶠ) *Casteldisangro.*
(ᵍ) *Pescocostanzo.*   (ʰ) *Sulmona.*

(ⁱ) — Hai visto il *Masaniello* (il diavoletto) mio? — Sta
facendo a *sciàngula ficora.* — Reminiscenza della rivoluzione
napolitana.

(ˡ) *Torricella Peligna.*

dono, tenendosi forte con ambo le mani, mentre l'uno dice: *trìngoli;* e l'altro soggiunge: *malìngoli.* (ᵃ)

§ 3° — *Altalena col carro.*

Si fa l'altalena anche col carro, la quale perciò si addimanda *a rràuza carre.* (¹) (ᵇ) I fanciulli seggono da capo e da piedi del carro, in guisa che i due pesi si equilibrino. Il dondolío comincia nel silenzio per effetto della emozione; ma tosto subentra il chiasso, e il chiasso si trasforma in melodía. Uno di loro che scenda o cada, l'equilibrio si perde, e quelli che stanno in basso, berteggiano gli altri che sono andati in alto, con una speciale cantilena: *Tonzè talà! ête remaste 'mpise.* (²) (ᶜ) E, se si tirano per i piedi quelli che sono rimasti in alto, essi ricalcitrano. Forse per questo, il giuoco si chiama anche *a cauciune.* (³)

§ 4° — *Scaricabarili.*

Il giuoco è comune, come giuoco; ma è singolarissimo pei motti e pei dialoghi vernacoli che lo accompagnano. Si fa soltanto tra due fanciulli, i quali si volgono le spalle l'un l'altro, e intrec-

---

(ᵃ) *Roccasecca*   (¹) Ad alza carri.
(ᵇ) *Sulmona* e dintorni.   (²) Siete rimasti impesi.
(ᶜ) *Raiano*   (³) A grossi calci.

ciate a rovescio le braccia, uno si abbassa e solleva resupino l'altro, e cosí a vicenda.

Chi sta in alto, dice a chi sta di sotto: *Puh!*; e quello di sotto risponde: *Gnò*.

— Quante stè' àute? —

— 'Na canne.' —

— Casca 'nterre e po' reàuzete. — ([1]) ([a])

Altro dialogo:

— Quantu pisi? —

— 'Nu migliu. —

— Casche 'nterra e po' te repigliu. — ([2]) ([b])

E ancora:

— O ve Pu? —

— O ve gnò'. —

— Quante pise? —

— Cente chile. —

— Casche 'nterre e fa' 'na canne. — ([3]) ([c])

([1]) — Quanto stai alto? —
    — Una canna. —
    — Casca in terra e poi rialzati. —
([a]) *Beffi, Campana, Fagnano Alto, Ripa Fagnano ...*
([2]) — Quanto pesi? —
    — Un miglio. —
    — Casca in terra e poi ti ripiglio. —
([b]) *Contado aquilano;* ed anche *Atessa, Casalanguida, Pescocostanzo, Raiano, Torricella Peligna.*
([3]) *O ve,* forse complemento vocativo. — *Pu,* vorrà significare *pulce?* — A *Bugnara* il giuoco si chiama *fare a pulce.* Si dice altresí *fare a campanone.*
([c]) *Villetta Barrea.*

Oppure :

    — Chicchirichíh ! —

    — Quante ste àute ? —

    — 'N canne. —

    — Casche 'nterre e fanne n' àutre. — ([1]) ([2])

§ 5° — *La valechéra.* ([2])

La gualchiera è formata da due fanciulli. Uno sta in piedi con le gambe un po' aperte, e l' altro si curva, mettendogli la testa fra le gambe e dicendo:

    — Cummà', me vu' valecà, quistu pannu ? —

    — Gnoscí, cummà'. — ([3])

E subito afferra sotto le anche la persona curva, e l' alza e l' abbassa ripetutamente, a guisa di martello o mazzo della gualchiera. E quando poi la forza motrice del finto martello vien meno, si fa lo scambio; e chi faceva da martello si trasforma in forza motrice. ([b])

([1]) — Chicchirichíh ! —
    — Quanto stai alto ? –
    — Una canna —
    — Casca in terra e fanne un'altra. —

([2]) *Caramanico* e *Sant'Eufemia a Maiella*

([2]) Gualchiera.

([3]) — Comare. mi vuoi gualcare questo panno ? —
    — Sissignore. —

([b]) *Sulmona* e dintorni.

ESERCIZIO MUSCOLARE

DI BRACCIA E DI MANO, CON LA MIRA.

XVI.

§ 1º — *Alla mira.*

Anche dentro al paese, vi sono orti con siepe di frascame intrecciato e sostenuto, a quando a quando, da grossi pali che si elevano sulla linea orizzontale della siepe medesima.

Sulla punta d' uno di quei pali, s' infila a rovescio o un fiasco o una bottiglia rotta o una pentola incrinata, o vi si posa un sasso. Poi si stabilisce una distanza, da cui si debbono tirar pietre contro l' oggetto sulla punta del palo; e si fanno i patti della vittoria. Sempre la sorte deve decidere chi tira per primo, e poi tirano gli altri, contando sempre da destra a sinistra. Vince chi rompe il vaso o fa cadere il ciottolo. Ma ognuno che tira, mentre piglia la mira, dice: — Oji è giuveddì; ji hajie da menà' la preta a chi diche ji. — (¹) (ª)

(¹) Oggi è giovedì; io ho da menare (*tirare*) la pietra a chi dico io (*secondo la mia intenzione*).

(ª) *Pescasseroli.*

§ 2° — *Mira e soffia*.

Ecco i fanciulli aggruppati intorno a un compagno più meccanico. Che fanno? È curiosa! fanno un cartoccino di carta con la punta acuta e a quella punta adattano un ago, tenuto fermo con filo ravvolto a più nodi.

Terminato il lavoro, uno della comitiva tira fuori un cannello da telaio: *ji cànnere*. Si affissa un foglio di carta al muro, con tre circoli concentrici. È un bersaglio bello e buono. I premii sono tre: chi coglie nel centro, ha il primo premio; chi coglie nel secondo circolo, ha il secondo premio, e chi al terzo, il terzo.

Tutti di fronte al bersaglio, e si fa il sorteggio. Il primo che esce, afferra lo schioppo, cioè il cannello; vi adatta il cartoccino acuminato, e soffia verso il bersaglio. Il soffio manda via con violenza il cartoccio. Chi coglie, ha vinto; se no, va in disparte e aspetta il turno. Chi ha vinto, si fa portare in groppa da uno che ha perduto; e la cavalcata, da un punto a un altro stabilito, si fa per una volta, se si ottenne il terzo premio, o per due o per tre, se il premio fu di secondo o di primo grado. — Qualora il cartoccino si spunta, se ne rifà uno nuovo. (*)

_____

(*) *Celano.*

Si fa il tiro a segno, anche sul terreno, con tre, quattro, cinque o piú circoli concentrici; e si deposita un bottone fra il primo e secondo circolo, due fra il secondo e il terzo; e cosí di mano in mano. Nel centro non si mette nulla; ma, chi vi fa entrare una piastrella, vince ogni cosa. Se la piastrella si ferma negl'intervalli, fa vincere tanti bottoni, quanti ve ne trova. (ᵃ)

§ 3° — A limelle (¹) e a sassetto.

Si soprappongono tanti bottoni, quanti sono i fanciulli che giocano: ma i bottoni non debbono avere i picciuoli. La soprapposizione si fa dalla parte concava.

Il favorito dalla sorte batte con un piccolo sasso sopra al cilindretto dei bottoni. Il cilindretto si sconquassa e i bottoni si sparpagliano, chi rovescio e chi supino. Il tiratore vince tutti i bottoni supini, cioè che mostrano la parte concava. I bottoni che si trovano rovesci, si riammucchiano ancora e un altro fanciullo vi batte su il sassetto, e vince i bottoni che rimangono con la parte concava sco-

---

(ᵃ) *Pescasseroli.*

(¹) Le *animelle* sono bottoni di legno che si foderano di stoffa e sono come anima del bottone. È rimasto il nome primitivo anche ai bottoni di ferro o di ottone o di osso o di pastiglia, con due o tre o quattro buchi.

perta. E cosí, fino a quando ai bottoni vinti se ne possano sostituire altri.

Oggi, invece di bottoni, i fanciulli giuocano, per lo piú, pennine di acciaio, disponendole supine a forma di stella, e poi vi si dà in mezzo il colpo col piccolo sasso. Si vincono soltanto le pennine che mostrano la parte convessa. (ᵃ)

Questo giuoco si chiama piú comunemente *fare a sassetto*. (ᵇ)

Ancora una varietà. Invece di battere col sassetto i bottoni o le pennine, si prova a rovesciarle con un soffio piú o meno prolungato. Se si rivoltano, si vince; se no, vi soffia l'altro, e si séguita a soffiare con vece alterna, fintantoché gli oggetti non si rivoltano, e vince sempre chi li fa rivoltare. (ᶜ)

§ 4° — *A sbola.*

Nelle ore pomeridiane della festa di San Vincenzo, le fanciulle giocano *a sbola*. Ciascuna mostra infilati nel davanti del corpettino una certa quantità di spilli o di aghi, e ne gioca uno o piú per volta.

(ᵃ) *Avezzano.*
(ᵇ) *Bussi, Capestrano, Ofena, Scontrone.*
(ᶜ) *Pietrasecca.*

— Giochiamo tre spilli per ciascuna. — E tutte
spuntano dal corpettino tre spilli e gl'infilano ritti
per terra, in un determinato breve spazio. Poi li
coprono di arena, in modo da formare così una
piazzettina poco rilevata dal suolo.

— *A sbola, a sbola.* (¹) — Si sorteggia chi deve
tirar prima, e successivamente tirano le altre. Tira
la prima e non coglie. La fallenza è coronata da
un coro di gridi argentini. Tira la seconda, e scopre
cinque spilli. Tutte corrono a vedere se sono vera-
mente cinque gli spilli scoperti. Se non c'è dubbio,
la tiratrice ha vinto, e fa suoi i cinque spilli scoperti. Tira la terza e la quarta e la quinta, e ciascuna prende gli spilli che scopre, o se falla, deve
rassegnarsi al solito coro di gridi. Quando gli spilli
sono tutti scoperti, si ripete il giuoco fino alla
sazietà.

Il petto delle vincitrici si ricopre di spilli; e
deh che non sia grave ad esse attendere le punture del cuore! (ª)

(¹) A spola? — *Abbelare* o *rabbelare* si dice del fuoco,
quando si copre di cenere. *Sbelare* si dice, quando il fuoco
si scopre della sua cenere. Dunque *velare* e *svelare*. E *sbela*
vale *scopri*. Gli spilli anche si debbono scoprire.

(ª) *Villetta Barrea* e paesi vicini.

XVII.

FOSSETTE, ROTINO E MASTRO.

—◇—

Questi giuochi, di nome vario, si fanno appunto scavando per terra alquante fossette, quasi sempre cinque, e determinando un punto, da dove si fa il tiro con una palla di legno o di pietra o di ferro.

Le fossette sono disposte a croce, cioè una per ogni estremità e una nel mezzo. L'ordine del tiro si mette a sorte.

§ 1° — *A Picciòccola.*

Se i fanciulli sono cinque, mettono tre bottoni per ciascuno, e ne depongono cinque nella pozzetta centrale, uno, due, tre e quattro, successivamente, nelle pozzette degli angoli. Chi tira, e fa entrare la palla in una delle pozzette, vince tanti bottoni, quanti ve ne trova.

I giovani fanno lo stesso giuoco, ma invece dei bottoni, mettono i soldi. (*)

(*) *Avezzano.*

§ 2° — *Fossette e tòtana.*

Questa è una varietà di *picciòccola*. Invece di distribuire i bottoni, uno, due, tre, quattro e cinque, nelle cinque fossette, si mettono tutti in quella del centro. Chi manda la palla a una delle fossette degli angoli, ha diritto a un solo bottone; ma chi la manda nel mezzo, vince *tutto*: perciò quella pozzetta si chiama *tòtana*, (ᵃ) o anche *tota*. (ᵇ)

§ 3° — *Fossetta, Zecchetta e Pitth.*

Chi arriva alla fossetta centrale nel primo tiro non vince, ma tira una seconda volta. Se entra in una delle altre fossette, perde. Per vincere, deve avvicinare alle fossette e far entrare la palla o la *roca* (¹) (ᶜ) con uno o due o tre colpi a scatto dell'indice che fa leva nel pollice. Questo colpo dell'indice a scatto si chiama comunemente *zeccarda* o *zecchetta*; ma, con piú specialità, *tèrmene*. Si determina cosí se la palla deve entrare nelle pozzette con un colpo o con due o con tre. Se con uno, nel dare il colpo dice *Pitth*, se con due, *Pitth, patth*;

(ᵃ) *Alfedena, Capestrano, Ofena, Scontrone.*
(ᵇ) *Pietrasecca*
(¹) La piastrella che quasi chiama le altre.
(ᶜ) *Avezzano.*

se con tre, *Pitth, patth, a ccasa*. Perde, se la palla
va prima dei colpi determinati o se non vi giunge.
Se i colpi sono bene assestati, si vince la posta dei
bottoni. (ᵃ) — In qualche altro paese, il giuoco si
fa con una sola fossetta. (ᵇ)

§ 4° — *Al rotino*.

Il punto di partenza al giuoco è un muro o
una linea tirata sul terreno. A distanza piuttosto
lunga, si descrive, anche sul terreno, un circolo:
questo è il *rotino*.

Tanti giocatori, tante pennine o bottoni. Tutti
si aggruppano presso al muro o alla linea stabilita; e l'uno dopo l'altro tirano una piastrella. Chi
coglie dentro al *rotino*, vince tutti. Se non ci coglie
nessuno, si fa un secondo turno; ma tira prima
chi piú si era avvicinato; e poi gli altri a mano
a mano.

Il giocatore della piastrella che piú si è avvicinato, ha il diritto di spingere la piastrella nel *rotino*
con tre *zeccarde*, dicendo a ogni colpo *petih, petih,
petellah*. Non riuscendo a cacciarla dentro al *rotino*, si mette fuori giuoco; e tira le tre *zeccarde*
chi stava meno vicino, e poi fanno e dicono lo stesso

(ᵃ) *Fallascoso, Pescasseroli*.
(ᵇ) *Celano*.

gli altri. Non riuscendovi nessuno, si ripetono i tiri,
sino a quando uno avrà la fortuna di fare entrare
la piastrella in quel benedetto *rotino*, che spesso
rimanda a casa, senza bottoni agli abiti, i giocatori più sfrenati. [a] — Ciò succede anche nel giuoco
più semplice del *battimuro*, di uso generale.

§ 5° — *A tipitíh*.

Il fare *a tipitíh* è quasi simile al *rotino*. Ma,
invece di disegnare per terra un circolo, si può
disegnare anche un quadrato. Chi non si avvicina
al quadrato con la palla o con la piastrella, ha il
diritto di dare una o due o tre *zecchette*. Se ne
chiede una, dice *Tipitíh*; se due, *Tipitíh, tipitéh*;
se tre:

Tipitíh, tipitéh, la caléh. [b]

---

[a] *Torano nuovo.*
[b] *Alfedena, Scontrone*

XVIII.

MASTRO, CACIOCAVALLO E PALLASTERNA.

———◇———

§ 1° — *A mastro o mastruccio.*

Questo *mastro* è una piramide tronca, o di legno o di pietra o di creta cotta. Si posa per terra; e, dietro ad essa, si fa una fossetta, dove si depongono alquanti bottoni, secondo il numero dei ragazzi che giocano. Poi si stabilisce il punto, donde si tira la boccia o una lastrina di pietra o un pezzo di mattone: ma, per lo più, la boccia.

Comincia il tiro contro il *mastro*. S'intende che, se non coglie il *mastro*, il tiratore non è riuscito. Ma se lo coglie, e il *mastro* cade più vicino alla fossetta dei bottoni, non vince nessuno. Qualora, poi, la palla, colpendo il *mastro*, lo fa cadere o lo sposta, fermandosi essa più vicino alla fossetta, vince il tiratore, e si piglia tutti i bottoni. (*)

Piace ai fanciulli fare lo stesso giuoco, senza la fossetta, e mettere i bottoni sopra il *mastro*. È

———————————

(*) *Avezzano.*

bene notare che il *mastro* può essere anche una pietra che si avvicini alla forma di piramide o cono tronco o di cilindro. In questo secondo caso, l'ordine dei tiratori non lo stabilisce la sorte, ma l'abilità. Dal *mastro*, ciascuno tira una *voca* o una *joca* (¹) (ᵃ), con quest'ordine: tira prima chi ha mandata la *voca* o *joca* più lontano; poi quello che la mandò meno lontano, poi quelli che, a mano a mano, piú si avvicinarono al *mastro*.

Chi colpisce il *mastro* e fa cadere i bottoni, li guadagna, se però la *voca* sta piú vicino ai bottoni caduti. (ᵇ)

In altri paesi, quando si mettono i bottoni sopra una pietra e si tira per coglierla, il giuoco si dice *fare a sticche*; (²) (ᶜ) *a cuppi* o *a Sant'Antonio*; (ᵈ) *a Santucce*; (ᵉ) *a vicche*; (ᶠ) *a ji 'urse* (l'orso è il *mastro*); (ᵍ) *a stozze*. (ʰ)

(¹) Di *voca* si è già detto. In parecchi paesi c'è *joca*: invito a giocare.

(ᵃ) *Castiglione Messer Marino, Fossacesia, Isola del Gran Sasso, Fraine.*

(ᵇ) *Alfedena, Aquila, Scontrone.*

(²) *Sticch* si chiama la piccola piastrella o pietruzza che deve indicare il punto di avvicinamento delle altre piastrelle o *voche* o *joche* per vincere. *Sticch*, da *steccare?* — Si dice anche *lu licche: licco* vale *poco, piccolo, minuto.*

(ᶜ) *Atessa, Fallascoso, Pescasseroli, Pescocostanzo, Vasto*

(ᵈ) *Casalanguida.*

(ᵉ) *Raiano, Isola del Gran Sasso.*

(ᶠ) *Bugnara*   (ᵍ) *Celano*   (ʰ) *Torano nuovo.*

§ 2° — *A casciocavallo*.

Il giuoco si fa sempre a numeri pari, cioè o a due o a quattro o a sei o a otto, ec. Si deve scaraventare, da un punto a un altro, un *caciocavallo* che una volta era in natura e oggi è di legno. (¹) Bisogna dunque stabilire una certa distanza dal punto di tiro, venti o trenta o piú passi; e si segna per terra il punto, donde si tira il *caciocavallo*, e il punto che si deve raggiungere o sorpassare.

Se i giocatori sono due, l'uno gioca contro l'altro; se sono piú, due giocano contro altri due o tre contro altri tre. Facciamo il caso piú semplice: uno contro uno.

Il primo scaglia il *caciocavallo* di legno, cercando di sorpassare la linea segnata. O la passa o non la passa. Si fa un segno sul terreno, dove è arrivato il *caciocavallo*. Tira l'altro e si segna dove si ferma lo stesso pezzo di legno. E qui bisogna fare due altri casi: o il primo che ha tirato non è giunto al segno fisso o l'ha sorpassato. Se il primo non

_____

(¹) Cacio butirroso a forma di anfora con base conica. Va sempre a coppia, e si appende, a cavalcione, a una pertica o ai chiodi del solaio. — Dissi altrove che si fanno anche cavallucci di cacio butirroso per bizzarria e gingilli da bimbi

vi è giunto e l'altro sí, e anzi lo ha sorpassato, costui ha vinto; se il secondo lo sorpassa e il primo è rimasto indietro, ha vinto il secondo. Un terzo caso si ha, quando nessuno dei due tiratori raggiunge la mèta. Allora tutti e due fanno un altro tiro, partendo dal punto d'arrivo del primo tiro; e vince chi va più lontano.

— Che cosa vince? — In origine vinceva un *caciocavallo*; ma, in séguito, si vincono dischi di cacio, se il giuoco si fa dai giovanotti; o bottoni o oggetti di poco valore, se si fa dai fanciulli. (ª)

Lo stesso giuoco, in altri paesi, si chiama *fare a scasso*; e, invece del *caciocavallo* di legno, si adopera una palla. (ᵇ)

§ 3° — *A palla.*

A palla si fa anche oggi con un globo elastico Ma l'uso di oggi deve ravvicinarsi all'uso antico. I nostri maggiori, adunque, facevano a palla con un fazzoletto ravvolto e annodato a forma di pallottola e con quella pallottola giocavano in due, in tre o altri di più. La pallottola si spingeva in alto con la palma della mano; e, mentre ricadeva, dalla stessa palma riceveva altri colpi, da sotto in su,

---

(ª) *Castiglione Messer Marino* e *Fraine.*
(ᵇ) *Fossacesia.*

e con tale maestria, che la pallottola doveva sempre ricadere sulla mano di chi l'aveva spinta.

Il premio del giuoco erano i soliti bottoni. E si stabiliva il numero delle volte che si doveva riprendere la palla in mano. Chi la respingeva sempre, e sempre la riprendeva con la mano, vinceva se arrivava a quel numero di volte prefisso. In caso diverso, faceva il giuoco il secondo compagno, e poi il terzo, ec. Se il secondo o il terzo o il quarto faceva cadere la pallottola prima che giungesse a contare sino al numero stabilito, tutti perdevano.

E fin qui non c'è nulla di speciale. La parte speciale appunto si riscontra negli usi nostri. Mentre uno manda in su e in giú la pallottola, l'altro guarda fisso il compagno, come per fargli la cosí detta jettatura, recitando di continuo e con monotonia questi misteriosi versi:

> E la monica sotte la terre
> Fa cascà' la palla 'n terre. (¹)

Rari sono i giocatori che possono contare tutti i colpi senza sbaglio: tanto è torbida la influenza della monacesca cantilena! (²)

(¹) E la monaca sotto la terra
  Fa cascare la palla in terra.

(²) *Avezzano.*

§ 4º — *A pallasterna.*

Per fare *a pallasterna*, si tira cinque volte di séguito una palla di ferro; e, al quinto tiro, si segna dove si ferma la palla. Gli altri fanno lo stesso. Vince chi va piú lontano, dopo che hanno tirato tutti. (*)

(*) *Pescocostanzo.*

ESERCIZIO DORSALE.

PORTARE E ANDARE A CAVALLO.
FLESSIONE, PRESSIONE E SPINTA

XIX.

PORTARE E ANDARE A CAVALLO.

—◇—

Il giuoco del portare e dell'andare a cavallo è molto vario e ha denominazioni diverse. Ma tutti e in sostanza si riducono a sviluppo di forza dorsale. Ne descriverò i piú caratteristici.

§ 1° — *A zompa cavallo.*

Un ragazzo fa da cavallo e uno da cavaliere. Chi fa da cavallo, si curva, appoggiando la testa a un muro, mentre l'altro gli salta addosso e si mette accavalcioni. Poi annoda a un'estremità il fazzoletto, e dice:

> Schíh, schíh, schàh,
> Ne vu' cchiú de baccalà? [1]

Se chi sta sotto, risponde di sí, l'altro lo batte. Se risponde di no, non lo batte; ma butta per aria

---

[1] . . . . . .
Ne vuoi piú di botte?

il fazzoletto, e poi cerca di riprenderlo prima che cada per terra. Raccogliendolo prima, ripete la stessa cantilena. Alla risposta di sí, batte; alla risposta di no, fa altra prova del fazzoletto per aria. Quando il fazzoletto cade per terra, il cavaliere deve fare da cavallo nuovo, e il cavallo vecchio fa da cavaliere.

Invece di battere col fazzoletto annodato, si batte anche col cappello, e il cappello si getta per aria, e deve ripigliarsi prima che vada per terra. (ª)

Questo giuoco si chiama anche *fare alla mula* (ᵇ) o *a salta mula.* (ᶜ)

§ 2° — *A cavallitto.*

A cavallitto assomiglia molto a *zompa cavallo.* Un fanciullo si curva e si appoggia al muro con le mani. Il primo a saltargli addosso, dice alcune parole ingiuriose o scherzose contro il secondo che deve anche saltare. Se il secondo non ripete le stesse parole o non le ricorda, si mette sotto e saltano gli altri, sempre con l'obbligo di ripetere le male parole o le parole di scherzo.

Poi si ricomincia il salto senza parole d'ingiuria o di scherzo. Ciascuno salta e discende; ma nel discendere lascia di traverso, sulla schiena di

---

(ª) *Atessa, Casalanguida, Forcella, Pentima, Raiano, Vittorito, Torano.*   (ᵇ) *Sulmona.*   (ᶜ) *Aquila.*

chi fa da *cavallo*, un fazzoletto. Nella terza pruova, colui che salta, deve acchiappare il suo fazzoletto, senza far cadere i fazzoletti degli altri. Se lo acchiappa, è proclamato vittorioso; diversamente, deve curvarsi e fare da cavallo. (ᵃ)

Il nome del giuoco varia: *A Jonta longa*, (ᵇ) *a zompa arrete* (dietro). (ᶜ)

§ 3° — *Agli asineji.* (¹)

C'è la *mammana* (²) che sta seduta, e sei fanciulli si curvano, il primo nel seno della *mammana* e gli altri appoggiati alle anche dei compagni. Sei altri fanciulli, da un dato punto, prendono la rincorsa, e il primo di essi salta sulla groppa dell'ultimo asinello e, andando così accavalcioni, deve arrivare alla groppa del primo asinello, cioè di chi sta curvo sul seno della *mammana*. Gli altri cinque fanno lo stesso; sicché, in ultimo, ciascuno degli asinelli deve avere in groppa un asinaro.

Ma, qualora, nel salto che fanno, *sganginano*, (³) si verifica un mezzo danno e un mezzo vantaggio.

(¹) *Isola del Gran Sasso.*   (ᵇ) *Ortona a mare.*

(ᶜ) *Fallascoso, Pietrasecca.*   (¹) *All'asinello.*

(²) È il fanciullo o la fanciulla che dirige il giuoco. Vale *levatrice*. Nello stesso significato si dice anche *mammina*.

(³) Sbagliano. *Sgangare* o *sganginare*, quasi *Uscir dai gangheri*.

Chi ha sbagliato, non può più cavalcare, e chi è rimasto senza l'asinaro, acquista il diritto di uscire dalla fila, senza portare più alcuno in groppa.

Il giuoco si chiude con una cavalcata. Gli asinelli, se vogliono sgravarsi degli asinari, debbono portarli in giro un numero di volte da un punto a un altro, secondo che si è anteriormente stabilito. (ᵃ)

§ 4° — *A campana.*

Tu vedi che i fanciulli si sono messi in linea retta, a pochi passi di distanza l'uno dall'altro, tutti curvi con le mani appoggiate sul ginocchio sinistro e con la gamba destra un po' indietro. — Che faranno? — L'ultimo deve saltarli di netto, da una parte all'altra, a uno a uno, e subito mettersi nella stessa posizione innanzi a tutti. Segue il penultimo che è già diventato l'ultimo e si pone ancora innanzi; e poi il terzultimo, e così via via.

Intanto s'invade sempreppiú lo spazio innanzi, e il giuoco non cessa, se non si trova un ostacolo.

C'è da notare il caso dello sbaglio o della caduta di quello che salta. Chi sbaglia, non può continuare il salto e deve andare a mettersi curvo per capofila. (ᵇ)

(ᵃ) *Avezzano.*   (ᵇ) *Avezzano.*

Curiosa un'altra denominazione di questo stesso
giuoco: *fare a gnicche e gnelle!* (ª)

§ 5° — *Quattr' e quattr' otto.*

Qui c'è la *mamma* che dirige e non la *mammana.* I fanciulli sono di numero pari: quattro si
curvano e quattro saltano; ma con una sola condizione si va in regola, che cioè il primo deve mettersi a cavallo al primo che sta curvo, il secondo
al secondo, e così via via. Quando tutto. procede
con questa regola, i cavalcanti restano alcuni minuti fermi, e scavalcano subito che la *mamma* grida:
Uòrio! (¹)

In caso di sbaglio nel cavalcare o se anche
chi ha cavalcato tocca un piede per terra, chi stava
sopra, si mette sotto, e il giuoco continua. (ᵇ)

§ 6° — *A scardalà'.*

Un ragazzo si curva e un altro si mette a cavallo. A breve distanza due altri fanno lo stesso.
Uno dei cavalcatori si leva il cappello e dice:

Scrí, scrí, scardalà':
Màmmet 'ha fatte le pa'. (²)

(ª) *Villetta Barrea, Barrea, Civitell'Alfedena.*
(¹) Oizo?   (ᵇ) *Torricella Peligna.*
(²)   *Scrí, scrí, scardalano:*
        Mamma tua ha fatto il pane.

E col cappello sferza il cavallo e poi butta il cappello verso l'altro cavalcatore. Se questi lo acchiappa, dice anch'esso: *Scrí, scrí, scardalà'*; e sferza il suo finto cavallo e poi butta il cappello all'altro. Chi non acchiappa il cappello, deve scendere e l'altro gli salta addosso. [a]

§ 7° — *Cappa e cappotto.*

È simile al precedente; ma invece di dire *scrí scrí,* è solito dirsi:

> Cappe e cappotte,
> Ntelinghe e ntelocch. [1] [b]

§ 8° — *A s...arica pallotta.*

Non si dice più *scrí scrí,* né *cappe cappotte;* ma:

> Uno, due, tre e quattro,
> Cinque, sei, sette e otto,
> Scàreca pallotte. [2]

Ovvero semplicemente:

> Quattr' e quattr' otte,
> Scàreca pallotte. [c]

---

[a] *Avezzano.*
[1] Il secondo verso è onomatopeico del suono delle campane, e quindi significa battiture.
[b] *Alessa*
[2] Scarica pallottole.
[c] *Atessa, Torricella Peligna, Vasto....*

§ 9° — *Tappe, tappitte, tappette.*

—Ora si fa *a tappe, tappitte, tappette.* —

—Sí, sí: ci divertiremo meglio. —

Le fanciulle (poiché il giuoco è delle sole fanciulle) si mettono a coccoloni, in modo che le ginocchia si tocchino, da rassomigliare cosí a una ruota. Ognuna posa la mano destra aperta sulle proprie ginocchia.

Una di loro che governa il giuoco, recita la seguente fi'astrocca, con una specie di cantilena, toccando a ogni parola un dito delle tante distese sui ginocchi :

Tappe, tappine, tappette,
Piglia la mamma e la figlia tucchetta (o *purchetta*).
La mamma è ite a Roma
A piglià' tre bettune,
Tre bettune e 'na barracca,
Uno e du' e tre e quattro. (¹)

Il dito toccato nel pronunziare la parola *quattro*, si chiude, e restano aperte le rimanenti quattro dita. Poi si séguita a recitare la stessa filastrocca,

---

(¹) . . . .
. . . .
La mamma è ita a Roma
A pigliare tre bottoni,
Tre bottoni e una baracca (?),
Uno due tre e quattro.

e si ripiega il dito che si tocca alla parola *quattro*. Già s'intende che a ogni recitazione un dito si ripiega, sino a che di tanti ne rimangono due.

Chi dei due rimarrà disteso? Non si sa. Le fanciulle che hanno tutta la mano chiusa, si levano, e guardano con curiosità l'esito dell'ultima filastrocca. — *Une e due e tre e quattro....* — Al *quattro*, una mano istantaneamente si chiude e un'altra resta con un dito disteso.

— Hai perduto! hai perduto! — dicono a quella che rimane col dito disteso. — Hai perduto! hai perduto! — Intanto la perditrice chiude anch'essa la mano e l'alza, quasi minacciando di rifarsi coi pugni.

Ma le compagne la esortano a stare ai patti, e sorridendo dicono: — Via, ti faremo una via corta; ci porterai a cavallo da questo punto a quello. —

La perditrice sorride anch'essa e si rassegna alla penitenza. Non si sa ancora chi deve montar su, per prima. Salta su, alla perfine, la ragazza che ha saputo persuadere le altre. Se non c'è accordo, si ricorre alla sorte, facendo al tocco.

La paziente comincia il tragitto, da quel punto a quell'altro stabilito, recando sulle spalle, dalla prima all'ultima, tutte o quasi tutte; giacché accade qualche volta che la perditrice si stanca,

manda in malora chi le sta sulla groppa e mette a
carte quarantotto le altre che aspettavano il turno
della cavalcata.

Un allegro litichío è sempre il coronamento del
giuoco che riesce bene. (ª)

§ 10° — *Polannannà.*

Per questo giuoco ci vuole il numero pari dei
fanciulli, e si fa *il conto a strascino.* (¹) — Quanti
diti? — Sono dieci. Finisce a te. Ma continuiamo
il novero: uno, due, tre, quattro e cinque. Voi del
cinque, dunque, dovete *mettervi sotto.* —

E i cinque, sorteggiati col *conto a strascino*, si
curvano, e gli altri cinque si mettono accavalcioni.
Cavalli e cavalieri scorrazzano in tutti i versi. Se
cade il cavaliero, deve diventare cavallo, e l'altro
fa le veci del cavaliero. (ᵇ)

§ 11° — *A scagliozzi o a picogli.* (²)

Si disegnano per terra col gesso o col carbone
cinque circoli a croce, come si fa delle cinque fossette, e a ciascun circolo si dà un numero, dise-

_____

(ª) *Sulmona* e dintorni.

(¹) Il conto *a strascino* si ha quando si è fatto al tocco,
e dalla persona, a cui cade la sorte, si ricomincia a contare
fino al numero uguale alla metà dei giocatori.

(ᵇ) *Pescina* e dintorni.

(²) *Scagliozzi*, quasi scaglioni o gironi? — A *picogli*, ri-
peto, *appeso al collo, portato sulle spalle.*

gnato anche col carbone o gesso, cominciando da un angolo e terminando nel mezzo col numero cinque. Questi disegni si chiamano *scagliozzi*. Un segno lineare si fa alla distanza di quindici o venti passi dagli *scagliozzi*. E di qui, per turno, si tira con una piastrella. Se la piastrella si ferma fuori dei cinque circoli, non si vince e non si perde. Ma se si posa in uno dei circoli, il giocatore ha vinto, e tutti gli altri devono portarlo sulle spalle, uno per volta, dal segno lineare fino ai circoli, e tante volte, per quante ne indica il numero del circolo dove si posò la piastrella. (*)

§ 12° — *Pesa le piumme ?* (¹)

Sono tutti fanciulli. Uno fa da mamma e siede. Gli altri gli si schierano dirimpetto. Uno di questi va a nascondere il viso nel seno della mamma, che gli chiude gli occhi con la mano. Poi la mamma fa cenno a uno degli astanti, il quale deve saltare sulla schiena del fanciullo celato. Allora la mamma dice a chi sta sotto: — Pesa le piumme? — Scéine. — Chi è? — È Stacchille. (²) — Se indovina, *Stac-*

(*) *Avezzano, Cappelle, Luco, Magliano de' Marsi, Scurcola, Tagliacozzo ..*

(¹) Pesa il piombo ?

(²) . . . .
Sí   E il piccolo Eustachio.

chille si mette sotto, e quello che stava sotto, si va a mettere in fila con gli altri.

Ma, se non indovina, il fanciullo chiamato per isbaglio, gli salta sulla groppa anch' esso ; e cosí fa il terzo. E qualora i chiamati per isbaglio non possano saltare in groppa o non ci capono, devono toccare con la mano la schiena di chi sta sotto, fino a che non indovina il nome di chi saltò in groppa per primo.

Appena s' indovina, tutti scendono e vanno al proprio posto ; ma resta il fanciullo, il cui nome è indovinato, e deve *mettersi sotto.* (*)

(*) *Guardiagrele, Scanno.*

XX.

A CAVALLO E A INDOVINARE.

—◇—

Continua il giuoco delle cavalcate, ma vi si aggiunge l'indovino piú o meno variato.

§ 1º — *Pire allisse.* (¹)

Il giuoco è comune ai maschi e alle femmine; ma è piú grazioso, visto fare dalle femmine.

Le femminucce dunque si ordinano in fila. Chi dirige il giuoco sta di prospetto, seduta o sopra una pietra o sur un gradino di uscio o cosa simile. Chiama la capofila, la quale va e le si inginocchia davanti, nascondendo il viso sul grembo di lei. Poi fa cenno con la mano ad una delle compagne, la quale si accosta alla fanciulla celata, con la destra le fa prima sulla schiena un segno di croce, poi le dà un pugno e torna al suo posto.

La ragazza che stava celata, si leva. La direttrice ordina : — Va e trova *Pire allisse.* — E l'al-

_____

(¹) Pera lessa. Nel maschile, pero, vale anche frutto. Cosí anche della mela *Mangio un pero e un melo.*

tra ubbidisce. Guarda gli atteggiamenti di ciascuna compagna per indovinare chi è che l'ha battuta. Quelle che non sono state, usano di fare delle smorfie per trarla in inganno. Finalmente crede di avere indovinato. — Tu sei stata. — E se la reca sulle spalle e la conduce alla direttrice. Breve dialogo fra loro due :

— Chi è quisse ? —

— Pire allisse. —

— Portelu a lloche, chà non è jisse. — (¹)

Cosí conchiude la direttrice, se l'altra non ha indovinato.

La riporta, sempre sulle spalle, al proprio luogo : e ne prende un'altra. Ma non ancora c'indovina. Fa una terza pruova. Questa volta però ha indovinato. — *Chi è quisse? — Pire allisse. — Portalu a ecche, cha quissu è jisse.* (²) — E la povera *Pera lessa* prende il posto di chi ha indovinato. (ª)

Il dialogo va soggetto ad alcune varianti. La risposta non è sempre di *pire allisse.* Può essere

---

(¹)   — Chi è cotesta ? —
         — Pera lessa. —
         — Portala là, ché non è dessa. —

(²)   . . . .
         . . . .
         Portala qui, ché codesta è essa.

(ª) *Sulmona* e dintorni.

invece: *patane allesse,* ([¹]) ([ᵃ]) o *papa sticchie;* ([ᵇ]) e il giuoco allora prende queste stesse denominazioni. Si chiama anche fare *a zazzà.* ([ᶜ])

Un' altra variante e basta :

— Chi è quesse? —

— Carn' allesse. —

— Portele arrete chà non è esse. — ([']) ([ᵈ])

§ 2° — *Caralle carallitte.*

Prima di ogni cosa si sorteggia chi deve fare la *mammina,* la quale va a sedersi alla soglia di un uscio di casa o sopra una pietra qualunque. Le altre fanciulle intanto tirano a sorte chi deve andare *a mettersi sotto.* (') La *mammina,* affinché colei che si è celata non veda, le chiude gli occhi con le mani, e poi chiama una della comitiva, perché le si metta accavalcioni sulle spalle. Quella che sta a cavalcioni, alza il pugno della mano, in modo che

---

([¹]) Patate lesse.

([ᵃ]) *Raiano*

([ᵇ]) *Scanno* e *Villalago.*

([ᶜ]) *Torricella Peligna.*

([²])   — Chi è cotesta? —
              — Carne lessa. —
              — Portala indietro....

([ᵈ]) *Casalanguida.*

([³]) A inginocchiarsi innanzi alla *mammina* con la faccia nascosta nel grembo di lei.

tutte le altre veggano, ed apre uno o due o più
dita, dicendo con cantilena :

>Cavalle, cavallitte,
>Cavalle fusce scritte,
>Cavalle di llu papa:
>Quante corne te' la crapa? (¹)

La fanciulla che ha il viso celato, risponde, per
esempio, *due*. Ma siccome le dita aperte erano tre ;
cosí, chi sta a cavalcioni soggiunge :

>Se avisci ditte tre,
>Mo sarriste 'ncavallitte. (²)

(Intanto apre cinque dita.)

>Cavalle di llu papa.
>Quante corne te' la crapa?

Se si indovina, chi sta a cavallo si cela sul
grembo della *mammina*, e l' altra si pone a cavalcioni, alza il braccio col pugno chiuso e apre a
piacere le dita, ripetendo la cantilena.

Quando il giuoco si vuol continuare, si ripete
il sorteggio di un' altra fanciulla, e la *mammina*
chiama chi deve accavalciarla. (ᵃ)

(¹)   Cavallo, cavalluccio,
Cavallo fosse scritto,
Cavallo del papa:
Quante corna ha la capra?
(²)   Se avessi detto tre,
Ora saresti sul cavalluccio..

(ᵃ) *Atessa, Canzano Peligno, Casalanguida, Pescocostanzo,
Raiano, Sulmona, Torricella Peligna, Vasto.*

La cantilena medesima varia:

> Cavalle e cavallitte
> Quante corne te' ju crapitte? (¹) (ª)

Ovvero:

> Cavalle e cavallitte,
> Quante corne te' lu crapitte?
> — *Tre.* —
> Se avisse ditte quattre,
> Mo sarisse 'ncavallitte,
> Ncavallitte ce va lu pape:
> Quante corne te' la crapa? (²) (ᵇ)

§ 3° — *Ngini ngini cioppi.* (³)

Si fa un gran discutere tra molti ragazzi; né si è ancora d'accordo sullo spazio da percorrere per fare *Ngini ngini cioppi.* Come gli umori si calmano, si segnano i due punti: uno di partenza e uno di arrivo. Ma comincia un'altra discussione, cioè intorno al numero delle percorrenze: — Lo spazio si deve percorrere due o tre o quattro volte? — Se lo spazio è lungo, si fanno due corse;

(¹)   . . . .
Quanto corna ha il capretto?

(ª) *Isola del Gran Sasso, Teramo.*

(²)   . . . .
. . . .
In cavalluccio ci va il papa:
. . . .

(ᵇ) *Frattura, Scanno, Villalago.*

(³) L'uncino è storto: dunque camminare storto, zoppi-cando.

se no, se ne fanno di piú. E viene finalmente l'accordo anche su questo benedetto numero.

È necessario però che i fanciulli siano di numero dispari. — Giú le dita. — Sono quattro e cinque, nove, e tre dodici.... Tocca a te. — Il sorteggiato sceglie tra i compagni la metà, meno uno. I prescelti gridano insieme: *Ncini, ncini cioppi*. E zoppicando zoppicando, vale a dire camminando con un solo piede e tenendo ritirato l'altro, percorrono quel determinato spazio due o piú volte, come si era convenuto. Chi vince la prova, va in disparte; ma chi perde è surrogato dagli altri non prescelti e che chiameremo osservatori, perché seguono passo passo i zoppicanti per osservare chi posa per terra l'altro piede che deve stare sospeso

Quando la metà dei fanciulli si è messa in disparte, per essere riuscita bene la pruova, gli osservatori si aggruppano, e a bassa voce dicono: — Tu come ti vuoi chiamare? — Io mi chiamerò *vaso d'argento*. — E tu? — Io, *colonna di marmo*. — E tu? — Io mi chiamo *casa d'oro*. — E cosí via dicendo.

Questi ribattezzati vanno incontro ai vincitori zoppi. Ricordiamoci che essi sono la metà meno uno, e i ribattezzati sono la metà piú uno. Dice uno degli osservatori: — *Se ji te presente 'na chese*

*d' ure ; 'nu vese d' argente, 'na chelonne de marme....
tu che te pigliarrisce?* (') — Uno dei vincitori risponde: — Una *Casa d'oro.* — La bipede Casa d'oro
si curva e l'altro monta in groppa, percorrendo lo
stesso spazio percorso dagli zoppi. E si continua.
Un altro ribattezzato dice: — E tu, chi ti pren-
deresti? — *Vaso d' argento.* — E il Vaso d'argento
si curva per fare da asino e portare in groppa
l'asinaro.

L'ultimo è il fortunato, perché numero dispari.
E costui dunque, se non sarà asino, non avrà neanche l'onore di portare in groppa l'asinaro che potrebbe anche valere piú di un cavaliere. (ª)

(¹) Se io ti presento una casa d'oro, un vaso d'argento,
una colonna di marmo.... tu che ti piglieresti?

(ª) *Ortona a mare.*

XXI.

FLESSIONE, PRESSIONE E SPINTA.

———◇———

Un altro esercizio igienico nei fanciulli è la flessione delle membra, il contrapporsi delle varie forze muscolari con la spinta o senza.

§ 1º — *Iù ceppàune.* (¹)

Le bambine, non potendo andare alla selva a tagliar legne, come fanno le loro mamme, giocano a imitazione. Una bambina fa da ceppo, e un' altra le va sopra, fingendo di tagliare con l' accetta ; ma invece la batte con le mani. La bambina che fa da *ciuppàune,* si flette, si accoccola, nascondendo il capo e quasi rannicchiandosi tutta. Ma, quando è battuta, si leva e fugge e si rannicchia in un altro punto ; e poi fugge ancora appena si avvicina la taglialegne. — Dopo qualche tempo, le parti si scambiano ; e fa da taglialegne il ceppone. (²)

————

(¹) Ceppone, accrescitivo di ceppo.
(²) *Scanno*

§ 2° — *Cova a ciuccarella.*

La mastra viene toccando il petto delle fanciulle disposte in circolo, dicendo a voce alta e con molte pause: Cova - cova - a - ciuc - carella. - Addò - se trove' - alloche - ciucch ! (¹) Ogni pausa finisce nel petto delle fanciulle, secondo la divisione qui accennata con le lineette. La fanciulla che si tocca nel pronunziare la sillaba *ciucch !*, esce dal circolo.

L'ultima ha l'obbligo di correre dietro alle compagne per acchiapparne qualcuna. Se le acchiappa, mentre fuggono o non fanno in tempo ad accoccolarsi, allora ha vinto, e la fanciulla acchiappata deve *covare*. Tutte però si accoccolano e si alzano alternativamente. Come si va per acchiappare una che sta in piedi, quella subito si accoccola e le altre più lontano si alzano.

Se non si ricorre all'astuzia, il giuoco non finisce presto. E l'astuzia per lo più consiste nel fingere di correre verso una, mentre con la coda dell'occhio guarda a un'altra che non si credeva di esser vista ! così rimane acchiappata. (ª)

(¹) Cova, cova abbassandosi. Dove si trova, la si abbassa. — *Acciuccarsi*, abbassarsi, accoccolarsi.

(²) *Francavilla a mare.*

§ 3° — *A crepa sorci.*

I fanciulli, in numero pari, si appoggiano con
le spalle a un muro, l'uno appresso all'altro. Il
capo conta quanti sono e li divide per metà, *fila
destra* e *fila sinistra*.

— Attenti: le braccia in giú, strette alle anche. Dondolatevi un poco di fianco, ma sempre giú
le braccia.... Cosí va bene. Stringetevi ancora, spalla
a spalla, e attenti! Voi di fila destra spingete con
le spalle quei di sinistra, e voi di fila sinistra re-
spingete anche con le spalle.... —

Nasce allora un ondulamento ora di qua e ora
di là, e si ripete e rinforza con varia vicenda.
Quando un'ala piega e si crede spacciata, a una
voce imperatoria: *Forza!!* quell'ala ria il so-
pravvento e respinge l'altra, scombussolandola e
in modo che il combattimento finisce con la vittoria dell'ala rinforzata da quella voce stentorea.

Dopo un po' di chiasso, vincitori e vinti si mi-
schiano e fanno altre combinazioni, alternando con
piú equità i piú forti coi piú deboli. Se l'equilibrio si forma bene, l'alternativa della vincita dura
anche troppo. E quel troppo sazia, e i piú stanchi
cominciano a uscire dalle file e le due schiere ridi-
ventano una frotta.

Chi vanta di qua e chi vanta di là la maggiore resistenza, e parecchi si lagnano della sgarbatezza dei compagni. Ma, insomma, tutti si divertono. (ᵃ)

§ 4° — *A battischiena.*

Due file di fanciulli, tre da una parte e tre dall'altra, stanno di fronte. Il fanciullo che sta in mezzo, è preso dai due compagni nelle braccia, e poi gli sollevano una gamba da una parte e una dall'altra, e lo fanno dondolare come campana. Lo stesso fanno gli altri tre. Quando le due campane si sono bene avviate, i quattro fanciulli laterali si avvicinano a poco a poco; e, sollevando semppreppiù le gambe di chi fa da campana, spingono le due campane, dondolando, l'una contro l'altra, in modo che si urtano, non schiena con schiena, ma sottoschiena con sottoschiena. Perciò il giuoco prende anche un nome analogo.

Di poi si scambiano le parti. I sostegni delle campane diventano campane; così che, in ultimo, ciascuno dei sei giocatori deve aver ricevuto l'urto nella parte più polputa del corpo. (ᵇ)

(ᵃ) *Avezzano.*   (ᵇ) *Avezzano.*

§ 5° — *Facéteve le farre.* (¹)

Si assiste a una pruova di forza nei garetti. Seggono due ragazzi, l'uno dicontro all'altro, per modo che i piedi di ambedue si intrecciano fra loro. Poi sollevano un poco le gambe e sotto a quelle gambe si distendono due altre di un terzo compagno seduto da un lato e sotto questo terzo paio di gambe se ne distendono altre due di un quarto compagno dal lato opposto. Ma le gambe del terzo e del quarto fanciullo fanno croce tra loro.

Disposte così le otto gambe, i due compagni che si sono per prima intrecciati, si prendono per mano e stringono i garetti, mentre ciascuno dei compagni laterali cerca di uscire da quelle strette che sono altrettante morse. I due carcerati cominciano a gridare pietà e misericordia. E quelli rispondono: — *Facéteve le farre.* — Quanto più si raccomandano, tanto più le strette sono maggiori, e si ripete sempre: *Facéteve le farre.*

Lo scherzo talvolta si protrae e si incrudelisce, specialmente se i fanciulli sono grandetti. Ma poi i carcerati volontarii se ne vendicano, quando tocca a loro a stringere i garetti. (²)

(¹) Mandate fuori il farro che avete mangiato.
(²) *Avezzano.*

ESERCIZIO MUSCOLARE

DI GAMBE E DI PIEDI.

SALTO, ASCENSIONE, SALTELLAMENTO.

XXII.

SALTO E ASCENSIONE.

—◇—

§ 1º — *A saltarello.*

È un giuoco che si fa a Pescasseroli, paesello di montagna, pittoresco, ospitale, florido, citato altre volte per altri giuochi; e ricorda oggi il paese di Bengodi. L'industria principale è la pastorizia. Ma l'amministrazione comunale è cosí ricca, che tempo addietro, e non so se anche oggi, pagava essa la fondiaria e le altre imposte per tutti gli abitanti. L'orto pubblico di Pescasseroli si coltivava a spese del Municipio e vi avevano un qualche diritto tutte le famiglie paesane.

E qui mi si permetta una declamazione extra-parlamentare: — O socialisti, o comunisti, andate a Pescasseroli, e specchiatevi. Ma badate che là non vi sono oziosi. I pastori nell'estate misurano a passi lenti le vicine montagne: le donne filano e tessono. Se c'è altro da osservare, andate voi.

Io, quando cade la neve fitta, osservo un giuoco dei fanciulli. Ad essi la neve non fa paura, anzi è un' allegria. Se cessa di fioccare, i fanciulli escono dalle case e si riscaldano le mani, scagliando pallottole a guerra finta. Dopo di ciò, si conchiude la pace ; e si prepara un monte di neve per fare *a saltarello*. Tutti dunque ammucchiano neve, o con pale di legno, o con palette di ferro, tolte dal focolare. Il monte si fa più alto che si può. Per salire, vi si scavano fossette a tagli verticali e orizzontali nei fianchi.

Quando non può più crescere l'altezza del nevoso monte, si tirano le sorti e, a uno a uno, tutti ascendono sul cocuzzolo per fare il salto. Non mancano le scommesse. Chi, saltando, cade ritto più che si può distante dal monte nevoso, quello è vincitore. (ᵃ)

§ 2° — *Il fuoco di Natale.*

Parecchi giorni prima di Natale, i fanciulli vanno, casa per casa, cercando legna. Innanzi alle porte delle case, dicono ad alta voce e a coro ·

> Damme 'na lena
> Pe' Gisú Mbambine,
> E 'na vacca e 'na cagline.

_____ - - - - - -

(ᵃ) *Pescasseroli.*

La cagline me la magne,
La vacche te la guadagne
   (o : te la guarde). (¹)

Dopo la canzone, alcuni fanciulli entrano nelle case e ricevono una legna o piú legne. Le legne messe insieme depongono sopra *a 'nnu vajarde* (²) e le trasportano e le accatastano innanzi alla chiesa matrice. Nella vigilia di Natale, poi, formano una specie di pira provveduta di stipa. Tutti vanno ad ammirare l'altezza della pira, che non sarà rogo, ma fuoco d'allegrezza : in alcuni paesi dicono *faone*. (³)

La sera della vigilia, dopo il digiuno che fa mettere ai fanciulli il dente d'oro, si consuma una gran cena con sette minestre. Contiamo. Le lenticchie sono indispensabili, perché di buon augurio : chi ne assaggia, non mancherà mai di quattrini. I fagioli bianchi, poiché i rossi sono cibo dozzinale, formano la seconda minestra. Minestra numero terzo sono anche i ceci bianchi : cibo squisito, perché

(¹)   Dammi una legna
      Pei Gesú Bambino,
      E una vacca e una gallina.
      La gallina me la mangio,
      La vacca te la guadagno
         (o : te la guardo).

(²) Specie di barella con due assi lunghi da trasportare checchessia.   (³) Falò.

raro. La favetta è minestra che può tener luogo della pizza dolce; e consiste in fave peste. bollite e condite con sapa e miele. I cavoli neri, fritti con agli e olio, sono la quinta minestra. La sesta minestra affratella la Bassa e l'Alta Italia, ed è di riso cotto con acqua di mandorle peste. L'ultima è la minestra che un tempo si diceva esclusivamente di Napoli, cioè i maccheroni, conditi con sarde fritte nell'olio o con la spuma delle noci peste e bollite nell'acqua. Le pietanze poi variano, e sono più o meno laute; ma per le sette minestre non si transige.

Fornita la rituale cena, i fanciulli vanno girovagando pel paese con torce di pino; e, in ultimo, con quelle stesse torce, dànno fuoco alla pira, la quale divampa, e il chiarore offusca le torce e si riverbera da per tutto. I fanciulli si rincorrono con quelle torce semispente e poi saltano intorno al falò. Quando la fiamma diminuisce e il volume del combustibile si abbassa, si fa il salto. Cominciano i più audaci e seguono, a mano a mano, gli altri e chiudono il divertimento i timidi che debbono tirarsi indietro appena i discoli cominciano la giostra coi tizzoni. (ª)

(ª) *Villetta Barrea*

§ 3° — *A zompa cappelli.*

Nel centro della piazzetta del paese, si collocano due grosse pietre, l' una soprapposta all' altra. I fanciulli fanno cerchio intorno a quelle pietre; poi si levano il cappello. Un estranio direbbe: — O che; vorranno adorare quelle due pietre? — Nossignore. I cappelli si levano e si accatastano sulle due stesse pietre; e ciascun fanciullo deve far prova di agilità nel salto; deve, cioè, saltare ciascuno sopra a quei cappelli, senza farli cadere.

— Chi comincia? — Io. — No, tu, io...? — Il sorteggio delle dita porta la decisione.

Dunque comincia il salto il fanciullo indicato dal numero delle dita. Se esso nel salto non fa cadere i cappelli, ha vinto. Vince anche chi, successivamente, per numero d' ordine, fa il salto. Ma chi fa cadere i cappelli, è costretto a passare sotto uno strano giogo. Tutti gridano: *Mettémece a cianca larga.* (¹) Ed eccoli tutti, in fila, alla distanza di un passo l' uno dall' altro, con le gambe aperte. Il perditore deve passare carpone sotto quegli archi niente trionfali, mentre i fanciulli arcuati battono il perditore coi proprii cappelli. Il perditore cerca

---

(¹) Mettiamoci a gambe larghe.

di svignarsela nello spazio che intercede tra fanciullo e fanciullo ; ma è battuto più forte dalle due coppie vicine. Qualora se la svigna per vie trasversali, il perditore si salva; se no, deve passare sotto tutti gli altri archi. I più furbi cercano di passare di corsa per sbrigarsi, e ricevere meno botte. (ᵃ)

§ 4° — *A scanza barretta o a rota cappello.*

Un giuoco simile si chiama *a scanza barretta* (ᵇ) o anche *a rota cappello.* (ᶜ) Il fanciullo sorteggiato mette per terra il suo cappello e fa tre giri intorno ad esso. Alla fine del terzo giro, i compagni cominciano a dar calci al disgraziato cappello, e se lo ballottano l'un l'altro, mentre il padrone del cappello cerca di acchiappare qualcuno dei compagni. Ma siccome i calci sono bene assestati e il cappello vola distante, e là trova un altro che lo fa volare in altra direzione; così i compagni si trovano sparpagliati nella piazzuola, e il padrone del cappello dura fatica ad acchiappare i persecutori. Quando finalmente riesce a catturare un persecutore, il cappello è lasciato in pace, e il catturato deve metterе esso per terra il cappello proprio per ricevere

---

(ᵃ) *Pratola Peligna, Raiano.*
(ᵇ) *Torricella Peligna.*
(ᶜ) *Alessa.*

i soliti sgarbati calci. E il giuoco continua di questo
tenore.

A me pare un giuoco inventato dai cappellai!

§ 5° — *A ji canucci.*

Si tratta dello stesso giuoco, senza che preceda
la scena dei cappelli. Tutti stanno a gambe aperte.
e quelli che escono in sorte, camminano carponi
tra le gambe dei compagni, a somiglianza dei *ca-
gnolini.* [a]

§ 6° — *A cappelletto.*

Invece della sorapposizione dei cappelli a una
pietra, nel fare *a cappelletto,* si pianta un'asta per
terra, con sulla cima un cappello. Ognuno salta,
accavallando l'asta. Chi non fa cadere il cappello
vince; chi lo fa cadere perde. I vincitori si mettono l'uno appresso dell'altro, a gambe aperte, e
i perditori, anche l'uno dopo l'altro, passano carponi a ricevere le cappellate. [b]

§ 7° — *A pedine.*

Si avvolge per linea diagonale un fazzoletto, e
si distende per terra. È sempre la sorte, la quale
decide chi deve mettersi curvo con la punta dei
piedi presso al fazzoletto. Gli altri, per turno, sal-

---

[a] *Avezzano.*   [b] *Sant'Eufemia a Maiella.*

tano sul compagno che sta curvo, e non debbono toccare il fazzoletto. Chi non riesce bene al salto o, ancora peggio, cade, deve egli mettersi curvo in luogo dell'altro. Poi ricomincia il turno del salto.

Dato che il fanciullo salti regolarmente per la prima volta, colui che stava curvo, si leva; e va innanzi, mettendo i due calcagni dalla parte opposta del fazzoletto disteso. Poi lascia fermo il pié dritto e mette in croce sulla punta di esso, cioè di traverso, il piede sinistro, e ancora mette perpendicolarmente il piede diritto e in ultimo appaia il sinistro col destro. Questo è quanto dire *fare tre pedine*. Fatte *tre pedine*, il giocatore si ricurva nella persona, e il vincitore nel primo salto, deve saltare la seconda volta, cominciando dalla linea del fazzoletto. Se non gli riesce il salto, perde; ma se gli riesce, deve prepararsi a un terzo salto.

Intanto il fanciullo che stava curvo, si leva su e ripete *tre pedine* a croce, come fece la seconda volta; e di nuovo si curva. Chi vince nei due salti, può fare il terzo, passando la linea del fazzoletto. Riuscita quest'ultima prova, egli ha vinto e il perditore consegna gli oggetti che si erano giocati, o bottoni, o pennine o frutta. (*)

_____

(*) *Torano nuovo.*

§ 8° — *Fare a tiritacch.*

È il mese di maggio. I fanciulli vanno in fretta a una prateria. Si sorteggia chi deve essere il primo a giocare. Il primo si sceglie un compagno, e tutti e due si seggono l'uno dirimpetto all'altro, ritirando ciascuno la gamba sinistra e facendo toccare, pianta con pianta, i piedi destri: cioè i due tacchi della scarpa che dànno il nome al giuoco. Stando i primi cosí, due altri sorteggiati saltano a vicenda di traverso a quei due piedi verticali, ma sempre da una certa distanza. Se non si riesce a saltare o in questa prova o nelle altre, debbono sedere i due perditori e gli altri saltano.

Ma, per lo piú, il primo salto riesce bene. Ed ecco allora che uno dei due seduti mette verticalmente il calcagno sulla punta del piede del compagno; e il vincitore fa un secondo salto. Vince, e uno dei due seduti allunga la gamba sinistra che aveva ritirata e soprappone, anche in posizione verticale, quel terzo piede e cosí, poi, il quarto piede sinistro dell'altro, tanto che il quarto salto deve superare l'altezza dei quattro piedi verticali.

Se questa prova si vince, c'è l'ultima che richiede maggiore agilità. I due che stavano seduti,

si levano e tengono per mano ai quattro *pizzi* (¹)
un fazzoletto disteso orizzontalmente, a una giusta
altezza. Se i due saltatori accavalcano la distesa
di quel fazzoletto, la vittoria è completa. In caso
contrario, l'ho già detto, si scambiano le parti, e
i due del *tiritacch* saltano e i saltatori perdenti
seggono nella posizione già descritta. (ª)

§ 9° — *A salta palmi.*

Questa è una variante spiccata del precedente
giuoco. Due fanciulli si siedono di fronte, in modo
che la pianta del piede dell'uno e quella dell'altro,
in posizione verticale, combacino. I compagni si
aggruppano a una certa distanza, e si accingono
a saltare in mezzo ai due seduti.

Anche questo primo salto si fa senza difficoltà.
Le difficoltà cominciano, quando ciascuno dei due
seduti soprappone alla punta dei piedi un pugno
col pollice in su: e il pugno si chiama una *pagnotta*. Se qualcuno, nel saltare, tocca il dito verticale del pugno, ha perduto; e deve mettersi a
sedere nel posto dell'altro.

Ai pugni si soprappongono i palmi. ossia le
palme della mano, sempre in linea verticale, cosicché

(¹) I vertici degli angoli di una pezzuola.
(ª) *Pescasseroli.*

il mignolo tocchi il vertice del pugno e il pollice
rimanga in alto. Questi palmi e queste *pagnotte*
si alternano, mentre si dice: — Facciamo a una
pagnotta e a un palmo; o a un palmo e a una
pagnotta, o una *pagnotta* e due palmi. — Quando si
dirizzano i due palmi, ci vuole una grande agilità
ed elasticità per saltare sopra di essi a piè pari,
senza toccare il palmo superiore. È permessa la
rincorsa, purché nel cadere dalla parte opposta i
piedi si trovino appaiati. (ª)

§ 10° — *Dove si secca.*

C'è un giuoco che somiglia alle forche caudine
e a un embrione dell'*uomo mosca*, d'invenzione
moderna. Sentite di che si tratta.

Per uso di famiglia, innanzi alle case o in qualche
largura, si piantano verticalmente due travicelli alla
distanza di pochi metri l'uno dall'altro. Alle due
estremità superiori si lega un travicello orizzontale
per tener fermi i due verticali. E poi, nell'intervallo, si accatastano le legna verdi per farle seccare, e la catasta va da terra alla sommità della
traversa superiore.

I fanciulli desiderano presto lo sgombero delle

(ª) *Sulmona* e dintorni.

legna verdi ; e quasi pregano il sole che le faccia seccare prima del tempo. Allora i fanciulli del vicinato si radunano intorno ai tre travicelli sgombri, e fanno da minuscoli saltimbanchi. Tutti, a uno per volta, si arrampicano su quelle forche per dar saggio della loro elasticità muscolare. Chi rimane giù, sta attento all'esercizio del compagno, che, del resto, potrebbe essere anche pericoloso, se non facessero resistenza i muscoli.

Dunque tutti i ragazzi di giù, sono rivolti a quello di su, che si è già seduto sopra la sbarra, che è il travicello di traverso. — Che diamine fa quel ragazzo di su ? — Ecco :

Si mette a cavalcione e incrocia i piedi e poi abbandona il corpo e rimane pendente col capo in giù come un salame, e si regge sulla sbarra coi piedi conserti. Quando si stanca, scende e si arrampicano gli altri, secondo un prestabilito ordine.

Se non succede mai nessun danno, vorrà dire che siamo in presenza di una razza che dovrebbe servire d'incrociamento a tante razze di pasta frolla. (*)

_____

(*) *Pescasseroli.*

XXIII.

SALTELLAMENTO ACCOCCOLATO
E ANDARE A PIÈ ZOPPO.

—◇—

Uno dei primi giuochi che si fa dalle bambine e anche dai bambini, è il saltellare accoccolato e l'andare a piè zoppo. Per saltellare accoccolato, le bambine siedono sulle proprie mani, infilate sotto le ginocchia. Si va a piè zoppo, quando si tiene alzato l'uno dei piedi, spingendosi avanti con l'altro.

§ 1° — *I ticchiarielli.* (¹)

Una bambina che si accoccola e siede sulle proprie mani cacciate nella parte posteriore delle cosce e delle gambe e coi gomiti sporgenti, non ti dà forse l'idea di un ceppo contraffatto? Ora le bambine e anche i bambini accoccolati cosí in fila, si chiamano appunto *i ticchiarielli.*

La bambina piú svelta regola il giuoco. *I ticchiarielli,* adunati presso un muro o una parete, vanno a uno a uno ad allinearsi nel muro o nella

_____

(¹) *Ticchio* vuol dire *ceppo da ardere,* e il diminutivo n'è *ticchiariello.*

parete opposta. La direttrice, saltellando, si fa innanzi alle compagne, e dice: — Sono una povera vecchietta e sento molto freddo. Dove sta *lu ticchiariello mio?* Esso mi deve riscaldare. — E, dicendo cosí, tocca le testine delle accoccolate: — Questo non è.... e questo nemmeno.... questo sí. Tu dunque vieni con me.... — Il *ticchiariello* si muove saltellando a piè pari, sempre cosí accoccolato, e si ferma nella parete opposta. Poi la finta vecchietta va a ritoccare ora l'una ora l'altra delle testine, e ripete: — Questo non è il *ticchiariello* mio, e questo neanche mi pare; ma questo sí. — Il piccolo *ticchio* si muove saltellando, come il primo; e cosí a mano a mano tutti gli altri. Quando ognuno ha saltellato, saltella anche la vecchia e il giuoco è finito. (ª)

§ 2° — *Varietà dei ticchiarielli.*

Le fanciulle si accoccolano in fila, con le mani giunte sotto le ginocchia. Due fanno da mastre e stabiliscono tre punti, a una discreta distanza. Il primo deve rappresentare l'inferno; il secondo, il purgatorio e il terzo, il paradiso. Una delle mastre dice all'orecchio di ogni fanciulla il nome di un fiore; per es.: *Tu ti chiami viola, tu rosa, tu ga-*

(ª) *Pratola Peligna* e *Roccacasale.*

rofano, ec. Poi, rivolta alla compagna : — Vogliamo pigliare garofano. — Garofano si muove ; e le mastre lo interrogano :

— Garofano, che vuoi ? Accio o riso ? —

Risponde : — Riso. — Le mastre conchiudono : — Va in paradiso. — E cosí trasportano la fanciulla-garofano verso il paradiso. Se essa non ride, è collocata appunto nel paradiso ; se ride poco, si posa nel purgatorio ; ma se ride molto, la gittano all' inferno.

Chi invece di dire *riso*, dice *accio*, è trasportata verso l'inferno. Può cambiarsi direzione, se nell'andare verso l'inferno rimane seria. Solo a questa condizione può essere posata in paradiso. Quando tutte hanno avuto la loro destinazione, o nell' inferno e nel purgatorio o nel paradiso, le mastre prendono il grembiule alle due cocche, lo sollevano e lo fanno parere rigonfio, come se vi si contenesse roba da mangiare ; e dicono : — *Pih pih!* — *pih pih!* — Tutte allora si credono pulcini e corrono alla chiamata, e fingono di mangiare. (*)

§ 3º — *Ballo grichete.* (1)

A breve distanza, due ragazze si accoccolano l' una rimpetto all' altra ; e fanno questo dialogo:

_____

(*) *Sulmona.*   (1) Greco ?

— Cummà', ndò' scí jite ? —

— 'Mpiazze. —

— Che scí viste ? —

— 'Na rahazze. —

— Cumm' è belle ? —

— Com' a mmi.... — (¹)

Ed eccole allora muoversi l' una incontro all'altra, saltellando accoccolate sempre. All' incontrarsi si pigliano a braccetto a rovescio, in modo che ciascuna guarda dalla parte opposta, e, cosí intrecciate e coccolone, saltellano a ruota, dicendo:

Scí, scí, scí,
Povra donna che sso' mmi. (²)

Quando le due sono stanche, subentra un' altra coppia. (ª)

§ 4° — *A ciancarella.* (³)

Si disegna una spirale sulla piazza o in una largura del paese. Se vi è il lastricato o mattonato,

---

(¹)   — Comare, dove sei ita ? —
           — In piazza. —
           — Che sei (*hai*) visto ? —
           — Una ragazza. —
           — Com' è bella ? —
           — Come me. —
(²)   Sí, sí, sí,
           Povera donna che sono io.
E questo *mi* dà indizio che il giuoco non è originario di questi luoghi.   (ª) *Sulmona.*   (³) A piè zoppo.

il segno si fa col carbone o con una pietra cal-
carea friabile. Sulla terra, il segno si fa con uno
stecco.

Nel centro della spirale si mette una pietra
chiatta. Nella stessa spirale si tirano delle linee
di trasverso per indicare le varie fermate che può
fare chi percorre la spirale medesima *a ciancarella*.

La sorte decide chi comincia per primo. Anche
qui, il capogiuoco si serve di due pietruzze di varie
dimensioni e, senza farsi vedere, le stringe nei due
pugni. Si avvicina poi a un compagno con le mani
nascoste dietro i fianchi, e gli presenta i due pugni,
dicendo : — Scegli. — Il compagno tocca uno dei
pugni. Se dentro vi è la pietra piccola, il capogiuoco apre il pugno e mostra la pietra: — Vedi?
hai sbagliato! — Riporta le mani dietro la schiena,
e fa o mostra di fare dei cambiamenti nelle pietre: e ripresenta le mani chiuse a un altro compagno. Se questi tocca la mano dove sta la pietra
piccola, ha sbagliato e continua il sorteggio; ma
se tocca la mano che chiude la pietra grande, ha
indovinato e fa *a ciancarella*.

Si mette nel centro della spirale dove sta la
pietra piatta. Poi alza la gamba sinistra o la destra,
ma, per lo più, la sinistra; e comincia a saltellare
col piede destro, spingendo sempre innanzi la detta

pietra, senza interruzione, sino al primo segno della fermata. Allora il giocatore può riposarsi, a piacere. Riprendendo il saltellare, manda sempre innanzi la pietra, e riposa nel secondo segno trasversale. Se, con pazienza e forza e abilità, giunge a portare fuori della spirale la pietra chiatta, egli ha vinto i bottoni o gli altri oggetti, depositati come scommessa.

S'intende che il giocatore perde, se, nel saltellare, si stanca o se, nello spingere la pietra, la fa uscire dai limiti delle due linee spirali per dove saltella. (ª)

§ 5° — *La scala o carecallina.*

I ragazzi che fanno questo giuoco, sono grandicelli. Ognuno si procura 'nu *cippe*, (') e tutti insieme buttano per aria questi *cippi*. Quello che cade sopra un altro facendo croce, è raccolto dal capo-giuoco: — Di chi è questo ? — È mio. — L'asticella che ha fatto croce, si mette per terra, alquanto discosto dai giocatori.

Si buttano di nuovo per aria i *cippi*, e quelli che si incrociano, si raccolgono e si dispongono

_____

(ª) *Pescasseroli.*
(¹) Uno stecco o fuscello o asticella o pezzetto di ramo sottile d'albero.

parallelamente alla prima asticella, in distanza circa
un palmo l'uno dall'altro. Se i fuscelli non s'incrociano, si continua la prova, fino a che non siano
incrociati tutti e tutti disposti in modo da raffigu-
rare una scala: ed ecco perché il giuoco prende
il nome di *scala*.

Il padrone della prima asticciuola deve camminare a piè zoppo tra spazio e spazio delle astic-
ciuole, senza toccarne alcuna. Se riesce, ha vinta
la pruova; ma se ne tocca qualcuna, *ha sgangato*; (¹)
e allora cessa di camminare e il suo *cippo* va messo
in prima fila.

Fa il giuoco il padrone della seconda assicella.
Se *sganga*, deve metterla a capo a tutte, cioè
ancora in prima fila. La stessa prova si fa dal
terzo, dal quarto e, insomma, da tutti. E sapete chi
perde? il padrone del *cippo* che sta in principio.
Questi deve *apparare la carecallina*. (²) E quante
carecalline? — Tante, quante se ne assegnarono nel
principio del giuoco: per esempio, cinque.

L'ultimo che ha vinto col passare in mezzo alla
scala senza toccare i fuscelli, si volta al perditore:
— Giù le dita.... — E apre tutte o alcune dita della

(¹) Vedi pag. 163.
(²) Deve ricevere alcuni colpi sulla spalla, come si dirà
qui appresso.

mano. L'altro fa lo stesso. Si contano tutte le dita. Se sono di numero pari, la sorte favorisce il perditore. Il conto si ripete quattro volte; e, se si avrà tutte le volte il numero pari, non si fa *carecallina*. Ma se il numero è dispari, la *carecallina* si fa cinque volte, secondo il numero fissato in principio del giuoco.

La *carecallina* si fa cosí: Il vincitore recita i seguenti quattro versi; e, alla fine di ciascuno, dà tre colpi di mano, piú o meno forti, sulla spalla del perditore. Esempio:

> Luce luce cumbisse (*tre colpi alla spalla*),
> Lu patte che ce faciste (*idem*):
> Tu ce vuliste fa' (*idem*):
> La spalle te vuoglie ammullà' (*idem*). (¹)

La *carecallina* si ripete cinque volte, o piú o meno, secondo il patto.

Tutti, per turno, hanno diritto alla *carecallina* contro il perditore, eccetto quelli che, nel fare al tocco, contano per quattro volte il numero pari. (*)

(¹) Luce luce *cumbisse* (?),
  (E) il patto che ci facesti:
  Tu ci volesti fare:
  La spalla ti voglio ammollare
     (*con questi colpi*).

(*) *Sulmona* e dintorni.

LANCIAMENTO E AFFERRAMENTO

CON CORSA E RINCORSA.

XXIV.

LANCIAMENTO DI MAZZA E RINCORSA.

—◇—

Anche questo è un esercizio ginnastico complessivo. Una mazza corta si scaglia da un fanciullo, e un altro deve colpirla respingendola con una mazza lunga, e subito correre qua e là per occupare certe posizioni. Vi ha dunque parte anche l' occhio.

Si descrivono le principali varietà del giuoco.

§ 1° — *A mazzapuzella.*

Giocano quattro fanciulli o fanciulle. Si scavano due fossette distanti fra loro di tre o quattro metri. Occorrono poi due mazze lunghe e una mazza corta, che si chiama *puzella*. La sorte presceglie chi deve tenere le mazze lunghe: agli altri due tocca la *puzella* Vince chi fa prima 25 o 30 o 50 punti.

I due mazzieri tengono abbassate le mazze, in modo che una estremità stia dentro la fossetta.

Gli altri due stanno di fianco ai mazzieri: ma la *puzella* si tiene indifferentemente da uno dei due.

Mentre i mazzieri stanno di fronte, ciascuno con la mazza dentro la propria fossa, uno degli avversarii tira la *puzella*, cercando di farla entrare nella fossetta, mentre l'altro alza la mazza per colpirla e respingerla, mandandola quanto piú può lontano. Se la *puzella* non cade dentro la fossetta o non è colpita e resta lí per terra, chi sta di fianco, la raccoglie e la tira contro l'altro mazziere che cerca di scansarla dalla pozzetta o scaraventarla dovechessia. Se resta anche lí per terra, la raccoglie il compagno, e continua il giuoco senza nessun risultato.

Ma deve pur venire il momento propizio, che la *puzella* entra nella pozzetta o è scaraventata piú o meno lontano. Nel primo caso, i mazzieri cedono le mazze ai due avversarii ed essi prendono la *puzella*. Se la *puzella* è scaraventata, allora gli avversarii corrono a raccoglierla, mentre i due mazzieri scambiano il posto, toccando alternativamente con le mazze le fossette; e contano: Uno! due! tre! quattro.... fino a che l'avversario che ha raccolta la *puzella*, non torni al suo posto. Questi vince, se può mettere la *puzella* in una delle due fossette, durante lo scambio di posto che fanno i mazzieri.

Ognuno tiene a mente il numero di questi scam-
bii; perché chi prima compie il numero stabilito
nella scommessa, quegli vince; e vince o bottoni
o soldi o cavalcate sulle spalle. In quest'ultimo
caso, i due perditori portano sulle spalle i vincitori, da una pozzetta all'altra, tante volte, quante
ne furono assegnate.

Per guadagnare le mazze lunghe, si usano molte
astuzie, specie quando c'è la condizione della *mazza
al fosso*, quando, cioè, l'avversario può mettere la
puzella alla fossetta ogni volta che non c'è dentro
la mazza lunga. Allora chi ha in mano la *puzella*,
finge di tirare, ma non tira; e, se vede una delle
due fossette senza mazza, subito vi caccia dentro
la *puzella*, e così i due mazzieri debbono cedere
le mazze e rassegnarsi a tirare la *puzella*. (ᵃ)

Questo stesso giuoco, con varietà di poco conto,
si chiama *a mazzetta*, (ᵇ) *a bocca*, (ᶜ) *alla lizza*, (ᵈ)
a lippa, (ᵉ) *a sgrella* o *a mazzacocca*, (ᶠ) *a sgrén-
nela*, (ᵍ) *a mazzafossa* (e la *puzella* si denomina

(ᵃ) *Sulmona* e dintorni, e *Pescina*.
(ᵇ) *Aquila* e dintorni.
(ᶜ) *Tossicia.*
(ᵈ) *Casteldieri* e *Castelvecchio Subequo.*
(ᵉ) *Pietrasecca*
(ᶠ) *Fallascoso.*
(ᵍ) *Torricella Peligna.*

mazza a pinzo), (ª) anche la *puzella* si denomina *pischite*, (ᵇ) *a ziré*, (ᶜ) *a mazza e piveze*. (ᵈ)

§ 2° — *Mazzapuzella con una sola pozzetta.*

A *mazzapuzella* si fa anche con una sola fossetta, e i giocatori sono due: uno ha la mazza lunga, l'altro la *puzella* che questa volta è acuminata nelle due estremità. Chi tira la *puzella* e la fa entrare nella fossetta, guadagna la mazza e consegna la *puzella* al perditore. Se tira, e la *puzella* riceve il colpo dal mazziere, mandandola più o meno lontano, allora il mazziere cerca di allontanarla ancora di più, dando con la mazza tre colpi a una delle estremità aguzze. Dopo i tre colpi, egli conta quante volte la mazza entra nello spazio rettilineo tra la *puzella* e la fossetta: e queste volte equivalgono a tanti punti. Anche se la *puzella* non è colpita e rimane presso alla fossetta, il mazziere ha diritto ai tre colpi per allontanarla, contando poi tante misure di mazze. Se, dopo i tre colpi, la *puzella* non si allontana più della lunghezza della mazza, chi aveva la *puzella* diventa mazziere.

Il vincitore è sempre quello dei due che fa per primo i punti anteriormente stabiliti. (ᵉ)

(ª) *Scontrone.*   (ᵇ) *Scontrone.*
(ᶜ) *Avezzano e Celano.*   (ᵈ) *Villetta Barrea.*
(ᵉ) *Caramanico, Sant'Eufemia a Maiella, Tocco Casauria.*

§ 3° — *A pestéine.*

Sebbene questo sia un giuoco anche con una sola fossetta, pure è molto diverso dagli altri. Uno sta a guardia della fossetta, con in mano la mazza che tocca il fondo della pozzetta medesima. I compagni vi si dispongono allineati davanti, alla distanza di dieci o dodici passi, e ciascuno ha in mano *ju pestéine.* (1)

Il mazziere si fa dare, a uno per volta, il *pistino* e con la mazza gli assesta un colpo per mandarlo lontano quanto più può. Il padrone di quel tale *pistino*, dal punto dove lo raccoglie deve tirarlo verso il mazziere, cercando di farlo entrare o avvicinare molto alla fossetta. Se vi entra o vi si avvicina a una distanza minore della lunghezza della mazza, prende esso la mazza, e il mazziere va al posto dei compagni col *pistino*.

Ove succeda il contrario, chi ha tirato il *pistino*, se lo riprende e torna al suo posto. Immediatamente il vecchio o il nuovo mazziere si fa dare a un altro il *pistino* e lo scaglia lontano anche con un colpo di mazza, e quegli lo riprende e lo scaglia verso la fossetta. Vincendo, guadagna

***

(1) Lo stesso che *la puzella.*

la mazza ; perdendo, si fa la pruova col terzo e
poi col quarto *pistino*; e cosí di séguito. (ᵃ)

§ 4° — *A mazzapeculina.* (')

Risiamo alle due fossette. Giocano quattro fanciulle : due tengono le *mazzepeculine*, le altre due
ju pistine.

Le due mazziere si piantano innanzi alle fossette, e alla loro destra si mettono le due che debbono tirare *ju pistine*. Le mazziere stanno all'erta
con le *mazzepeculine* per respingere il *pistino* che
si scaglia.

Nel respingere il *pistino* si possono dare tre
casi : o il colpo della *mazzapeculina* va a vuoto,
e la fanciulla che sta di fianco, raccoglie il *pistino*
e lo tira all'altra mazziera ; o lo colpisce e va
verso la fanciulla dalla parte opposta, e questa cerca
di ripararlo col grembiule allargato e poi lo tira
all'avversaria ; o lo colpisce, in modo che è scagliato lontano, e tutte e due le compagne laterali
corrono a raccoglierlo. In quest'ultimo caso, le due
compagne fingono di scambiarsi piú volte il *pistino*,
per non fare accorgere chi di loro lo tiene na-

(ᵃ) *Frattura, Scanno, Villalago.*
(') È una mazza lunga circa un metro, terminata in una
estremità a rametti intrecciati in forma di pala o ventaglio.

scosto sotto il grembiale; e tutte e due con le medesime mosse si presentano innanzi alle mazziere, dicendo: — Chi di noi ha il *pistino*? —

E, detto questo, si collocano dietro le spalle delle mazziere, dirimpetto alle pozzette.

Allora, una che ha la *mazzapeculina*, fa cadere sulla palma della mano sinistra un po' di saliva, e dice:

San Peline, San Peline,
Chi ji porte ju pistine?
Sant'Andrajie, Sant'Andrajie,
Chi la te' la cizza majie? (1)

Terminata la recita, dà un colpo sulla saliva con la mano destra in posizione verticale come se fosse costola di coltello; e, se la saliva schizza verso l'una o verso l'altra delle due che fingono di avere ciascuna il *pistino*, le due mazziere cantano:

O *mazza peculina,*
Me ne vajie a ju ciardine;
Me cape la chiú belle,
Felumena è Ciardenelle. (2)

(1) San Pelino, San Pelino,
Chi lo porta il pistino?
Sant'Andrea, Sant'Andrea,
Chi la tiene la citta o la bambina mia?

(2) O *mazza peculina* (di pastore?),
Me ne vado al giardino,
Mi scelgo la piu bella,
Filomena (o altro nome) è la giardiniera.

Filomena è il nome di una mazziera. La mazziera va a battere con la mazza propria l'altra mazza della compagna. Se la fanciulla che sta dietro a Filomena, ha il *pistino*, costei lo tira fuori, e si continua a giocare senza cambiamento di ufficio; ma se lo ha l'altra, quest'altra tira fuori il *pistino* e lo posa dentro la fossetta. E cosí le due del *pistino* vincono e si prèndono le mazze, consegnando il *pistino* alle perditrici. (ᵃ)

Nell'operazione dell'indovino con lo sputo sulla mano, altrove varia la dicitura:

> San Filippe,
> Recape ju storte e ju dritte.
> Maria Verginelle,
> Sàcceme a dice' chi te' la puzelle. (¹) (ᵇ)

(ᵃ) Ancora *Scanno.*

(¹)   San Filippo
      Ricapa lo storto e il diritto.
      Maria Verginella,
      Sappimi a dire chi tiene la *puzella.*

(ᵇ) *Pescocostanzo, Rivisondoli.*

XXV.

CORSA E RINCORSA — LUOGHI DI RIFUGIO

—◇—

Come gli antichi avevano per asilo o intere città o templi o monasteri o rocche di prepotenti; cosí oggi i fanciulli, quasi a memoria degli usi trascorsi, hanno i luoghi di rifugio nei loro divertimenti di corse e rincorse. Questi luoghi sono variamente nominati, secondo la varietà dei giuochi.

§ 1° — *I quattro cantoni.*

Il giuoco comunissimo del *chi tardi arriva, male alloggia,* presso noi si chiama *dei quattro cantoni,* perché appunto i quattro che giuocano, si mettono ai quattro angoli o di una piazza o di una stanza; e uno resta in mezzo per occupare il posto di chi, nei cambiamenti di luogo, arriva tardi al rifugio di qualcuno dei quattro angoli. (*)

§ 2° — *Dammi la zita o la vrenna.*

La fanciulla che rimane in mezzo al quadrilatero, nel giuoco dei *quattro cantoni,* prende il grem-

---

(*) *Atessa, Casalanguida, Francavilla e Ortona a mare.*

biule alle due cocche inferiori, formando grembo;
e dice : — *Dammi la zita !* (¹) — Le altre mutano
posto. Che se quella che va cercando la sposa, trova
vuoto uno dei quattro cantoni, immediatamente lo
occupa; e, chi rimane fuori, deve alla sua volta
anch' essa andare in cerca della *zita.* (ᵃ)

Un' altra variante è *dammi la vrenna.* Le due
fanciulle che si trovano negli angoli opposti, fanno
molinello con gli avambracci. Una dice : — *Cummà',
damme la vrenna ;* e l' altra : *Cummà', damme le
fròbece.* (ᵇ) — Le due compagne degli altri due angoli opposti, in quel frattempo, mutano luogo. Se
una si fa occupare il proprio posto, essa e la compagna dovranno fare il molinello, cercando *vrenna*
e *fròbece* o la *frucc.* (²) (ᶜ)

§ 3° — *La furbecette.*

Anche nella *forbicetta* abbiamo quattro fanciulle
negli angoli e una in mezzo. Le quattro che stanno
agli angoli, gridano a coro : *Ticche, ticche, furbe-
cette.* (³) Nel dire cosí, incrociano gl' indici delle

(¹) Qui *zita* vale *sposa.*
(ᵃ) *Sulmona* e dintorni.
(ᵇ) *Francavilla a mare.*
(²) Lo stesso che *forbici.*
(ᶜ) *Francavilla a mare* e *Vasto.*
(³) Il *ticche* della forbicetta è onomatopéica per indicare
il rumore che fanno le forbici, quando si aprono e richiudono

mani, come per imitare l'aprire e il chiudere delle
forbici. E nello stesso tempo o due delle fanciulle
opposte o tutte e quattro, cambiano posto, mentre
quella di mezzo cerca di guadagnare uno dei posti
vacanti. Se ci riesce, chi perde il posto si mette
nel mezzo. (ª)

§ 4° — *Acchiappa-ferro o lu Ferraro*
o Acchiappa-muro o A legname.

Le fanciulle si dispongono a corona. La mastra,
toccando successivamente il petto alle compagne,
recita questa filastrocca : *Cova — cova — acchiappa
— ferre — ddò' — se trova — alloche — acchiappa
— lu ferr.* (¹)

La fanciulla, a cui è stata diretta l'ultima parola, esce dal circolo e mette la mano a un oggetto
di ferro : per esempio, a una inferriata o a una
chiave di porta o a una campanella o a un pic-
chiotto d'uscio o a una ingraticciata o a un chiodo
o a un catenaccetto o a un saliscendi, ec.

Quando tutte sono uscite dal circolo e stanno
con la mano a un oggetto di ferro, la mastra dà
il segnale dello scappa scappa. La più lontana adoc-

(ª) *Avezzano.*
(¹) Cova, cova, acchiappa ferro; dove si trova, là, acchiappa
il ferro.

chia un altro ferro e corre per mettervi su la
mano; ma la mastra la rincorre per acchiapparla.
Se l'acchiappa, ella si mette nel posto dove stava
la fanciulla acchiappata e l'altra fa da mastra. Se
gli oggetti di ferro mancano, si dànno l'intesa due
per scambiare il posto. Se mutano luogo senza
farsi raggiungere, il divertimento riesce più dilettevole. (ª)

C'è anche dei paesi dove il giuoco di *acchiappa-
ferro* si chiama *il ferraro*. (ᵇ)

Il giuoco si denomina *acchiappa-muro*, se invece
di toccare un ferro, si giunge a mettere la mano
al muro. Ma in questo giuoco, che è di esecuzione
facile, riesce più difficile ad acchiappare uno dei
due che mutano posto. Lo stesso si dica, se si fa
a legname, cioè a toccare un legno, invece del ferro
e del muro. (ᶜ)

§ 5° — *Cummare seté.*

Una bella variante dei su descritti giuochi è
quella di *Cummare seté*. Chi sta fuori posto e cerca
di occuparne uno, si avvicina a una compagna e dice:
— Cummare, cummare seté. — L'altra risponde:
— Va ddu ll'ê. — Nel frattempo due compagne

(ª) *Ortona a mare* e *Torricella Peligna*
(ᵇ) *Pescasseroli.*   (ᶜ) *Casalanguida.*

che stanno più lontane, scambiano i posti. Il resto
si capisce. (ª)

§ 6° — *A tocca colonna.*

In fondo a una spaziosa piazza, sorge un mae-
stoso tempio. Le colonne dell'atrio sono la cala-
mita dei fanciulli, quando vogliono divertirsi.

Si avviano verso l'atrio, a flotte. Le proposte
sono varie. Tutti gesticolano con vivacità. Alla vista
dell'atrio vince una proposta: *Facemme a tocca
chelonne.* (¹) Sí e no; ma finalmente dicono di sí
anche quelli che proponevano altro giuoco. Si fa
al tocco per decidere chi dev'essere il percussore
dei fanciulli che rimangono fuori, cioè senza poter
toccare una delle colonne.

Il percussore non può percuotere con oggetto
che faccia male: e, per lo più, percuote con una
pezzuola appallottolata o anche col berretto.

Mentre, dunque, i fanciulli si appoggiano alle
colonne, e stanno in atto di passare da una colonna
all'altra, il percussore si prepara a scagliare la sua
pallottola contro chi lascia una colonna per correre
a toccarne un'altra. Il percussore scaglia la pezzuola o il berretto contro uno di loro; ma il colpo

---

(ª) *Fraine.*
(¹) Facciamo a tocca colonna

va a vuoto. Il percussore corre a raccogliere l'oggetto scagliato; ma, in quel mentre, tutti i fanciulli vanno e vengono da una colonna all'altra, e si fermano solo quando vedono, di nuovo, la pezzuola o il berretto in mano del percussore che è schernito con urli, ogni volta che non colpisce.

Alla fine, viene il momento propizio, e la pallottola colpisce uno dei compagni. — Oh! oh! oh! — è il saluto della vittoria, e il colpito prende il posto del vincitore.

Chi vuol seguitare a vedere, stia; ma io me ne vado. (*)

§ 7° — *La Lia*.

I fanciulli, in circolo; e il capogiuoco sta in mezzo per recitare una filastrocca, toccando successivamente con la mano destra il petto di ciascuno. Egli comincia col gridare tre volte: *ah!* *ah! ah!* e a ogni grido si chiude la bocca con la palma della mano. Poi continua:

> Spine e lendine,
> E la quaglia de Sentine,
> E Sentine fa cucú!
> Crepa màmmeta e isci tu.
> Une, due, tre e quattre,
> Chi s'ha magnate

(*) *Ortona a mare.*

Le pane, le casce e ji cocche;
Chi s'ha magnate
La sorga cotta. (¹)

L'ultimo toccato nel pronunziare *cotta*, si va a nascondere dietro a un muro che fa cantonata, mentre gli altri si accostano all'altro muro della stessa cantonata. Il luogo dove il fanciullo si è nascosto, si chiama *la Lia*.

Il fanciullo che sta alla *Lia*, a un cenno del capogiuoco, corre per acchiappare i compagni aggruppati nella parte opposta; ma i compagni lo sfuggono, tentando di guadagnare la *Lia*. Chi ci riesce per primo, vi rimane; e chi perde, si aggruppa coi compagni che ha inutilmente perseguitati. (ᵃ)

In questo e in qualche altro simile giuoco la filastrocca varia cosí:

Spina e Sentina,
La quaglia de Sentina;

(¹)
Spino e lendino,
E la quaglia di Sentina.
E Sentina fa cu cu!
Crepa tua madre ed esci tu.
Uno, due, tre e quattro:
Chi si è mangiato
Il pane, il cacio e l'uovo;
Chi ha mangiato
La femmina del sorcio (lat *sorex*) cotta.

(ᵃ) *Celano* e *Pescina*.

E Sentina fa cu cu!
Crepa màmmeta e isci tu.
Ich, icch, iocch,
Pane, vine, casce e cocch.
Une, due e tre,
Sante Rocch. (¹) (ª)

§ 8° — *Alla preta i cusigli.*

Il capogiuoco mette una pietra nel mezzo di una strada o piazzuola, e poi chiama a raccolta i fanciulli. Quando tutti fanno circolo con lui, egli recita le seguenti parole cadenzate:

Alla preta gli cusigli,
Chi è latre e chi è sbirri;
E facemme a cuitellate:
Chi è sbirre e chi è latre (²)

Nel contare, come di solito, egli tocca successivamente il petto dei compagni. L'ultimo che è stato

---

(¹)   Spina e Sentina,
        La quaglia di Sentina;
        E Sentina fa cu cu!
        Crepa tua madre ed esci tu.
(Certo, non è un bel complimento a una madre!)
        Ich, icch iocch·
        Pane, vino, cacio e uovo
        Uno, due e tre,
        Santo Rocco.

(ª) *Avezzano.*

(²)   Alla pietra i consigli,
        Chi è ladro e chi è sbirro;
        E facciamo a coltellate:
        Chi è sbirro e chi è ladro.

toccato, deve andarsi a celare con le mani o con un fazzoletto o cappello innanzi agli occhi. I fanciulli si spargono in qua e in là, senz'ordine.

Quando il capogiuoco fa un cenno, tutti fischiano e si mettono in guardia. Allora il fanciullo che si era celato, si scopre, e va verso *la pietra dei consigli*. Ognuno cerca di toccare quella pietra, mentre l'altro si sforza di afferrare chi prima gli càpita. Ma, come il capogiuoco corre dietro a uno; cosí gli altri si affollano verso la pietra. Chi tocca la pietra è salvo; chi si fa acchiappare è condannato ad andarsi a celare. Se tutti si rifugiano intorno alla pietra, il giuoco si ripete, e il medesimo fanciullo deve andarsi a celare di nuovo. (*)

(*) *Carrito, Cocullo, Ortona dei Marsi, San Sebastiano.*

XXVI.

CORSA E RINCORSA. — VOLATILI E PESCI.

—◇—

Anche nel correre e rincorrersi, i fanciulli immaginano di trasformarsi in animali domestici e talvolta anche in bestie selvatiche. Ma raro è il caso della rappresentazione in pesci.

Fra tutti primeggia la figura del gallo che ci fa ricordare perciò *il gallo di mona Fiora o della Checca*. E l'etimologia di *gallòria* dove la lasciamo? — Dunque, in prima, rifacciamoci dai galli.

§ 1° — *Il galluccio.*

— Andò' è jite la cítela me'? —
— È ita a fa' a llu hâllucce. — (¹)

La mamma, sdegnata, prende una mazza, e s'avvia per sorprendere la figliuola che sta a giocare *al galluccio*. Io mi metto di mezzo, affinché ella non vada a disturbare quegl' innocenti trastulli; e la persuado. La madre torna a casa. Io vado a vedere *il galluccio*.

(¹) — Dove è ita la cittina mia? —
    — È ita a fare *il giuoco* del galluccio. —

Le bambine stanno in circolo, tenendosi tutte per mano, con le braccia alte; di modo che una di loro, alquanto ricurva, possa entrare e uscire tra quelle braccia ad arco. E non solo una sta fuori del circolo, ma ancora un'altra. Di queste due, una fa da padrona e una da galluccio che, sulle prime, si mette in disparte.

La padrona tocca l'una dopo l'altra le compagne, sulla spalla, e dice: — Tu sei il pane, tu il cacio, tu il prosciutto, tu la ventresca.... — A ciascuna dunque un nome di cosa da mangiare. E soggiunge: — Io me ne vado alla messa. Non fate entrare il galluccio. —

Ella finge d'andarsene, e la fanciulla che stava in disparte e rappresenta proprio il galluccio, si avanza adagio, circospetta. Entra in mezzo al circolo; e, toccando ciascuna, fa l'atto di mangiare.

Torna la padrona, mentre il galluccio sta ancora dentro il circolo. Comincia a toccare sul braccio una: — Chi è venuto a mangiarsi questa? — L'altra, con un'alzata di spalle, risponde: — *Nne lle sacce.* (¹) — Ugualmente rispondono tutte, eccetto l'ultima che confessa: — *Se l'ha magnete ju hallucce.* (²) — E la padrona: — *Ssu hallucce a ddonna*

(¹ Non lo so.
(²) Se l'è mangiata il galluccio.

è ? (¹) — Il galluccio risponde : — *So' di llí.* (²) — La padrona : — *Canta 'nu poche.* (³) — Il galluccio : — *Chicchirichìh !* —

Ed ecco che la padrona entra nel circolo per afferrare il galluccio ; ma l' altro esce e rientra, ed essa sempre appresso. Il correre e rincorrere continua, finché non si scombussolano gli archi delle braccia e ognuna diventa galluccio o padrona. (ª)

§ 2° — *Galluccio e gallina.*

Varietà del galluccio. Quando la padrona torna dalla messa e dice : — Hai visto il galluccio mio ? — e una risponde di sí ; la stessa padrona soggiunge : — *Embè', fajiu cantà.* (⁴) — L' altra canta : *Cocco-rocoh!* — Ma cotesta è la gallina. — Allora il galluccio grida : *Chicchirichìh,* e fugge. La padrona lo rincorre dicendo : — Questo è desso ; — e fa per acchiapparlo. (ᵇ)

§ 3° — *Galluccio, padrona e comare.*

Nello stesso giuoco, alla padrona si unisce la comare e succede tra loro questo dialogo drammatico :

(¹) Cotesto galluccio, dov' è?
(²) Sono di lì.
(³) Canta un poco.
(ª) *Pescocostanzo.*
(⁴) Ebbene, fallo cantaıe.
(ᵇ) *Pentima, Raiano, Vittorito.*

—A la cummà', me zz'è perdute lu hâllucce. L' avézzete viste? —

— E comma ji' è? —

— Nchi 'na càveze de telette.... pumpuse pumpuse, píspene píspene.... —

— Facétemele sentí' cantà'. —

(Uno dei gallucci canta):

— Chicchirichíh ! —

— Chi t' ha dête a magné' ? —

—- Mamma me' chi me scta 'nnênze. —

— E cchi t' ha dête? —

— Chésce e ove. — (¹) (ª)

§ 4º — *Il galluccio al letto di monsignore.*

Le fanciulle si mettono a sedere per terra, disposte in fila. C' è dunque la capofila e la mastra.

___

(¹) — O la comare, mi s'è perduto il galluccio. L'aveste veduto? —

— E com' è ? —

—Con una calza di teletta (*).. pomposo pomposo, vispo vispo.... —

— Fatemelo sentir cantare —

— Chicchirichíh. —

— Chi ti ha dato a mangiare ? —

— Mamma mia che mi sta innanzi. —

— E che cosa ti ha dato ? —

— Cacio e uova. —

(ª) *Ortona a mare.*

(*) Alle galline, per non farle volare, si sogliono mettere le pastoie di teletta o di nastio a colore. Il colore serve anche per riconoscerle.

La mastra entra, recando sul capo una pietra. Quando giunge vicino alla capofila, getta la pietra per terra, e vi pone un piede sopra. Poi comincia un dialogo tra lei e la capofila:

—Túppete forte, cummare se', e lu jallucce me?—

— È jite a ffa' lu lêtte a munzegnore. —

— Che ji' ha date? —

— Lu pane e llu casce. —

— La parte me addonna scta? —

— A lla cavôte. —

— A lla cavôte nen ce scta.... —

— Scta a llu loche spuorche de lle frate.... —

— Vacce tu che scí 'na purcelle. — (¹)

Terminato questo dialogo, il galluccio che sta in coda agli altri, se ne va; e si mette a guardare in disparte. Va via anche la mastra.

(¹) — *Túppete* forte, la comare tua (*), e il galluccio mio
     (*dove è ito*)? —
     — È ito a fare il letto a monsignore. —
     — Che cosa gli ha dato ? —
     — Il pane a il cacio. —
     — La parte mia dove sta? —
     — Alla buca. —
     — Alla buca non ci sta.... —
     — Sta al luogo immondo dei frati.... —
     — Vacci tu che sei una sporcacciona. —

(*) *Suo* e *sua*, posposti a nomi di parentela, stanno in luogo di *tuo* e *tua*, in alcune particolari locuzioni. Es — *Viè' ecche, a mamma saje* vieni qua, a mamma tua. — *Famme stu servizie, a tata seje* fammi questo servizio, al padre tuo. — *Siénteme, a zia sajee* sentimi, a zia tua. — E cosí di altre locuzioni simili

Torna la mastra con la solita pietra sul capo;
la getta per terra; si ripete il dialogo e se ne va
il penultimo della fila. E cosí, ripetendosi sempre
la stessa scena, se ne vanno tutti. La mastra allora, col grembiule aperto, chiama a raccolta i gallucci: — *Pih pih! pih pih!* — Tutti corrono intorno
alla mastra, pipilando e ballonzolando. (ª)

In qualche paese, il giuoco si chiama fare *a ji
cajitejie*, ai galluccetti; e si varia con questa strofa:

> Màmmeta ha fatte ji gnócchi,
> E patrete ji 'ha 'mmassete;
> Ma quela brutt' 'e nònneta
> Se ji 'ha tutte magnete. (¹) (ª)

§ 5° — *I gallucci e il nibbio.*

Una fanciulla si assetta per terra e allarga i
piedi; un'altra nello stesso modo le si mette a
ridosso; e cosí la terza, la quarta e le successive.
Sono fanciulle, ma continuano a figurare per gallucci. La capofila è la guardiana. La mastra che è
la padrona, prima di andarsene a messa, conta i

(ª) *Francavilla a mare.*

(¹)   Tua madre ha fatti gli gnocchi,
         E tuo padre gli ha ammassati;
         Ma quella brutta di tua nonna
         Se li è tutti mangiati.

gallucci, e raccomanda alla guardiana di non farli toccare da nessuno.

Dunque la mastra se ne va; ma il galluccio che sta appiede della fila, si distacca, e vola e si nasconde. Quando torna la padrona e riconta i gallucci: — Qui ce ne manca uno. Dov' è ito ? — La guardiana risponde : — *Se l' ha piglièete lu nibbele sarracine.* — E la padrona: — *Ando' l'ha purtate?* — *Sopra a llu titte.* (¹) Ovvero : — *S' ha pigliate le pane e le casce e se n' è scappate sopra a 'lu titte.* — (²)

La padrona le fa una sgridata, conta di nuovo i gallucci: — Bada a te; se ne fai volare qualcun altro !... —

Il secondo galluccio se ne vola anch' esso e così, a mano a mano, tutti gli altri, sino all' ultimo. Sempre la solita sgridata alla guardiana e le solite raccomandazioni e minacce. Quando se ne va l'ultimo galluccio, se ne va altresí la guardiana.

La padrona, rimasta sola, guarda intorno e finge di piangere : — Dove sono andati i gallucci miei ? Come farò io senza i gallucci? — Finalmente mostra il grembiule aperto verso dove stanno i gallucci, e li

---

(¹) — Se l' è pigliato il nibbio saraceno. — E dove l'ha portato ? — Sopra al tetto. —

(²) — S' è pigliato il pane e il cacio e se n' è scappato sopra al tetto. —

alletta con voce lusinghiera: — Tornate alla padrona, gallucci miei: *pih pih! pih pih!...* —

Ed ecco che tutti accorrono, e fingono di beccare il grano che la padrona spande per terra.(ª)

§ 6° — *Dentro a Santa Chiara.*

Anche questo giuoco è simile al *galluccio;* ma ha un intreccio piú caratteristico.

Una fanciulla s'inginocchia, e le altre ritte. camminano in circolo con le mani distese sul capo della genuflessa. La mastra dice:

> —Chi ce sctè, chi ce sctè,
> Dentre dentre a Santa Chiè'? —
> —Ce stienghe ji, ce stienghe ji. —
> — Che scte fè', che scte fè'? —
> —Sctienghe a guardà' lu mi fijole.
> Pe' Natucce n'uccò' de vine bone. —
> E cetràngule maledette;
> Lu fijole benedette:
> Lu jallucce appresse a me!(¹)

_____

(ª) *Introdacqua, Pacentro, Pentima, Pettorano, Pratola Peligna, Roccacasale, Sulmona.*

(¹)   —Chi ci sta, chi ci sta.
     Dentro dentro a Santa Chiara? —
     —Ci sto io, ci sto io. —
     —Che stai a fare, che stai a fare? —
     —Sto a guardare il mio figliuolo.
     Per Donatuccio (*o altro nome*) un boccone
                         (*un po'*) di vino buono. —
     E cetrangolo maledetto;
     Il figliuolo benedetto.
     Il galluccio appresso a me!

E cosí la mastra si prende a uno a uno 1 gallucci, e li mette in disparte. In ultimo, la fanciulla
che stava in mezzo, si leva, e appella tutti col
solito pigolío. (ª)

§ 7° — *Il gallo e la volpe.*

Questa volta le fanciulle e i fanciulli fanno circolo, tenendosi per mano, con le persone alquanto
curve e con le braccia pendenti in giú. Le braccia
formano archi acuti rovesci. I passaggi dunque, tra
persona e persona, stanno molto ristretti.

In mezzo al circolo rimane uno che si chiama
gallo; e fuori rimane uno che si chiama volpe. La
volpe, curva, deve acchiappare il gallo, entrando e
uscendo, senza interruzione, negli angusti passaggi
degli archi rovesci; e il gallo deve fuggire sempre,
nello stesso tenore, uscendo fuori del circolo e rien-
trandovi senza saltare veruno spazio.

In questo viavai della volpe e del gallo, si dànno
piú casi: o che la volpe si stanca e si ferma an-
sante, e allora ha perduto; o che riesce ad acchiappare il gallo, e allora ha vinto. Se la volpe
ha perduto, deve abbandonare la corsa e mischiarsi
con gli altri nel circolo, mentre uno del circolo si

(ª) *Francavilla a mare.*

apparecchia a fare da volpe. Se il gallo si fa acchiappare, esce un altro dal circolo a far da gallo,
e la volpe continua a dar la caccia. (ª)

§ 8° — *Il saracaro.*

Prima si vede a chi tocca in sorte di fare il
mestiere di *saracaro.* (¹) Poi il sorteggiato si procura una *saraca* che è rappresentata da una fronda
d'albero o da una foglia erbacea o, in mancanza,
da un fuscello o da una scheggia di legno.

I compagni attendono il *saracaro* che ha fame
e vuol mangiare. Si dirige al primo della comitiva: — *Cumpà', famme ju piacere de coce' sta saraca.* — L'altro risponde: — *Non pozzu; va a qui-
gliu.* (²) — E indica il secondo. Il *saracaro* fa anche
al secondo la stessa domanda ed ha per risposta:
— Va al terzo. — Similmente agli altri che vengono appresso.

Si noti però che quelli che rispondono negati-
vamente, si vanno a nascondere, finché non si ar-
rivi all'ultimo: — Cumpà', famme ju piacere de
coce' sta saraca. — Non pozzu. — Ma sí; ma no. —

(ª) *Avezzano.*
(¹) *Saraca,* sorta di pesce salato; e *saracaro* è chi lo vende.
Sara, pesce con cresta, alla maniera di seire.
(²) — Compare, fammi il piacere di cuocere questa saracca. — Non posso: va a quell'altro. —

Dopo questo no e sí, il saracaro tira fuori dalla tasca la *saraca* e grida:

> Cui rete, vecíne,
> Ncu 'nnu mazze de spine:
> Abbrusceteme ju cu',
> Ché non me ne cure. (¹)

Alle ultime parole, sbucano dai nascondigli i fanciulli e le fanciulle e si rincorrono gridando: — *Abbrusce, abbrusce!* — (ª)

(¹)   Correte, vicini,
Con un mazzo di spini:
Bruciatemi il di dietro,
Ché non me ne curo.

(ª) *San Sisto* presso *Aquila*

XXVII.

CORSA E RINCORSA
SANTI, DEMONII E FOLLETTI.

—◇—

Si è visto altre volte l'intervento del soprannaturale nei giuochi fanciulleschi. Non deve dunque far maraviglia, se ricomparisce anche tra le corse e rincorse.

§ 1° — *Il diavolo zoppo.*

Le fanciulle si accodano dietro alla capofila che rappresenta la Madonna, tenendosi ciascuna attaccata alla gonnella dell'altra.

La fanciulla che fa da diavolo, a una certa distanza, comincia a zoppicare; e va incontro alla Madonna. Le dice: — *Andò se venne glio sale?* (¹) — La Madonna allarga il grembiule, come per far seno, e risponde: — Di qua. — Il diavolo corre da quella parte, cercando di afferrare una fanciulla. Ma subito la Madonna soggiunge: — Si vende di là. — E il diavolo corre dalla parte opposta. Finalmente

_____

(¹) Dove si vende il sale?

LANCIAMENTO E AFFERRAMENTO

gli riesce di chiappare una fanciulla e la strascina
in disparte.

E di nuovo, sempre zoppicando, va verso la
Madonna : — Dove si vende il sale ? — Di qua, di
là. — Il diavolo ghermisce un' altra fanciulla ; e con
lo stesso sistema, ne ghermisce una terza, una
quarta.... finché rimane la sola Madonna. Quando
il diavolo tenta di catturare anche la Madonna,
tutte le fanciulle ghermite si ribellano e si avventano contro il diavolo, il quale non zoppica piú, e
fugge. Dopo una breve pausa, le fanciulle riprendono
la posizione di prima per continuare il giuoco. (ª)

§ 2º — *L' anima dannata.*

Si vede una serqua di ragazzi, l' uno di schiena
all' altro, ciascuno attaccandosi con le due mani
alla estremità inferiore della giacchetta del compagno. Il piú svelto, come di solito, dev' essere il
capofila.

Il diavolo è un ragazzo che si avvicina zoppicando e che dice al capofila : — Io voglio l'anima. —
L' altro risponde : — Non te la voglio dare. — Ma
il diavolo si avvicina alla serqua dei fanciulli, tentando di acchiapparne qualcuno. Il capofila si scher-

(ª) *Aquila, Barete, Bazzano, Pizzoli.*

misce, sempre voltandosi di qua e di là, mentre la coda dei fanciulli segue lo stesso movimento. Se il capofila vede in pericolo i suoi seguaci, si mette al sicuro, dicendo: *Croce!* A quella parola il diavolo cade a terra, e vi resta qualche minuto. Intanto gli altri si rimettono in ordine e in guardia.

Quando il diavolo torna all'assalto, il capofila gli grida: — Vatti a mangiare una pecora. — Il diavolo va, cioè si allontana, in cerca della pecora, e torna con una grossa pietra in mano e la gitta presso i piedi del capofila, ripetendo: — Dammi un'anima. — E tenta di nuovo di acchiappare qualcuno della comitiva. Se, prima che il capofila dica *Croce*, il diavolo acchiappa un fanciullo, se lo carica sulle spalle e lo mette in disparte.

Il diavolo dev'essere proprio un diavolo, per potere acchiappare tutti quelli della serqua, che subito diventano anime dannate. Se ne acchiappa alcuni soltanto e poi si stanca, ha perduto. Se il capofila se li fa acchiappare tutti, ha perduto lui.

Se perde il diavolo, due della comitiva *fanno il ponte*. Questo ponte è formato dalle due braccia in alto e arcuate di uno, le quali si intrecciano con le due braccia del compagno disposte nello stesso modo: insomma le quattro braccia debbono formare un arco.

Il capofila si carica sulle spalle uno dei compagni e lo passa sotto il ponte. Prima di passare, dicono quelli che fanno da ponte: — Chi sei? — Risponde l'altro: — Sono san Giuseppe. — Passa pure. — Viene un altro: — Chi sei? — Sono la Madonna. — Passa pure. — Se a qualcuno viene il ticchio di dire: — Sono il diavolo, — i due che fanno da ponte, lo battono di santa ragione.

Ma il diavolo non è ancora giunto. Intanto tutti quelli che sono passati, a due a due, formano altri ponti, paralleli alle quattro braccia che formarono il primo ponte.

Finalmente giunge il diavolo: — Chi sei? — Sono messere il diavolo.... — E prenditi questo miserere.... — A mano a mano, come passa da un ponte all'altro, si grida: — Dategli senza misericordia! — E le battiture sono accompagnate sempre da voci alte e voce fioca nessuna, da rappresentare un vero inferno.

Il giuoco stanca, e difficilmente si ripete. (*)

§ 3° — *Mazzemarielle.*

Si crede che a guardia dei tesori ci stia *Mazzemarielle* che è un demonio, detto così, perché ha

---

(*) *Ateleta, Casalanguida, Pescocostanzo, Rivisondoli, Roccaraso.*

in mano una *mazzacocca* o bastone pannocchiuto :
anticamente si chiamava *màzzero*.

Quando si finge di andare a scavare il tesoro,
i ragazzi dicono :

> Mazzamarielle, cumplí cumplí,
> Dacci 'na some de quatrí'. (¹)

La rappresentazione piú completa si fa, quando
un fanciullo finge di dormire con la *mazzacocca* in
mano. I compagni si avvicinano piano piano. Il piú
ardito dice :

> Mazzemarielle, che ste' 'lla porte,
> Nen ce mení' pe' questa notte.
> Viece viece dumanematine,
> Chà ce truve li bielle quatrine. (²)

E, dicendo questo, gli toglie la mazza ; ma *Mazzemarielle* gli corre dietro. Gli altri fuggono spaventati. Tentano di fermarlo col gettargli ai piedi la
mazza ; ma il folletto li rincorre a destra e a manca,
battendo sempre quelli che raggiunge. (ᵃ)

(¹) Demonio o folletto con la mazza, *cumplí* (°),
Dacci una salma di quattrini.

(²) Demonio o folletto con la mazza che stai alla porta,
Non ci venire per questa notte.
Vienci vienci domanimattina,
Che ci trovi i bei quattrini.

(ᵃ) *Sulmona* e dintorni.

DANZA E PASSEGGIO.

XXVIII.

SCELTA DELLA SPOSA.

—◇—

La parte piú difficile del matrimonio è la scelta della sposa. Generalmente gli uomini si attengono alla piú bella. La bellezza si vede. La virtú è anche una bellezza, ma non si vede con gli occhi corporei. Gli occhi della mente, nel maggior numero dei casi, o si velano o guardano, quando la importanza della virtú passa in seconda linea.

Nei giuochi fanciulleschi, la scelta della sposa cade sempre esclusivamente sulla bellezza esteriore o, tutt'al piú, sulla grazia personale e sulle abilità appariscenti.

§ 1º — *Dama pollarola.*

Le fanciulle, in numero dispari, si prendono per mano e si muovono intorno intorno, cantando a coro:

> Dama, dama pullarola,
> Quande pile la tua pullare?

Ginirò, ginirò,
La chiú bella mi caparò.
E da pu' chi sso' girate,
La chiú bella me so' capate. (¹)

Una di loro esce dal circolo e si sceglie la fanciulla che crede piú bella. Questa coppia si mette in luogo alquanto discosto. Ripetendosi il giuoco, si mettono in disparte altre coppie. La cagnara si fa, quando l'ultima rimane senza marito. (ᵃ)

§ 2° — *Giro tondo.*

Sono ancora le fanciulle che, tenendosi per mano, girano e cantano. Una che sta nel mezzo, guarda e ascolta questa cantilena:

Giro, giro tondo,
'Nu mazze de viole
Pe' dàllo a chi lo vole.
Lo vole la Santina
(o altro nome vezzeggiativo terminante in *ina*),
S'inginocchia la piú piccina. (²)

(¹)   Dama, dama pollaiuola,
Quando peli il tuo pollaio (°) ?
Guerò, gireiò,
La piú bella mi caperò.
E dopo che sono (*che ho*) girato,
La piú bella mi sono capata.

(ᵃ) *Francavilla a mare.*

(²)   Giro e giro a tondo,
Un mazzo di viole
Per darlo a chi lo vuole.
Lo vuole la Santina,
S'inginocchia la piú piccina.

La fanciulla che sta in mezzo, porge un mazzolino di fiori a una delle compagne, la quale fa un inchino, e prende il posto di chi le ha dato i fiori. L'altra si riannoda nel circolo comune. Il giuoco continua sempre così, fintanto che tutte non abbiano ricevuto il mazzolino di fiori. (*)

Qualche varietà di questo giuoco non manca mai da paese a paese. Ne noto le più caratteristiche:

> Giro, giro tondo,
> Un pane e un pane tondo,
> E un mazzo de viole.
> Chi le vole, chi le vole?
> Le vole Alessandrina:
> S'inginocchia la cchiú piccina. (¹) (ᵇ)

Invece di dare il fiore, si dà un bacio a chi deve prendere il posto della fanciulla che dà il bacio. E qui la cantilena varia maggiormente:

> La lune sottilante
> Che fai la reverenze:
> Allenssú, allenssú,
> Dà 'nu basce a chi vo' tu. (²)

(*) *Francavilla a mare.*

(¹)
> Giro, giro tondo,
> Un pane e un pane tondo,
> E un mazzo di viole.
> Chi le vuole, chi le vuole?
> Le vuole Alessandrina
> S'inginocchia la più piccina.

(ᵇ) *Alfedena.*

(²)
> La luna *sottilante* (mancante?)
> Che fai la riverenza,
> All'insú, all'insú,
> Dà un bacio a chi vuoi tu.

Chi sta nel mezzo dà un bacio a chi essa crede, la quale poi deve prendere il suo posto. — Il giuoco continua; ma si canta cosí:

> Le sette munacelle
> Le véstene bianche e belle:
> Allenssú, allenssú,
> Dà un basce a chi vo' tu. (¹) (ᵃ)

C' è anche una varietà con la mimica:

> La bella lavandiera
> Lava li fazzoletti
> Pe lli poveretti.
> Fa 'nu saltu,
> Fa la reverenza
> E fa la penetenza. (²)

E la fanciulla che sta nel mezzo, fa un saltetto e poi un inchino, in atto di ubbidienza. Il coro conchiude col solito *dà un bacio a chi vuoi tu.* (ᵇ)

(¹)   Le sette monachelle,
           Le vestono bianche e belle; ec.

(ᵃ) Anche *Alfedena, Scontrone, Villetta Barrea.*

(²)   La bella lavandaia
           Lava i fazzoletti
           Pei poveretti.
           Fa un salto,
           Fa la riverenza
           E fa la penitenza.

(ᵇ) *Casalanguida, Francavilla a mare, Raiano, Sulmona, Torricella Peligna.*

Per lo stesso giuoco c'è un'altra filastrocca:

Gobbo rotonde
Che fai 'n quisto monde?
Gobbo de rru bosche,
'Nche la capanne addosse;
E fai e fai le scarpe,
E pi' e lascia annare,
E trucche e trucche alléra;
E trucche e trucche allàh.

Dopo breve pausa si ripiglia:

Ecche ru gioche de rra jiêtte;
Ecche ru gioche de lla rose.
E sentéme, signora spose.
Nne rra fate abbandonà'.
Me ra fanne la riverenzia,
Me ra fanne la cumbiacenze. (¹)

La chiusa, poi, è come le precedenti. (ª)

(¹)   Gobbo rotondo,
Che fai in questo mondo?
Gobbo del bosco,
Con la capanna addosso;
E fai, e fai le scarpe,
E via e lascia andare,
E trucche e trucche alléra;
E trucche e trucche allàh! —
Ecco il giuoco della gatta;
Ecco il giuoco della rosa.
E sentiamo, signora sposa.
Non la fate abbandonare
Me la fanno la riverenza,
Me la fanno la compiacenza.

(ª) *Alfedena.*

§ 3° — *Maria Giulia.*

Siamo sempre al *giro tondo*; ma la cantilena
è diversa:

> O Maria Giulia,
> E dónna ssi menuta?
> Lévate sse cappellette (*e quella che sta in*
> *mezzo, finge di levarselo*);
> Fa la riverenza (*e la fa*);
> Fa la pinitenza (*e s' inchina*).
> O Gigiú, o Gigiú (*vezzeggiativo di Giulia*),
> Dà ne basce a chi vo' tu. [1] [a]

§ 4ª — *Lu géire.* [2]

Il *ballo in giro* consiste nel girare ora a destra e ora a sinistra, ogni qualvolta si cambiano
le cantilene, di cui diamo un saggio:

> Torne torne a lu muléine,
> Macenemme la faréine;
> Scutuléime lu cappelle,
> Ce facemme 'na pizzarelle. [3]

---

[1] O Maria Giulia,
     E donde sei venuta?
     Lèvati cotesto cappelletto;
     Fa la riverenza;
     Fa la penitenza.
     O Giulietta,
     Dà un bacio a chi vuoi tu.

[a] *Avezzano.*   [2] Il giro.

[3] Intorno intorno al mulino
     Maciniamo la farina (*il grano*
        per avere la farina),
     Scotoliamo il cappello,
     Ci facciamo una *pizzarella*
        (*una piccola focaccia*).

Za' Concette è jite a ll' orte,
S' ha truvate 'nu rille morte.
Sa credeve cha jeve lu rille:
Jeve la coccia de za' Camille. (¹)

Zirí, zirí, zirí, zirí,
Quand' arevé' lu fratelle mi'?
Arevé' a n' ora de notte·
Mitte la chieve sotte a lla porte. (²)

Zirí, zirí, zirí, zirí,
Sott' a ll' àsene va 'ddurmí';
E ce sone lu campanelle:
Vive la moglia de pulecenelle! (³)

Isce, isce, Sole,
Nche tre cannelle d'ore
E une d' aregente,
Rescalle tutte quente;
Rescalle la vicchiette
Che scta rencemata a 'nnu titte,
Che nen féile e che nen tesse,
Che nn' aguarde nesciuna feste;

(¹)   Zia (*) Concetta e ita all' orto,
         E ha trovato un grillo morto.
         Si credeva che era (*che fosse*) il grillo:
         Era la testa di zia Camilla.

(²)   Zirí (*voce onomatopeica del grillo*),
         Quando riviene il fratello mio?
         Riviene a un' ora di notte:
         Metti la chiave sotto alla porta (*alla gattaiuola*).

(³)   Zirí . . . .
         Sotto all' asino va a dormire;
         E vi suona il campanello
         Viva la moglie di pulcinella!

(*) *Zia* qui, come si disse altrove, sta per *attempata* o *vecchia*.

Avarde lu su maréite:
Isce, isce, Sole vulléite. (¹) (ˆ)

§ 5° — *La pecora.*

Girando ora a destra e ora a sinistra, si fa cosí
anche il *giuoco della pecora*. La filastrocca che si
canta è un po' lunghetta:

Ce steve 'na servette
Che faceve le pizze fritte.
E ji ne dise éune,
E quante jeva béune!
E ji ne dise n' autre;
La mittise sopra a llu banche.
Lu banche era chéupe,
E sotte ce steve lu léupe.
E cullú', sopr' a llu tette,
Stev' a sunà' la tutarette. (²) (ᵇ)

(¹)   Esci, esci, Sole,
Con tre cannelle d' oro
E una d' argento,
Riscalda tutti quanti;
Riscalda la vecchietta
Che sta in cima a un tetto,
Che non fila e che non tesse,
Che non riguarda nessuna festa;
Riguarda il suo marito:
Esci, esci, sole bollito.

(ᵃ) *Francavilla a mare.*

(²)   Ci stava una servetta
Che faceva le pizze fritte.
E ce ne diede una,
E quanto era buona!
E ce ne diede un' altra;
La mise sopra al banco.
Il banco era cupo,
E sotto ci stava il lupo.
E colui, sopra al tetto,
Stava a sonare la trombetta (*o la zampogna*).

(ᵇ) Anche a *Francavilla a mare.*

§ 6° — *Alla fontana.*

Nel *giro tondo* della *fontana* risalta di piú la parte imitativa. Il circolo delle fanciulle è piú grande. Due fanciulle passeggiano a braccetto intorno al circolo e cantano:

> E jemme a lla funtane:
> Olí, olí, olérah.
> Facemme 'n quistu mode:
> Olí, olí, olàh! (¹)

Dicendo cosí, fingono di lavarsi la faccia. Quelle del circolo, allora, girano intorno, ripetendo la strofa e facendo l'atto di lavarsi.

Le due a braccetto ripigliano:

> Ncuntréme 'na majestie:
> Olí, olí, olérah.
> Facev' in quistu mode:
> Olí, olí, olàh. (²)

Questa volta s'imita la maestra mentre batte le scolare. Il coro ripete il canto, facendo le mosse della maestra che batte.

(¹)   E andiamo alla fontana.
Olí, olí, olérah.
Facciamo in questo modo:
Olí, olí, olàh.

(²)   Incontriamo una maestra:
Olí, olí, olérah.
Faceva in questo modo:
Olí, olí, olàh.

Il passeggio delle due continua, e continua la cantilena. Se s'incontra un cane, s'imita il baiare col *bauh! bauh!* In ultimo s'incontra il gatto, e l'imitazione non è soltanto il *miàuh miàuh!*; ma c'è anche il lavoro delle mani, ciascuna facendo l'atto di graffiare. — Il giuoco si chiude tra il frastuono dei *miàuh* e le graffiature più o meno leggiere. (ª)

(ª) *Sulmona* e dintorni.

XXIX.

LA SPOSA: INVITO AL BALLO
E MORTE DELLO SPOSO.

———◇———

I nostri popolani, per tradizioni di famiglia, non si dànno il lusso del *viaggio di nozze*. Invece, per loro, è di rito il ballo dopo la gran cena; cena, cosí per dire, perché, anzi, è banchetto, se non squisito, abbondante, e sempre in istretta concordia con la possibilità degli sposi e con la estensione della parentela.

Risentono di quest'uso alcuni giuochi fanciulleschi.

§ 1° — *La sposa in broncio.*

Le fanciulle si spargono in qua e in là, senz'ordine. — Dove vai? — dice una. E un'altra: — Vado cercando *Lonardo*. (¹) — E la prima: — L'ho visto passare da quella parte. —

L'altra va verso quella parte, dove crede di trovare *Lonardo*. Cammina con le braccia dondo-

_____

(¹) Leonardo.

lanti e con la testa bassa. — E *Lonardo* non si vede! Eppure mi aveva promesso di venire. Che mai sarà? —

Finalmente di lontano si vede apparire *Lonardo*. La fanciulla procede con la testa bassa. L'una guarda l'altro alla sfuggiasca; ma si avvicinano sempre fingendo di non addarsene. Ed ecco che *Lonardo* fa una risoluzione: — Ragazzina, dove vai? — Vado pei fatti miei. — E nel dare questa risposta secca secca, non alza gli occhi e sporge e raggrinza le labbra, come per mostrare broncio. — Che hai? — Che ho! ti pare poco? mi hanno detto che tu non sai ballare il salterello! — Ma come! io non so ballare il salterello? Ebbè', ti sfido. Chi si stanca prima, ha perduto. —

Sapete chi è *Lonardo?* è un'altra graziosa fanciulla. La sfida comincia e si balla a più non posso. Chi prima si stanca, deve andare in cerca di un altro sposo con una più o meno variata finzione.

La comitiva si diverte da vantaggio, quando la sposa che va in cerca dello sposo, o lo sposo perditore che va in cerca della sposa, ciascuno di loro adopera una mimica o una caricatura con qualche novità nella parte che rappresenta. (*)

(*) *Sulmona* e dintorni.

§ 2° — *Adelina che ride e che balla.*

Torniamo al ballo in circolo con una fanciulla
nel mezzo, che fa da sposo. Quelle del circolo
cantano :

Adeline che ride e che balle,
Se marite se marite;
Se marite a lli quínnece anne.
Vole ballà' col 'nnamurate. (¹)

La fanciulla che sta nel mezzo, sceglie una delle
compagne e balla, mentre le altre girano, e ripigliano il canto :

Ha passate lu cavaliere,
Glihà tenute portualle,
Portualle e caramelle...
Isci tu, cha séi chiú belle. (²)

Quella che stava prima in mezzo, rientra nel
circolo, e rimane l'altra che faceva da sposo. Chi
ha ballato una volta, non può ballare la seconda;
sicché il giuoco termina, quando tutte hanno fatto
da sposo. (ⁿ)

_____

(¹)   Adelina che ride e che balla,
Si marita, si marita;
Si marita ai quindici anni
Vuole ballare con l'innamorato.

(²)   Ha (è) passato il cavaliere,
Gli ha tenuto portogallo (?),
Portogallo e caramelle....
Esci tu che sei più bella.

(ⁿ) *Sulmona* e dintorni.

§ 3° — *Tata Milone.*

Una fanciulla s' inginocchia e si fa chiamare *Tata Milone.* Tutte le altre, in piedi, posano la mano destra sul capo di *Tata Milone,* e fanno così una specie di raggiera. Una soltanto gira intorno alla raggiera e dice: — Tata Milone, che porti da Roma? — Milone risponde: — 'Na limoncella. — E l'altra di fuori: — Dammene 'na fella. — E séguita a girare: — Me ne gire 'ntorne 'ntorne, me la capo 'na bella donna. (') — A quest'ultima parola, tocca una delle compagne, la quale si distacca dalla così detta raggiera e si appiglia alla gonnella di lei, facendo coda.

Quando poi tutte le fanciulle hanno fatto coda, *Tata Milone* s' alza, si stropiccia gli occhi, e si dirige verso colei che strascina la lunga coda di fanciulle, dicendo: — Il re comanda che tu mi dia o una gallina o una pollastra. — L'altra rifiuta, e si volge a destra e a sinistra, mentre la coda ondeggia anch' essa di qua e di là. Ma *Tata Milone* giunge finalmente a far preda, gherminisce una fanciulla e la tira in un canto.

La continuazione del giuoco è simile, e simile ancora per chiusura la solita allegria. (ª)

_____

(') — Un limoncello. — Dammene una fetta. — Me ne giro intorno intorno, me la scelgo una bella donna. —

(ª) *Casteldisangro.*

Un' altra varietà nel dialogo è la seguente:

— Oheh? —

— Signò'. —

— Salutame 'a Spagnola. —

— Che me vulite dà'? —

— Carlucce de lla strade. —

— Non nne voglie, non nne voglie,

Non mme scalze, no' mme spoglie,

Non mme mette 'u aneglie a 'u dite,

I' me ne vaglie pe' marite. —

— I' mme vaglie pe' 'ttorne pe' ttorne,

Mme ne vaglie pe' 'na valla lucenta,

E mme ne vaglie pe' 'nu ciardine:

Éccheme, éccheme qua, Rusina (*o altro nome*).— (¹)

Rosina, così come le altre, si afferrano dietro alla gonna di quella che gira.

(¹) — Ohé (*voce di chiamata*) —

    — Signore. —

    — Salutami la Spagnuola. —

    — Che mi volete dare? —

    — Carluccio della strada. —

    — Non no voglio, non ne voglio,

Non mi scalza (*non mi toglie calzette e scarpe*) e non mi spoglia;

    Non mi mette l'anello al dito.

    Io me ne vado per marito. —

    — Io me ne vado (per) attorno attorno,

    Me ne vado per una valle lucente,

    E me ne vado per un giardino:

    Eccomi eccomi qua, Rosina. —

Quando tutte si sono accodate, Milone che stava
in ginocchio, si distende per terra, come morto.
Le fanciulle gli fanno l'esequie con questa nenia:

> — Èsse morte Sanzone,
> Lu jeme a sutterià':
> Ciciàh-ciciàh! — ([¹]) ([ᵃ])

§ 4° — *Monsignore.*

Due fanciulle stanno l'una dirimpetto all'altra. e si tengono per mano, con le braccia in alto,
formando arco. Una di esse rappresenta la Stella
e l'altra la Luna.

Le compagne si dispongono in linea, l'una dietro
all'altra, tenendosi con le mani strette alla gonnella
di chi sta innanzi; e, cosí accodate, si affrettano a
passare di sotto all'arco delle quattro braccia.

La capofila, giunta di fronte all'arco, abbassa
il capo e passa di là, dicendo:

> — O bella portenara,
> Apréteme le porte. —

Le due che formano l'arco, rispondono:

> — Le porte stanno aperte,
> E jentra chi vo' 'ntrà'. —

([¹])   Si è morto Sansone.
            Lo andiamo a sotterrare:
            Ciciàh-ciciàh!

([ᵃ]) *Villetta Barrea.*

La copofila continua.

> — Vo' 'ntrà' la mi' figliole,
> Ma ha pavuie de Munzignore. —

Il dialogo continua:

> — Munzignore è ite a cacce
> A la vie de lla Ramacce.
> Entre, entre chi vo' 'ntrà',
> Quella sotte restarrà.

Ovvero:

> La cchiù bella 'ncapperà. — (¹)

Dopo che è passata la capofila, passano sotto l'arco le altre fanciulle; ma, quando arriva l'ultima, le quattro braccia dell'arco si abbassano e la stringono.

Una delle due dell'arco, dice alla prigioniera:

> — Che te scí' magnete? —
> — Surge arrustite. —
> — Che te scí bevíte? —
> — L'acqua salate. —
> — A chi vo' ji; a Luna o a Stella? — (²)

(¹) — O bella portinaia,
Aprimi le porte. —
— Le porte sono aperte,
Ed entri chi vuole entrare. —
— Vuole entrare la mia figliuola,
Ma ha paura di Monsignore. —
— Monsignore è ito a caccia
Alla Via della Ramaccia
Entri dunque chi vuole entrare,
Quella sotto resterà O'
La più bella incapperà. —

(²) — Che ti sei mangiato? —
— Sorci arrostiti —
— Che ti sei bevuto? —
— L'acqua salata. —
— Da chi vuoi andare: alla Luna o alla Stella? —

Se risponde *Luna*, si mettono tutte, l'una dopo l'altra, dietro alla fanciulla *lunare*; se risponde *Stella*, vanno tutte a *Stella*. Ma tanto *Luna*, quanto *Stella*, schiamazzano col solito *pih! pih!* e conchiudono, quando lo scompiglio è al colmo. [a]

---

[a] *Salmona* e dintorni.

DANZA E CATENA.

XXX.

LA CATENA E LA DANZA

— ⟨ —

Questi giuochi si fanno quasi esclusivamente dalle ragazze. È raro che vi si mischino i fanciulli.

Le fanciulle, dunque, si prendono per mano; e, delle volte, la capofila si attacca con una mano alla campanella di un uscio. Poi succede un dialogo con aria melodica fra la prima e l'ultima della fila che sta per trasformarsi in catena. Parole e ritmo variano; e il giuoco cosí prende anche varii nomi.

Ma l'intreccio a catena è sempre lo stesso in ogni fine di dialogo. Chi sta in coda, si muove verso la capofila, trasportando seco le altre. Allora la capofila e la compagna vicina, sempre una mano stretta con l'altra, alzano le braccia e fanno arco.

E l'ultima della fila, col séguito piú o meno nu-
meroso, passa sotto l'arco e si riordina come prima
in linea retta. Intanto la seconda è rimasta intrecciata con la prima. Ripetendosi lo stesso movimento,
la terza fanciulla rimane intrecciata con la seconda;
e poi la quarta con la terza e via via. Come si
sono intrecciate tutte, comincia il chiasso; e, chi
tira da una estremità e chi dall'altra. Finalmente
gli anelli della catena si spezzano.

Segue ora la varietà dei nomi e della cantilena.

§ 1° — *Appiedi alla vigna mia*.

La prima della fila comincia il dialogo e l'ultima risponde:

    — Chi sta 'ppede 'la vigna me'? —
    — Ce stienghe ji. —
    — Che ste' 'ccoglie'? —
    — Le mulencelle. —
    — Pe' chi serve'? —
    — Pe' Mariantonie. —
    — Che ha fatte? —
    — Cítele maschie. —
    — Com'è gruosse? —
    — Com' a 'nna trumbetta. —

— Passa sotte la mia barchetta. O :

Tira tira la barretta. — (¹)

L'ultimo verso si ripete, fino a che non siano passate sotto l'arco tutte le fanciulle. (ª)

§ 2º — *Zùcchele e zùcchele.*

L'intreccio è identico: soltanto varia la dicitura :

— A cummà', se po' passà' a 'ssabasse ? —

— E no. —

— E pecché ? —

— Ce sta la spose. —

— Ch' ha fatte ? —

— Lu cítele màscule. —

— Quant' è longhe ? —

— Quante 'na chelonne. —

(¹) — Chi sta da piedi alla vigna mia ? —
    — Ci sto io. —
    — Che stai a cogliere ? —
    — I limoncelli. —
    — Per chi seivono ? —
    — Per Mariantonia (*o altro nome*). —
    — Che ha fatto ? —
    — Citto o figlio maschio. —
    — Come è grosso ? —
    — Come una trombetta. —
    — Passa sotto alla mia barchetta. — O. Tira tira la berretta —

(ª) *Valle Peligna.*

— Quant' è strette? —

— Quante 'na barrette.... —

— Zucche e zùcchele,

'Na jerva secche. — (¹)

Di poi la catena *se scíncia*. (²) (ª)

§ 3° — *I carcerati.*

Quando le fanciulle, come si è detto nel primo paragrafo, rimangono tutte incatenate, si grida e si ripete con voce monotona:

— Ecche gli pòvere carcerete. — (³)

E l' una fanciulla tira l' altra. Se una lascia, l' altra cerca di afferrare la prima mano che incontra; e cosí la confusione e insieme il divertimento si fa maggiore. (ᵇ)

(¹) — O comare, si può passare costaggiú, *al basso dove state voi?* —

— E no. —

— E perché? —

— Ci sta la sposa. —

— Che ha fatto? —

— Figlio maschio. —

— Quant' è lungo? —

— Quanto una colonna. —

— Quant' è stretto? —

— Quanto una berretta.... —

— Zucche e zúcchele,

Un' erba secca. —

(²) *Scinciare,* strappare, scioglieisi, quasi farsi a brani, da cencio.   (ª) *Francavilla a mare.*

(³) — Ecco i poveri carcerati. —   (ᵇ) *Sulmona.*

§ 4. — *A zizalonga.*

Il seguente dialogo è musicale, dacché si finge di sonare varii strumenti di musica :

— Zizalonga. —

— Quante sei longa? —

— Com' a 'nna culonne. —

— Che suone vo' fa'? —

— Tamburrelle.... — (¹)

Quella che sta da piedi, ripete più volte, cantando, *tamburrelle, tamburrelle*; e si va a intrecciare da capo; e torna in giù ad allinearsi. Il dialogo continua, ma si cambia sempre il nome dell' istrumento, per esempio, *chitarra, campana, violino, corno*; e, nel continuare l' intreccio, c' è la ripetizione di *chitarra chitarra* o *corno corno*....

Quando la catena è compiuta, la capofila dice all' ultima: — Cummà', vulemme sfezzà' ste fezze? (²) — L' ultima risponde: *Sì, sì.* — Chi non si vuole *sfez-*

(¹) — Ziza lunga. — (*)
    — Quanto sei lunga? —
    — Come una colonna. —
    — Che suono vuoi fare? —
    — Tamburello. —

(²) *Fezza* vale matassa *sfezzare*, dunque, vale *svolgere la matassa o romperla.*

(*) *Ziza* e *zizza* significano anche *poppe*

zare tiene forte. Ma le risa generali indeboliscono anche le forti, e cosí la catena si spezza. (ᵃ)

§ 5° — *Il funaro.*

La capofila si chiama *il funaro*. Chi sta da piedi, interroga :

— Funare, su' fatte la fune ? —

— Gnorsí. —

— Quant' è longhe ? —

— 'Na chilonne. —

— Quant' è strette ? —

— 'Na barrette. —

— E una, due e tre,

E nennella paga le pe'. — (') (ᵇ)

§ 6° — *Stira catena.*

Il giuoco medesimo, questa volta, è dei fanciulli. Terminato il solito intreccio, la catena si stira di qua e di là. Ora pare che gli uni vincano

---

(ᵃ) *Pescocostanzo.*

(') — Funaro, *sei* fatto (hai fatto) la fune ? —

    —Signorsí —

    — Quant' è lunga ? —

    — Una colonna. —

    — Quant' è stretta ? —

    — Una berretta. —

    — E una e due e tre,

    E la sorelluccia (o *la ragazza*) paga le pene. —

(ᵇ) *Roccaraso, Scanno.*

da una parte e trascinino il resto; e ora che gli altri riprendano lena, e rimorchino i primi. Ma il fanciullo che prima si scioglie, è rimproverato, è beffato. I rimproveri e le beffe, del resto, non guastano il sangue a nessuno. Tutti si divertono. (ᵃ)

§ 7° — *Stira piccione.*

Un'altra cadenza ritmica:

— Chi sta 'ppede la vigna me'? —

— Ce stenghe ji. —

— Che sté' 'ccoglie'? —

— 'Nu pezze de fiche. —

— Pe' chi serve? —

— Pe' 'nna donna. —

— Che ha fatte? —

— Fije maschie. —

— Quant' è lunghe? —

— Come 'na patella. —

— Com' è larghe? —

— Coma 'nna cassette. —

— Passa sotto la mi' barechette. — (¹)

_____

(ᵃ) *Navelli.*

(¹) — Chi sta appiedi alla vigna mia? —
    — Ci sto io. —
    — Che stai a cogliere? —
    — Un pezzo di fico. —
    — Per chi serve? —
    — Pei una donna. —

Le braccia continuano a intrecciarsi e cosí viene a formarsi una seconda catena. La catena si stringe sempreppiú e si tenta di fare un gomitolo. Ma alla fine si viene a quel *troppo che stroppia.* (ᵃ)

§ 8° — *Il cipollaro.*

Questa varietà vuole che, quando si è fatta la catena, la fanciulla che sta in coda, dica alla capofila :

— Cepollà', damme 'na cepolle. —

— E pígliatela. — (')

Ella si piglia la penultima, e la va a nascondere. Torna alla catena :

— Cepollà', damme 'na cepolle. —

— E quela che t' haje date ? —

— L' hajie misse sotte a 'nnu tenacchie, e m' è reventate 'na castagne (*o 'na mele, o 'nu cunfiette*). —

— Embè, píjatene n' àvetre. — (')

— Che ha fatto° —
— Figlio maschio. —
— Quant' è lungo? —
— Come una padella —
— Come è largo° —
— Come una cassetta. —
— Passa sotto la mia barchetta —
(') *Pescasseroli.*
(') — Cipollaro, dammi una cipolla —
— E pígliatela —
(²) — Cipollaro, dammi una cipolla. —
— E quella che ti ho data? —
— L' ho messa sotto a una mediocre tina ed è diventata castagna (o *mela* o *confetto*). —
— Ebbene, prenditene un' altra —

Si piglia la terz'ultima e poi la quart'ultima e le seguenti, sempre in ordine inverso. Rimaste in tre, fanno a tira tira; e, appena si *stroccano*, ([1]) escono tutte le altre a far cagnara.

Si nota anche questa varietà, nel passare sotto le arcate, dicendosi:

— Sona, sona 'ssa barrette,

Chi se la cacce e chi se la mette. — ([2]) ([a])

§ 9° — *Alla messa.*

Quando tutte le ragazze si sono ordinate in fila, tenendosi per mano e con le braccia alte, chi sta da capo dice:

— Alla messa,

Principessa. —

E chi sta da piedi risponde:

— 'Ntreme dentre a 'na casetta. — ([3])

E si muove con tutta la catena, attraversando le braccia della capofila e della seconda, e cosí seguitando. In ultimo, si odono grida di gioia, e si sciolgono. ([b])

([1]) *Stroncare, spezzare.*

([2]) — Suona, suona cotesta berretta,

    Chi se la caccia e chi se la mette. —

([a]) *Bugnara*

([3]) — Entriamo dentro a una casetta. —

([b]) *Raiano* e *Prezza.*

§ 10° — *Tira la rete.*

Abbiamo un'altra variante della catena nel dialogo tra la prima e l'ultima fanciulla.

— Tira la rete. —

— L'ho già tirata. —

— Facci un nodo. —

— Ce l'ho fatto. —

— Faccene un altro. —

— L'ho rifatto. —

— Tira la rete. —

— E s'è tirata,

E Filippa (o altro nome di fanciulla) è incatenata. —

L'ultima fanciulla, passando con le altre sotto le braccia della prima coppia, rimane in catena; e, poco dopo, ripetendo la filastrocca, restano incatenate tutte. Allora, rallentando e stringendo le braccia, con alterna voce gridano: *Nzi nzinzetta! furbecetta; Nzi e nzà, furbecià'.* [1] [a]

---

[1] *'Nzinzetta* o *'ncincetta,* si dice a chi, per ebrietà o per malattia, non si regge da sé e ha bisogno d'essere portato sotto braccia. — *Forbicetta* e *forbiciare* per *sforbiciare.*

[a] *Sulmona* e *Francavilla a mare.*

GIUOCHI VARII

CON ESERCIZIO MENTALE.

XXXI.

INDOVINAMENTO.

—◇—

La base di questi giuochi è l'indovinamento. Gl'indovinelli proprii, qui non c'entrano di fronte: tutt' al piú c'entrano di sghembo. Gl'indovinelli proprii, dunque, e dei quali si è già dato precedentemente qualche saggio, formeranno forse uno dei volumi successivi.

§ 1° — *Paro e séparo.*

Questo giuoco, che si fa tra due fanciulli, è antico non solo in Italia, ma anche fuori. Presso i Romani si diceva *ludere par impar,* giocare a pari e caffo o a pari e dispari.

Oggi, i fanciulli si giocano, a pari e dispari, bottoni, pennine e soldi. Noto soltanto che, invece di dire a pari e caffo, dicono con raccorciamento a *paro e sparo* (ᵃ) e con forma piú speciale *paro e séparo.* (ᵇ)

_____

(ᵃ) Quasi da per ogni dove
(ᵇ) *Pietrasecca.*

§ 2° — *A calacré e a caravalà.*

Nelle monete medievali, da un lato vi era la testa del sovrano o del santo e dall'altro una croce. Quindi, se due fanciulli si giocavano due monete, gittandole in aria e uno dicendo *testa* e l'altro *croce*, vinceva questo o quello, purché le due monete cadessero mostrando di sopra o le due croci o le due teste. E anche oggi si fa lo stesso giuoco, quantunque nelle monete vi sia la sola testa del sovrano o altra immagine, ritenendosi croce la parte opposta. (*)

In alcuni paesi, il giuoco si chiama *a calacré,* quando s'indica *testa*, e *a caravalà*, quando s'indica *croce*. (b)

§ 3° — *Mina minella.*

Un fanciullo spinge i due pugni verso il compagno, e rimane fermo. Ma non si tratta di pugillato: il compagno sa che uno dei due pugni contiene un bottone. Se indovina dove sta, se lo prende; se sbaglia, deve dare un bottone all'altro.

— Come fa a indovinare? — Tocca alternativa-

(*) Anche questo è uso comunissimo.
(b) *Carsoli, Pietrasecca, Pereto, Sante Marie, Tagliacozzo, Tufo.*

mente con l'indice i due pugni, dicendo una di
queste sei parole a ogni mossa alterna:

> Mina minella,
> Opri qua
> questa sportella. (¹)

Nel dire *sportella*, il compagno apre le due mani,
e dà o prende un bottone, se ha o non ha indovinato. (ª)

§ 4° — *Fure furicchie.*

In molti altri paesi, anche coi pugni chiusi,
scambio di dire *Mine minella*, si dice:

> Fure furicchie,
> Caccia mantricchie;
> Fure furà,
> Caccialu qua. (²) (ᵇ)

§ 5° — *A ji frutte.* (³)

Si rappresenta un mercato di frutta; ma i
frutti non si vedono. Chi vende, non dice mai

(¹) *Oprire*, aprire. *Sportella*, taglio nella veste per introdurre la mano nella saccoccia.

(ª) *Pietrasecca* e paesi vicini.

(²)
> Ladro, ladruncolo,
> Caccia il piccolo manto;
> Ladro (*tu hai*) furato.
> Caccialo qua.

Ladro, in latino, *fur*. — *Mantricchia* dispregiativo di *manto*;
e vale rozzo tovagliuolo o salvietta logora.

(ᵇ) Vai ....

quale specie frutti venda: cerca però di descriverli con la mimica. Presiede nel mercato una guardia col *mazzarello*.

Un compratore si fa innanzi a un fruttaiuolo. — Che frutti si vendono? — Il fruttaiuolo, con la mimica, rappresenta, per esempio, le ciliege. Se il compratore non indovina, la guardia gli dà un colpo di *mazzarello*; ma se indovina, colui che ha indovinato toglie il *mazzarello* di mano alla guardia e corre dietro ai compagni, battendoli sempre, fino a che la guardia medesima non grida: *Alla mora! muréh!* A tal grido tutti tornano al proprio posto.

Va un altro compratore. La guardia indica mimicamente, per fare un altro caso, l'uva. Se il compratore non indovina, riceve un colpo di *mazzarello* più o meno assestato; ma, guai se indovina! La stessa guardia grida: *Menéteglie cha so cepolle* (¹); e ad arte indugia il grido di *moréh*. (ᵃ)

Il giuoco si fa anche dalle fanciulle; ma allora non c'è più la guardia: c'è la mastra. (ᵇ)

Usa, oltre a ciò, nominare tre volte un frutto o una pianta; e, chi dirige il giuoco, descrive mimicamente anche piante e fiori. Chi indovina, per-

(¹) Dategli, ché sono cipolle!
(ᵃ) *Pescina.*   (ᵇ) *Sulmona.*

séguita tutte, togliendo il *mazzarello* alla mastra.
Se nessuno indovina, la mastra dà una *mazzarellata* a ogni fanciulla. ([ª])

In qualche paese il richiamo non è *moréh*, nè
la *mora*; ma *vrenna vrenna*. ([¹]) ([ᵇ])

§ 6° — *Chi l' allatta la citela me?*

Ecco che io do un'occhiata a quel circolo di fanciulle: è un circolo molto stretto. Ciascuna ha le
mani al dorso e la testa inclinata davanti, cosí che
le teste si toccano. Una fanciulla cammina intorno
a quello strano circolo con la *zòccola* in mano. ([²])
Nessuno deve vedere ciò che fa costei, la quale
dunque, senza farsene accorgere, consegna la *zòccola* a una del circolo. Chi ha in mano la *zòccola*,
dà un colpo sulla spalla alla compagna che la precede. La compagna battuta lascia il suo posto per
fare un giro attorno, fuggendo; mentre la *zoccolara* la perséguita, fino a che la perseguitata non
ritorni al suo posto. Il giuoco continua con le teste curve e le mani sul dorso. La *zoccolara* conse-

---

([ª]) Anche *Sulmona.*

([¹]) Crusca, crusca! — Quando un'impresa riesce a vuoto,
nella Valle Peligna si dice. *E 'scite a rrenna!* cioè è uscito
a crusca!

([ᵇ]) *Pescasseroli.*

([²]) Il solito fazzoletto annodato, da rassomigliare a grossa
femmina di topo, che si chiama appunto *zòccola.*

gna la *zòccola* a un' altra compagna; e succede la
solita scappareccia con la *zoccolatura* piú o meno
forte. (ᵃ)

§ 7° — *Luna luna.*

In questo giuoco non si fa a indovinare né
fiori, né frutti, né alberi: si propongono addirit-
tura gl' indovinelli; e se ne ripetono di tutte le
forme e di tutti i colori, belli e brutti, sporchi e
politi, lubrici e casti.

Il capogiuoco propone un indovinello, e tutti
gli stanno attorno, smaniosi di indovinare. Egli
dice: — Sono seppellito vivo, e non muoio: anzi
sono seppellito per vivere. Indovinate che è? —
Chi risponde una cosa e chi un' altra. Finalmente
uno dice ad alta voce: — È il fuoco e la cenere.
— *Luna, luna !* — esclama il capo. Tutti fuggono, e
li rincorre chi ha indovinato; e non cessa di rin-
correrli, se non quando lo stesso capo grida:
Muréh! muréh! E *muréh* è la solita voce che li
chiama a raccolta intorno al capogiuoco, e continuano gl' indovinelli con altre *Lune* ed altri *muréh.* (ᵇ)

(ᵃ) *Atessa, Torricella Peligna.*
(ᵇ) *Sulmona* e dintorni.

§ 8° — *La bendata.*

Nel mezzo di una corona di fanciulle sedute, gira di qua e gira di là, brancolando, una fanciulla bendata. Quando ella crede, va a sedersi sulle ginocchia di una, e fa parecchie voci di animali: *gnàuh, bàuh bàuh, cocòh, chicchirichíh.* Nello stesso tempo, la fanciulla, sulle cui ginocchia ella siede, deve imitare le stesse voci; ma cerca di non farsi riconoscere, alterando la intonazione.

Una compagna chiede alla bendata: — Chi è che ha miagolato o che ha fatto cocotéh? — Se non indovina, mette pegno, se indovina, si toglie la benda e la dà alla fanciulla che la tenne seduta sulle ginocchia.

Ricomincia il giuoco, e si ripete più volte. Accumulati parecchi pegni, si passa al divertimento delle penitenze. Quando si escogita una penitenza nuova, ci si gode meglio.(ª)

§ 9° — *La lancia.*

La solita mastra del giuoco, anche questa volta, si chiama *mammana.* Le fanciulle si dispongono o in fila o a semicircolo. Una va a celarsi, cioè

(ª) *Casalanguida.*

a nascondere il viso nel grembo della *mammana*. La quale poi fa cenno a una del semicircolo, di sua scelta. Costei si fa innanzi, camminando con la punta dei piedi; dà un colpo sulla spalla della compagna celata, e torna al posto.

Poi segue un dialogo tra la *mammana* e la fanciulla celata:

— Cumma', chi t' ha ferute? —

— La lange. —

— Píjala e portela 'n France. —

— Ma 'n France nen c' è.

— Píjala addov' è. —

— Addov' è nne vvo' mení'. —

— Píjala pe' lla recchie

E pórtemela ecche. (¹)

Trova chi t' ha ferita. —

Se la fanciulla celata indovina, la va a pigliare per un orecchio e la trascina verso la *mammana*, perché si celi. Se non indovina, deve provarsi altre

---

(¹) — Comare, chi t' ha ferito? —
   — La lancia. —
   — Pigliala e portala in Francia. —
   — Ma in Francia non c' è. —
   — Pigliala dove è (*dove sta*). —
   — Dove sta non vuol venire. —
   — Pigliala per l' orecchio
   E portala qui. —
O che sia una reminiscenza della battaglia di Tagliacozzo o, meglio, della Scúrcola?

due volte; e, solo nella terza pruova fallita, la *mammana* le indica chi fu la feritrice, e allora la conduce a celarsi tirandola per l'orecchio. (ª)

In altri paesi la *mammana* si chiama anche *badessa*; e, chi indovina, invece di condurre la compagna presa per un orecchio, si fa portare all'*oija*; (¹) e in tal caso il giuoco si chiama *Paradiso*. (ᵇ)

§ 10° — *A cugnette*. (²)

I fanciulli si fanno una provvistuola di piccole conchiglie marine, perché vogliono giocare *a cugnette*. Tutti si preparano, e ciascuno posa per terra una conchiglia.

È ancora la sorte che decide chi di loro deve allontanarsi, mentre gli altri nascondono sotto una di quelle conchiglie o una pagliuzza o un pezzettino di carta che si chiama *pulce*. Fatto questo, gridano: *Vi' vi'*. (¹) L'altro si avvicina, dà un'oc-

---

(ª) *Avezzano*.

(¹) Sulle spalle, come l'ohandolo, un tempo, portava sulle spalle l'otre per vendere la sua merce.

(ᵇ) *Lecce dei Marsi, Pescasseroli*.

(²) *Cugnetta*, piccola *conchiglia*. In genere, i gusci, nell'Abruzzo, si dicono *cogne: cogne d'uova, cogne di noci o di mandorle*. *Scuncugliare* mandorle o noci, vale togliere il mallo. I fanciulli che nel giuoco perdono tutto, si sono fatti *scuncugliare*, spogliare.

(³) *Vieni vieni*.

chiata misteriosa alle conchiglie e par che dica
tra sé: — Ah non si possa mai trovare la *pulce!* —

Titubante, alza una *cugnetta*, e la pulce non
c'è. La *cugnetta* è sua. Alza un'altra *cugnetta:*
non c'è pulce, e la *cugnetta* è sua. — E continua
ad alzare e a prendere, finché non si scopre la conchiglia dove sta la *pulce*. Allora non prende più; e
il giuoco ricomincia. Lo scorno è grande, quando
la *pulce* si trova sotto la prima conchiglia che si
scopre. I fortunati, s'intende, sono quelli che trovano la pulce nell'ultima *cugnetta*. (ᵃ)

(ᵃ) *Castiglione Messer Marino, Carunchio, Cupello, Furci,
Fraine, Gissi, Liscia, San Buono.*

FINE DEL VOLUME SESTO.

INDICE DEI PAESI E DELLE CONTRADE

A CUI SI RIFERISCONO GLI USI E I COSTUMI

——◇——

INDICE DELLE MATERIE.

—◇—

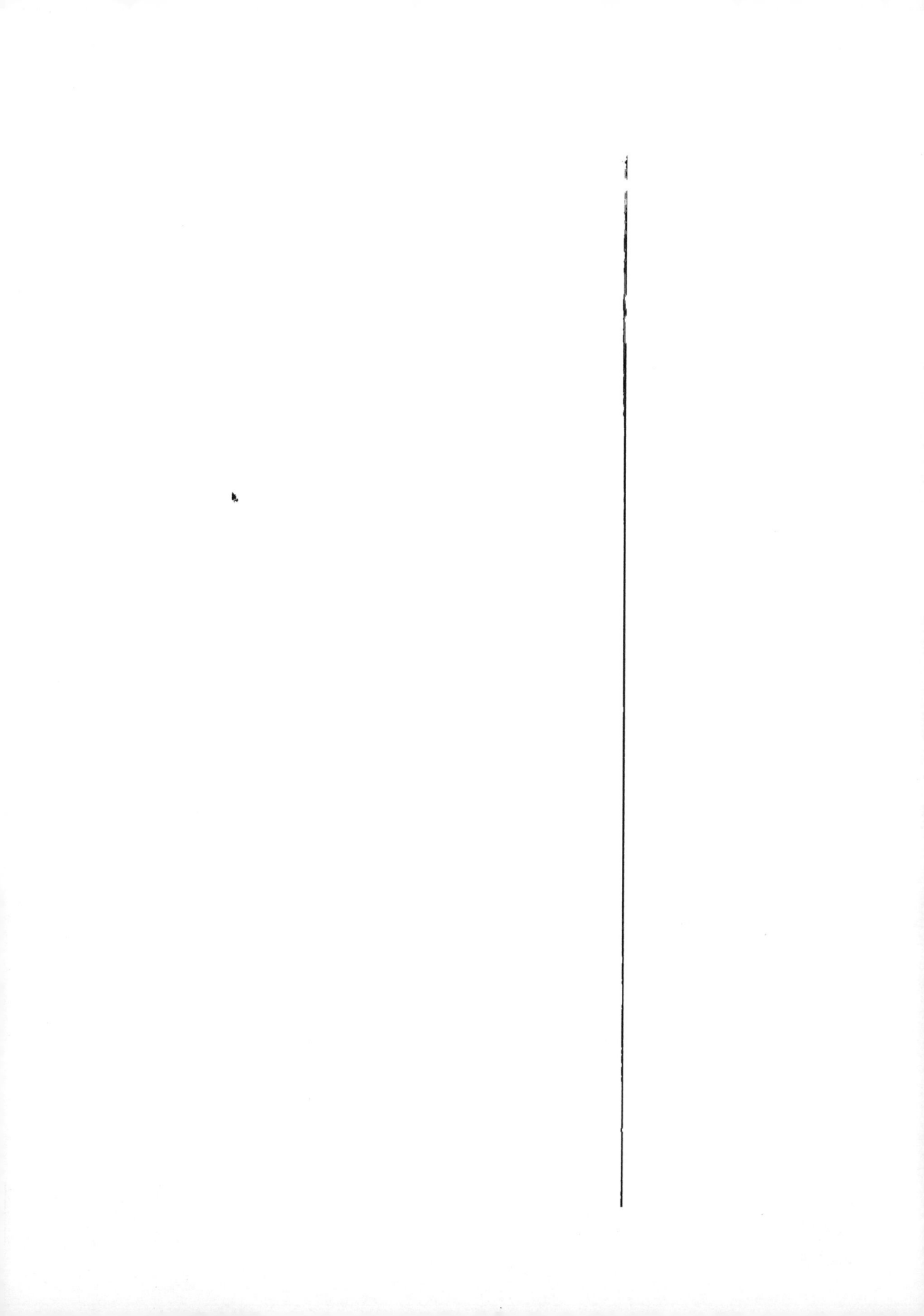

Milton Keynes UK
Ingram Content Group UK Ltd.
UKHW031135150823
426904UK00010B/513

9 781289 881047